高效能会议

从提升组织效能到实现组织进化

吉远慧 ·

Magic Cube of Decision-Making

Highly Effective Meeting

本书以 AGE 生长型企业组织建设的系统方法与实践为基础，详细阐述了高效能会议与会议领导力提升整体模型的理论与工具，并通过提供实用的案例与图表，帮助读者评估和提升会议的效能、会议领导力的水平。

基于大量实战案例的分享，本书还向广大的企业家、创业者、管理者、组织工作者、人力资源管理者等揭示了各个类型的关键会议背后的战略、运营与组织管理的真实动因与落地过程，帮助读者理解如何透过会议建运营、建组织、建文化，进而通过“会议”这一领导力修炼的道场提升领导力，最终实现组织进化。

图书在版编目（CIP）数据

高效能会议：从提升组织效能到实现组织进化 / 吉远慧著. —北京：机械工业出版社，2023.12

ISBN 978-7-111-74540-2

Ⅰ. ①高…　Ⅱ. ①吉…　Ⅲ. ①会议 – 组织管理学　Ⅳ. ①C931.47

中国国家版本馆CIP数据核字（2023）第253051号

机械工业出版社（北京市百万庄大街22号　邮政编码100037）
策划编辑：刘怡丹　　　　　　责任编辑：刘怡丹
责任校对：曹若菲　张昕妍　　责任印制：张　博
北京联兴盛业印刷股份有限公司印刷
2024年1月第1版第1次印刷
165mm × 225mm · 19.25印张 · 1插页 · 221千字
标准书号：ISBN 978-7-111-74540-2
定价：69.80元

电话服务		网络服务	
客服电话：	010－88361066	机　工　官　网：	www. cmpbook. com
	010－88379833	机　工　官　博：	weibo. com/cmp1952
	010－68326294	金　　书　　网：	www. golden-book. com
封底无防伪标均为盗版		机工教育服务网：	www. cmpedu. com

推荐序

我和吉远慧的师生缘分有 20 年了。作为北京大学数学系的本科生，她毕业后选择到北京大学中国经济研究中心（现北京大学国家发展研究院的前身）攻读经济学硕士学位。2003 年 11 月，在第三届中国经济学年会上，有一篇北京大学中国经济研究中心入学不久的研一学生撰写的论文在几百篇优秀论文中脱颖而出，入选了本届年会的发言论文。这篇论文的作者就是吉远慧。她的数学基础和对理论研究的热情好学给我留下了深刻的印象。转年，远慧选择我担任了她的硕士研究生导师。

远慧在校期间，不仅喜欢经济学，对管理学也非常感兴趣。她不仅关注理论的研究，还喜欢理论的应用。我也观察到她在学生阶段就在管理的实践中展露天分和努力。她常常参与我主导的有关企业或行业发展的研究项目，也常常参与组织师生们的定期团建工作，并在我的教学和研究中心的管理运营中默默做出踏踏实实却独有新意的工作。

远慧毕业后加入了全球知名管理咨询公司，后来在知名互联网科技公司和创业公司中都担任过重要职务，帮助许多知名企业提升了管理运营水平。我们每年的师生聚会时，也都会就经济发展和企业管理的理论实践等方面进行交流。我常常能从与她的沟通中感受到她对身边的师生和朋友们的关爱与帮助。更难得的是，我看到她踏入职场以来一直秉持着对所从事工作的努力、对企业管理的热爱，以及帮助企业家成功的热情。

在中国教育创业与管理领域，特别是商学院教育的创办和实践过程中，我非常理解企业家在面对创新创业、战略发展、经营管理、文化建设，以及转型升级过程中所面对的挑战与需要的帮助。组织效能的提升、组织的持续进化以及企业家个人的领导力修炼，永远都是企业可持续发展的重要话题，而且越来越重要。在实际的管理工作场景中，如何通过机制和领导能力调动各级管理者及员工的工作活力与韧性、生活激情与能量，是当下很多企业家和管理者经常探讨的问题。近年来，企业遇到了经营环境的诸多不利变化，管理者需要深刻地理解和提高面对集体性、调试性、自发性的领导力，更需要构建适合集体智慧迸发的场域和提升团队的领导力。

面对新的环境，如何帮助领导者加强成长型思维？如何能够系统性地提升企业家的战略与组织管理运营能力？远慧一直在关注和思考。我很高兴地看到，最近她在 AGE（Achieve 使命驱动、Grow 持续进化和 Enjoy 乐在其中）生长型企业组织建设的研究取得了一定的成就。她观察到，在现代企业的发展中，管理者的组织和沟通能力非常重要，而这方面的能力又表现在能否高效能地开好会议。

高效能会议，首先是高效率的会议。我们不仅要关注会议产出的结果与落实，更要关注会议的进行过程。在高效能会议中，参会人的共同商议和谋划，有助于做出高质量的共识决策。会议是否高效能，还要关注参会人员的体验感，参会人员互相激发、同频交流、共同成长的决策过程的体验感也非常重要。高效能会议能够使参会者得到成长。

然而，能否开好高效能会议，对管理者有很高要求。管理者既需要有明确的决策目标，还需要对人性、组织、沟通有充分了解。管理者有没有领导力，能否让大家跟着一起干，在会议上是可以一目了然的。很多时候需要领导者不仅深谙业务本身，还要具备勇气、智慧和决断力，甚至还需要同理心、利他心、影响力，以及对变革管理的深度理解和有效实施。可以说，能否高效能开好会议，对领导力的要求是非常综合的。

在《高效能会议：从提升组织效能到实现组织进化》一书中，远慧详细地阐述了“高效能会议与会议领导力提升整体模型”的理论与工具，并通过大量的真实案例提炼了适合中国企业的开会方法，有理论也有实践。最重要的是，本书不仅仅是在写如何开会，更是在告诉广大的企业家和经营者如何透过会议看到企业的战略、运营、管理、文化。这不是一本简单的工具书，而是基于实战的管理书籍，可以帮助读者尤其是管理者理解如何透过会议建运营，透过会议建组织，透过会议建文化，进而通过高效能会议的修炼道场提升管理者的领导力，帮助企业完成从组织效能提升到组织进化的过程。

中国在过去的高速发展中积累了很多的成功与经验，但在新的经济、社会和政治形势下，各行各业都正在面临新的挑战。面对VUCA，即易变性（Volatility）、不确定性（Uncertainty）、复杂性（Complexity）和模糊性（Ambiguity）的未来，企业家们作为重要的个体不仅要面临着重塑自己，也面临着如何通过经营管理的变革来促进企业的发展和进化。希望远慧的这本书能够帮助更多的企业家和管理者提升效能，持续成长。我相信这对于中国经济的高质量发展和社会的高效能进步也具有重要的价值。

海 闻

北京大学汇丰商学院创院院长

2023 年 10 月 17 日

序

2020 年，新冠疫情暴发，很多企业开始居家办公。和很多人一样，我原本以为居家办公可能是自由轻松的，没想到，在居家办公的日子里，我却开启了频繁的线上会议工作模式。线上会议几乎成为除了即时通信软件以外，企业中同事之间业务往来的唯一方式。企业在员工居家办公的日子里启动线上会议，虽是无奈之举，却也是必须之举。

在企业频繁召开的线上会议中，我发现了一个共同的现象：很多人在参加线上会议时，要么面对电脑投屏的 PPT 手足无措，靠声音来辨别参会人员的情绪，努力思考与决策议题；要么一边开会，一边忙其他工作。除了员工对线上会议不甚了解外，很多发起会议和主持线上会议的管理者也对如何高效开好线上会议一头雾水。这样的现象造成企业的线上会议成为一种看起来高效方便，实则能量不高、产出有限的“鸡肋”会议。

虽然很多线上会议 App 为了使线上会议具有高效能，一直在不断地开发会议功能，但我还是想大声疾呼：“没事别开会，要开就开好会！”**管理者开好高效能会议对企业和参会人员意义非凡。因为会议的本质就是在有限的时间里找到合适的人一起做出高质量的决策。**

为了帮助管理者开好会，我萌生了撰写一本关于开好高效能会议的书的想法。有了这个想法，我开始有意识、有目的地开好每一场线上会议。同时，我开始回顾和整理自己曾经在企业会议中所经历的众多经典案例。为了使选择的案例更加丰富且具有针对性，我采访了十几位企业创始人或企业高层管理者，听他们讲述了自己在会议中遇到的痛点。他们和我提的最多的是：如何开好会是困扰自己多年的企业管理难题，开会真实地反映了企业文化。

我曾经帮助并陪伴一位企业CEO诊断并提升组织效能长达三年时间。初次接触这位CEO时，他给我看了一幅漫画，画面中CEO在办公室和几名管理者正在无精打采地开会，办公室外，等着和CEO开会的管理者排着长长的队，足足有20人以上。他们焦虑地等待自己被“传唤”。彼时，墙上的钟表显示已经是晚上11点了。CEO说这幅漫画是自己的团队创作的，是对自己开会的真实写照。他一脸愁容地告诉我，自己每天有开不完的会，总是深陷到与下属开会并帮助他们解决问题的过程中，仿佛自己开的每一场会都是在给下属们交作业，或者自己在参加考试。他甚至不知道自己在开会中是否做出了真正该做的决策，更不用说决策的正确与否。他不仅每天疲惫不堪，团队中的其他成员也都深陷“如何提升组织效能”的困扰之中。

我用了一周的时间旁听了这位CEO参加的全部会议，然后与其进行了一次长谈。我发现，漫画反映了企业野蛮生长过程中的两大问题：一是当企业处于规模化发展阶段时，企业的业务运营体系和组织管理体系尚不健全，从而导致企业处于无序状态；二是这位CEO作为企业的经营者和管理者，虽然保持着作为创业者时勇往直前的冲劲，使“变化”成为企业的“家常便饭”，但他对企业频繁变化所带来的组织影响力不以为然，因为他从来没有在自己的企业里做过员工甚至基层管理者。透过现象看本质，企业的会议效能状态从表面上看是会议问题，实际上是企业的业务运营和组织管理问题。

在陪伴这位 CEO 成长的时间里，我以“会议效能提升”为抓手，从帮助设计和主持重大的战略、业务及组织变革的会议，到推动这位 CEO 深度思考业务及组织体系的问题与解决方案，倒逼他对企业的业务逻辑进行梳理的同时，提升组织管理能力。这位 CEO 最终建立了自身的会议运营体系，并成为企业会议的主人。

看一家企业如何开会，就像医生透过 CT（Computed Tomography，电子计算机断层扫描，简称 CT）图像和报告诊断病人的疾病一样，透过会议看运营，透过会议看组织，透过会议看文化。会议效能，一定程度上就是企业业务运营和组织管理效能的 CT 图像和报告。提升企业的会议效能是一个系统工程，优化业务与组织管理是 CEO 真正需要做好的工作。

在明确了帮助管理者提升会议效能就是提升运营效能、提升组织效能后，我研究了目前国内外关于会议的各种管理实践与研究。我发现，尽管以会议为主题的书籍不少，但是大多数书籍都是围绕会议流程设计、会议引导方法论或工具展开的，即使书中有案例描述，也多为基于西方管理体系下的国外企业案例。对于中国的企业应该如何提升会议效能、如何提升决策质量、如何提升运营效率和组织效能方面，无论是方法论、工具，还是案例的丰富实用性等，目前的书籍较少涉及。

于是，我决心写一本适合中国企业家、创业者及管理者阅读且在企业发展过程中能够用得上的高效能会议书籍，基于实战方法论与工具，结合真实案例，帮助管理者找到开好高效能会议的方法、认识到开好高效能会议的重要价值。

尽管近十年来，在企业中作为战略与组织建设的高层管理者，发起、组织、策划或主持各类会议是我的工作常态，但过往二十年里仍有很大一部分高质量的会议是我念念不忘的。这是因为一直以来，管理咨询工作在我的职业生涯中占有重要分量。作为企业的战略与组织管理咨询顾问或 CEO 的教练，我每天的重要工作之一，就是和我所服务的企业高层管理者开各种各样的研讨会，帮助他们解决战略澄清与落地、组织能力与文化建设、人才评估与发展等大大小小的变革问题。在这些会议中，大部分管理者都收获了他们想要的解决方案并解决了实际的问题，同时也在高效能会议方面提升了参会人员的能量值和自己的领导力。

很多时候，我常常觉得自己的工作像一名编导，每一次客户的研讨会都需要我充分了解客户的需求和目标，掌握会场上每一名参会人员的角色要求、个人能力并激发出他们的最佳状态，同时还要梳理好“演职剧组”的系统关系。一场高效能会议就如同一部优秀的电影，好的剧本、导演、演员甚至每一个场景、道具、剧务细节都是缺一不可的。在这个过程中，无论是编导，还是演员，每个人都需要扮演好自己的角色，专业到位、表达到位、情绪到位。职场如戏、人生如戏，选好剧本且扮演好自己的角色是人生永恒的话题。

会议是管理者最好的领导力修炼场，而会议的策划与组织能力是一种编导能力，它包括系统决策能力、引导促动能力和团队教练能力，这些能力是每一名管理者都需要提升的能力。高效能会议不仅能够提升组织效能，而且是管理者领导力进化的“道场”，是帮助组织进化的利器。

基于这一理解，我希望本书能够帮助读者在感受会议案例的同时，找到提升修炼领导力和构建生长型组织的方法，为建立蓬勃生长的组织、点燃充分绽放的人生贡献自己的微薄之力。

在过去的职业生涯当中，我陪伴和见证了很多企业及企业管理者的成长，积累了大量的管理实践案例，也逐步沉淀了自己对生长型企业战略与组织建设的思想、理论、方法与工具，并形成了“AGE 生长型企业组织建设”的系统方法与实践。这也是我撰写《高效能会议：从提升组织效能到实现组织进化》这本书的重要动力源泉。高效能会议的理论与工具建立在 AGE 理论基础之上，帮助企业提升会议目标感、会议成长性和会议沉浸度，实现从共事共议的高产出会议到共谋共识的高效率会议，进而到共创共舞的高效能会议状态。

我想将这本书推荐给企业家和对企业管理结果负责的各级管理者，以及在组织中推动战略、运营及组织变革和文化建设的组织工作者、人力资源管理工作者。**希望这本书可以帮助大家提升开好高效能会议的技能，学习透过会议看运营与看组织的能力，修炼个人及团队领导力，帮助企业实现从组织效能提升到组织进化的目标。**

本书分为导入篇、实战篇和成长篇，具体如下所示：

- **导入篇：重新认识开会。**本篇的写作目的是帮助读者了解高效能会议的标准、方法与基础工具。如何评估高效能会议和提升会议领导力，是本书的理论体系基础。
- **实战篇：玩转高效能会议魔方。**本篇从常见的六类高效能会议的具体案例出发，向读者展示了如何真正在实践中开好高效能会议。通过呈现案例的背景动因、计划构想、细节设计等进一步明确不同会议的设计与实施方法，本篇进一步向读者揭示会议背后的战略、运营与组织管理的动因与落地过程。

- **成长篇：成为高效能会议的引领者。**本篇基于未来视角，向读者呈现了高效能会议的发展趋势和管理者提升高效能会议能力的成长路径等。

《高效能会议：从提升组织效能到实现组织进化》是我首次撰写的管理类书籍，无论是理论、方法、工具还是案例的呈现都存在不足之处，难以做到面面俱到且深入浅出，甚至恐有不当或一家之言。但在整理本书内容的过程中，很多企业家和管理咨询专家对我的写书之举给予鼓励。他们表示，“会议”这一主题并不是一个容易写好的主题，但其对企业和个人而言都是有价值的。高效能会议是值得每一名管理者学习与思考的主题，也是影响中国企业健康发展的重要主题之一。因此，当时当下，《高效能会议：从提升组织效能到实现组织进化》作为开始探索这一主题的价值要远远高于完美实践和总结。

基于这些鼓励，我完成了本书的撰写，希望能够为中国企业的管理提升带来一些价值，这也与我的个人使命高度相关。我希望成为“点燃他人、充分绽放”的持续探索者，致力于“使命驱动（Achieve）、持续成长（Grow）、乐在其中（Enjoy）”的 AGE 实践传播，激励、陪伴他人持续成长，使他们在企业、家庭、社会等组织充分绽放，提升个人与组织的能量值，进而帮助中国企业或教育机构打造使命驱动、持续成长、乐在其中的生长型组织，为社会创造价值。

“点燃他人、充分绽放”，我在这条道路上，刚刚启程！

目录

实战篇 玩转高效能会议魔方

成长篇 成为高效能会议的引领者

导入篇

重新认识开会

Chapter One 第1章 重新定义“开好会”

1.1 企业的会议成本远超你的想象

“管理者每年的工作会议成本是多少？”你是否计算过这一数字？如果没有，我们以一家中小型企业的管理者的工作会议成本为例来计算一下。

- **企业情况**：有10名管理者（其中有3名高层管理者和7名中层管理者）和1000名员工。
- **工作时长**：管理者每天的工作时间为8小时，每周工作5天，按照50周计算，全年工作时长为2000小时。
- **会议时长**：平均每名管理者每天至少有40%的时间用在会议上，全年会议时长为800小时。
- **人工成本**：每名管理者的平均月度人工成本为10万元，每名管理者平均年度人工成本为120万元。

通过归纳管理者的工作时长、会议时长和人工成本，我们可以计算出这家企业管理者的会议成本：

- **计算公式：**每名管理者的会议成本 = 人工成本 × 会议时长占比
- **计算结果：**每名管理者的年度会议成本为 48 万元（年度人工成本 120 万元 ×40%=48 万元），10 名管理者的年度会议成本总计为 480 万元。

如果你以为 480 万元就是该企业 10 名管理者每年开会的全部成本，那么你就大错特错了。事实上，在企业中，凡是有管理者参与的会议，大概率还有员工参会。因此，我们要想计算出企业每年开会的全部成本，还需要增加两个基本假设：

- 假设每次参会人数（除管理者之外）为 10 人。
- 假设每名参会人员（除管理者之外）的年度人工成本为 20 万元。

根据以上两个基本假设，通过计算，我们又可以得到以下两个惊人的数字：

- 每年 10 人（除管理者之外）在会议上投入的总时间是 8000 小时（800 小时 ×10 人 =8000 小时），这相当于 4 个人一年的工作时长。
- 每年 10 名管理者参与的会议，包含所有参会人员所投入时间的总成本为 680 万元（480 万元 +10 人 ×20 万元 =680 万元）。

如果管理者每年的开会时长占比超过 50%，那么意味着这家企业每年的会议成本将超过 800 万元。这是一个多么惊人的数字！如果不仔细计算，我们可能无法意识到一家企业的会议成本如此之高。

这还不是最终的会议成本数字。要知道，一家企业管理者的会议总成本不只包括人工投入的时间成本，还包括相关人员准备会议所投入的时间成本，以及召开会议所花费的行政管理费用，比如，茶水费、会议室使用费、差旅费等显性成本。

除此之外，会议成本里还有一些容易被忽略的隐性成本。比如，企业高层管理者参与会议的前后，往往伴随着有关联的中基层会议。有的企业由于缺乏对会议的有效管理，经常对会议的时间进行调整。会议时间更改一次，意味着 10 名参会人员的时间也要随之进行调整并占用额外的时间。根据经验，更改会议的协调成本很可能占到会议总成本的 5% 以上。再比如，如果一名管理者参与的会议是低效的或无效的，那么就会造成更多的无效时间的成本投入。

通过总结会议的显性成本和隐性成本，我们可以得到这样一个结论：一家中小型企业每年的工作会议成本将近 1000 万元。将近 1000 万元的会议成本对一家年营业额为 10 亿元、利润率在 10% 左右的企业来说，会直接影响企业 1% 的营业收入和 10% 的利润。

相信企业经营者或管理者看到上面这些有关会议成本的数字，已经如坐针毡。所谓“不破不立”，只有让你看清这些真实的数据，你才能重视开会，并且开始寻找“开好会”和降低会议成本的突破口。那么问题来了，我们应该如何降低企业管理中的“隐形杀手”——会议成本呢？

1.2　除了少开会，还要开好会

提到降低会议成本，有三种有效的解决方式：

- 不开会。
- 少开会。
- 开好会。

“如果我不用开会，我会更加热爱我的工作。”多年以来，我听到很多与我共事过的管理者都发表过这样的看法。过去我认为这是可以理解的——甚至是幽默的——但现在我得出的结论是，这其实是管理者对既有的商业文化状况做出的悲哀评论。

这是圆桌咨询公司（The Table Group）创始人兼总裁帕特里克·兰西奥尼写在《该死的会议：如何开会更高效》一书中的一段文字。

第一次读到这段文字时，我的感触非常深。“不想开会”的念头或多或少地出现在职场人的脑海里。很多管理者认为“要是不开会就好了”，而且他们笃信“不开会比开会更好”。但是，如果大部分管理者都讨厌开会、抱怨开会或者逃避开会，那么为什么管理者还在不停地开会呢？甚至还有一些管理者因为没有被邀请参会而感到失落。

对于这一问题，帕特里克·兰西奥尼在《该死的会议：如何开会更高效》一书中也给出了答案。

想象一下，你听到一位外科医生在手术前对护士说：“如果我不用给人动手术，我或许会更喜欢这份工作。”或是一位正在准备上台演出的交响乐指挥说：“如果没这些音乐会的话，我会更享受我的工作。”又或者是一位职业棒球选手说：“如果我不用参加这些比赛的话，我也许会更热爱这份工作吧。”很荒唐，对吧……如果我们讨厌开会，我们还能做出好的决策，成功地领导我们的组织吗？我的回答是：不能。当你想要萃取团队的集体智慧时，没有任何东西能够代替一场好的会议——一次有活力、有激情的思想交锋。

管理者的主要职责之一就是“萃取团队的集体智慧”，从而做出决策。**萃取团队的集体智慧不可替代的方式之一就是开会。**不开会不应该成为管理者的被动选择与逃避方式。所以，只用完全不开会的方式降低会议成本是不现实的。

近些年，为了降低会议成本，中国很多企业开始倡导“少开会”，并效仿《贝佐斯如何开会》一书中提到的亚马逊的开会方式，将在会议中使用了多年的 PPT 换成了六页 Word 文档。有的企业还积极引入会议工具——“飞书”，希望利用线上会议工具“飞阅会”来提升会议效率，降低会议成本。

这些有关降低会议成本的方法和工具本身是有价值的，但一些企业在学习借鉴的时候，学形不学魂，只是照搬形式，却忽略了会议的本质，从而导致企业不仅没有提高会议效率，反而在无形中增加了会议成本。

比如，有的企业的管理者习惯在开会时使用 PPT，但为了执行企业“以 Word 形式提交会议文档”的规定，只好先写一份 PPT，再花时间把 PPT 转为 Word 文档；有的企业为了推行“飞阅会”，减少了必要的线下面对面会议，从而失去了在线下会议中人与人之间更有活力和激情的思想交锋的机会。

尽管很多企业都在倡导高效会议，甚至制定了企业的“高效会议准则”，还把这些准则张贴到会议室的墙上或者放到投影屏幕的首页，但真正落实高效会议是一件知易行难的事情。核心原因在于，**会议文化是企业文化的缩影，会议也是体现管理者领导力的实战场地。**无论是企业文化的构建还是管理者领导力的提升，都是长期深入的管理工程，绝非一日之功。

令人感到遗憾的是，很少有企业管理者能够真正认识和体验到一场高水准会议的价值。大多数管理者认为自己发起和主持召开的会议效果很好，因而对自己召开会议的技能充满信心。事实上，很多管理者往往缺少会开会、开好会的技能，更没有意识到通过学习这类技能能够提升领导力和会议效果。

对个人而言，**会开会和开好会是一个人在职场中从独立贡献者转变为管理者应具备的重要能力。**一旦你从员工晋升为管理者，就意味着你不再需要单打独斗，而是要重新分配好时间，将一部分甚至大部分时间和精力投入到带团队的过程中，激发群体智慧和群体战斗力。

对企业而言，**会开会和开好会是管理者应该主动选择并掌握的技能，也是企业推动管理者领导力提升和建设企业文化的利器。**

1.3　高效能会议是管理者开好会的最高标准

在企业里，相信大多数人都有过参加低效会议的负向体验，其中管理者对如下低效会议甚至是无效会议的现象更加深恶痛绝：

- 会议没有结论，只开会不决策。
- 会议跑题严重，脱离中心。
- 参会人员在会议中感到筋疲力尽，很想逃离会议现场。

- 参会人员莫名其妙地来参会，不了解自己参会的目的。
- 会议没有时间目标，预计半小时的会开了一上午。

为什么会出现这样的会议现象呢？

答案是：没有会议标准。**没有标准，就没有质量。**那么，开好会的标准是什么？

在分享开好会的标准前，我们先做一个简单的测试：通过表 1-1 来判断你是否会开会，以及是否能开好会。

【问卷测试】

回顾由你发起并组织的日常工作会议的情况，在表 1-1 典型的负向会议行为中，它们的发生频率是怎样的？（1 分 = 从不发生；2 分 = 很少发生；3 分 = 时有发生；4 分 = 经常发生；5 分 = 一贯如此。）

表 1-1　典型的负向会议行为评分情况

典型的负向会议行为	1分	2分	3分	4分	5分
会议目标的实现度在 80% 以下					
会议严重超时，对会议时长难以控制					
会议严重跑题					
会议卡在一个节点上推进不下去					
重要的参会人员在会议中一言不发					
会议主要是管理者发言，“一言堂”严重					
会议只是例行公事，单调乏味					
会议过程中参会人员没有获得成长					

（续）

典型的负向会议行为	1分	2分	3分	4分	5分
在会议结束时，参会人员既没有做出决策也没有达成共识					
会议形成的行动清单不了了之					

问卷说明：你可以根据本书提供的会议的具体分类，来为自己所发起并组织过的不同类型会议进行打分。针对本问卷，你可以向参与过自己组织的会议的参会人员了解实际评价结果，从而得到更加客观的分值。

在上面的问卷测试中，如果你的总分值在 30 分以上，说明你不是一个会开会的管理者，不具备开好会的能力。

根据我们在企业中的实际测试结果，大多数管理者在会开会、开好会的技能方面都有所欠缺。反过来，站在参会人员的角度，如果管理者不会开会、开不好会，那么参会人员常会感到时间被浪费以及缺乏成就感。参会人员产生不好的参会体验，甚至是极度负面的参会体验，意味着他们在会前、会中、会后会有比较大的个人能量损耗。

管理者会开会、开好会的标准，不仅仅是把会开完和实现会议目标，还要站在参会人员的立场，从参会体验感的角度描述会议效果。为了更清晰地定义会开会、开好会的标准，我们按照工作会议的效果将会议分为三个层次：高产出会议、高效率会议和高效能会议，如图 1-1 所示。

图 1-1 会议的三个层次

第一个层次：高产出会议。高产出会议以达成会议目标的具体产出为主要成果，但一般缺少对会议效率的追求，很容易出现会议超时、效率低下的情况。高产出会议往往追求的是参会人员一起共事或共议而非共识。高产出会议通常有两种场景：一种场景是参会人员讨论热烈，但是议而不决，最终由决策人在会后直接拍板；另一种场景是会而不议，会议成为参会人员互相同步信息与交换信息的一个场域。

第二个层次：高效率会议。高效率会议是在追求高产出结果的基础上，追求会议的效率目标，包括时间管理、讨论共识的效果和决策的效率等。高效率会议往往追求的是参会人员一起共谋共识。会议中，参会人员需要共同讨论、谋划商议，能够对会议决策达成共识，并制订一致的行动计划。

第三个层次：高效能会议。高效能会议是对管理者开好会的最高要求，也是赋能型管理者或生长型组织应当追求的会议效果层次。那么，什么是"高效能"？著名的管理学大师史蒂芬·柯维在《高效能人士的七个习惯》一书中提出了"高效能"的概念。他认为，高效能与高效率不同，"效能"的定义包含了产出和产能两个要素，只有在产出和产能之间取得平衡，才能实现真正的效能。

高效能会议追求的是会议的产出与产能之间的平衡，以及团队长期目标和会议短期目标之间的平衡。除了共谋共识，高效能会议还追求会议组织者和会议参与者之间的共创共舞。会议组织者会有意识地关注和营造会议氛围，使会议参与者相互激发、互助赋能、共同决策与同频交流，使会议场域充满能量，从而让个体或组织拥有自我进化的力量。

无论是高产出会议还是高效率会议，会议目的或产出都是以“事”为导向的，即关注具体业务或问题的解决方案及决策行动。而高效能会议通常以“人”为导向，有意识地关注参会人员的会议体验，强化对参会人员能力的发展和培养。目前，大多数企业的工作会议管理尚停留在“组织高产出会议，追求高效率会议”的阶段。

1.4　高效能会议的三大衡量维度

既然高效能会议是管理者开好会的最高标准，那么管理者如何才能开好一场高效能会议呢?

高效能会议追求的是会议产出与产能之间的平衡，产出比较容易衡量，那么产能如何衡量呢？我们可以从会议目标感、会议成长性和会议沉浸度三个维度进行衡量。

第一个维度：会议目标感。会议目标感是指会议在目标实现程度上带来的整体体验度。通俗地说，会议目标感就是参会人员能够感知到会议目标高效达成的程度。会议目标感的实现需要会议组织者关注会议目标的底层意义和长远价值，而不仅是会议表面上的共识目标。我们可以用英文单词 Achieve（达成）的首字母“A”来表示会议目标感。

第二个维度：会议成长性。会议成长性是指参会人员在会议过程中能感知到自己及团队成长的程度和速度。通俗地说，会议成长性就是参会人员感到自己有所成长、团队有所成长。会议成长性的实现需要会议组织者激发参会人员的成长动力和学习状态，而不仅仅是追求短时间内的会议效率。我们可以用英文单词 Grow（成长）的首字母“G”来表示会议成长性。

第三个维度：会议沉浸度。会议沉浸度是指会议场域让参会人员专注并沉浸于会议之中的体验度。通俗地说，会议沉浸度就是参会人员在会议中能够全神贯注，有参与感和乐在其中的享受感，不会产生“开会是在浪费自己的工作时间”的想法。会议沉浸度的实现需要会议组织者对整个团队系统，包括人、关系、场域内外的情绪、情感等影响信号有洞察和反馈能力，还要有对会议流程进行设计和引导的能力。我们可以用英文单词 Enjoy（享受）的首字母“E”来表示会议沉浸度。

会议目标感、会议成长性和会议沉浸度，被称为高效能会议体验的 AGE 水平。**对于生长型组织来说，提升高效能会议的 AGE 水平是提升团队效能的重要方法。**对于 AGE 水平高的会议，管理者会关注团队成长，一次会议或会议的某个单一环节可能损失一小部分效率，但是从长远来看却能帮助团队累积产能。

有的管理者可能认为，想要团队得到成长和激发团队活力，可以通过专门的培训和团队建设活动来实现，不用占用会议时间。需要注意的是，集中式的培训并不一定能够解决团队成员所有的实战问题，而且还要花费管理者额外的时间组织团队成员培训，无论从产出还是产能角度来看，都不高效。因此，**高效能会议应该成为企业提升团队战斗力的重要道场。**

创造高效能会议的 AGE 体验，是每一位管理者的重要责任之一。从某种意义上来说，管理者审视企业里不同类型会议的会议目标感、会议成长性和会议沉浸度，就是在对组织文化进行多角度的诊断。管理者诊断会议的 AGE 体验，如同对企业进行了一次“核磁共振”检查，能够更加清晰地呈现出组织文化的微观世界。

因为职业的缘故，我曾对多家企业的会议进行评估，并以此对组织文化进行诊断、建议和改善。我在评估过程中用到的最重要的管理工具就是“高效能会议 AGE 体验评估罗盘”，如图 1-2 所示。

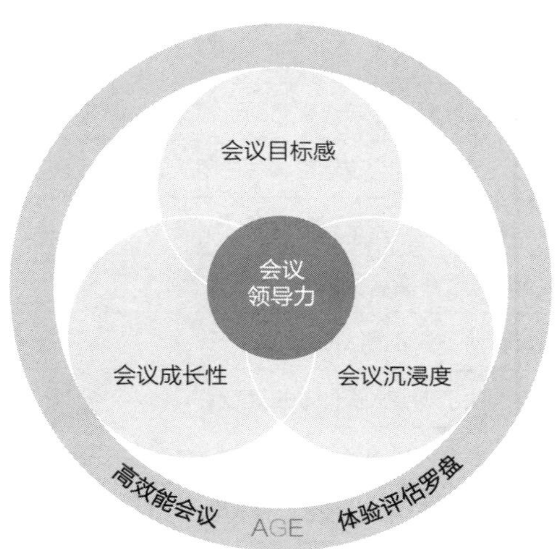

图 1-2　评估高效能会议的管理工具

高效能会议 AGE 体验评估罗盘是评估会议产出和产能有效性的工具，能够对企业的会议目标感、会议成长性和会议沉浸度进行客观评估，帮助企业找到改善组织文化、提升组织效能的方法策略。

高效能会议 AGE 体验评估罗盘从会议的 AGE 体验评估维度出发，包含了对会议体验本身的评估诊断，以及对管理者组织高效能会议的经验和会议领导力表现的评估，见表 1-2。

表 1-2 高效能会议 AGE 体验评估罗盘的调研维度

会议维度	评估标准
会议目标感（Achieve）	会议在 4P [会议目的（Purpose）、会议成员（Participant）、会议程序（Program）、会议场域（Place+）] 要素上总体达成
	会议目标设置清晰明确
	会议的时间控制准确，日程安排合理有效
	会议的参会人员选择符合会议需求，有助于会议决策
	会议达成了会议目标，有明确的决策结果和事后行动要求（包括时间、责任人、事项内容）
	参会人员感受到会议过程有助于团队目标感的建立
	参会人员感受到会议组织者关注团队效能的提升
会议成长性（Grow）	会议过程中参会人员有所收获
	会议有助于参会人员成长
	会议有助于参会团队成长
	会议加快了参会人员的成长速度
	会议让参会人员感受到了企业对人才发展的重视与投入
会议沉浸度（Enjoy）	会议的总体氛围是严肃的 / 活泼的 / 团结的 / 紧张的
	会议过程中会议组织者会关注到每一位参会人员的感受和参与度
	会议参会人员在会议中保持专注度和参与度
	会议参会人员是享受会议的
	会议的总体氛围是令人满意的

（续）

会议维度	评估标准
会议经验	管理者组织会议的总体经验度
	管理者在组织不同类型会议时的表现
会议领导力	参会群体的会议领导力的各项水平表现
	会议中管理者的会议角色承担情况
	会议中管理者展现的高效能会议核心技能水平
	会议中管理者应用 AGE 元技能的情况
	会议发起人或团队管理者的会议风格多样性 / 匹配度
	会议主持人的主持引导有助于会议达成 AGE 体验目标
	会议领导力对会议 AGE 体验的影响是积极正向的
	会议领导力对团队效能的影响是积极正向的

我与团队曾经为一家工业互联网高科技初创企业进行组织诊断与优化。与常规管理咨询方法不同的是，我们引入了高效能会议 AGE 体验评估罗盘这一工具，通过旁听与观察企业多场典型的真实会议来诊断和发现企业在管理中存在的问题。

作为列席人员，我们旁听了这家企业高层管理者的经营会、重点项目会、人才盘点会和全员会等重要会议。通过实景诊断，我们很快对该企业的领导力、组织文化氛围及核心高层管理者的领导力水平做出诊断，判断如下：

- 该企业的 CEO 呈现了高度的亲和力，随和，领导风格突出。CEO 在会议中非常愿意倾听高层管理者的观点，但是多次出现回避激烈冲突的行为。

- 在全员会上，CEO展现了强烈的揽责行为，自己独立完成了从会议主持到会议发言、会议点评的全部内容。CEO是亲力亲为的领跑型领导者，但他也意识到自己在调动高层管理者的积极性方面遇到挑战。
- 高层管理者之间的互动模式存在挑战。一部分高层管理者之间频繁出现充满火药味的对话，而另一部分高层管理者在会议中比较沉默。
- 在项目管理会中，团队对于“销售目标达成情况”展开了激烈的辩论。从他们的互动中发现，团队在战略目标、策略方案层面存在较大分歧，并反映出奖惩与业绩不挂钩的问题。

当我们向这家企业的CEO呈现诊断报告时，这名CEO感慨地说：“真没想到，你们只参加了几场会议，就对我们高层管理者团队和组织存在的问题掌握得八九不离十了，而且帮助我们发现了企业在管理中的盲区。”

为什么通过会议实景诊断可以快速发现企业与管理者的深层次问题呢？

首先，企业的会议风格是相对稳定的，会议氛围往往就是企业文化氛围的缩影。其次，会议场景提供了足够丰富的信息，包括管理者的领导风格、团队的互动模式、组织机制的呈现、团队的执行力表现、决策问题的难度量级，以及企业对时间、效率和成本管理的态度等。这些信息包罗万象，是网状的、立体的、系统的、有历史变化的，能够真实地反映出企业的管理现状。

高效能会议AGE体验评估罗盘不仅可以帮助管理者诊断会议效果，还可以指导管理者制订行动计划。

在上面的案例中，我们和这家企业的CEO基于诊断结果，共同确立了组织效能提升的核心行动目标：重塑中高层管理者的团队领导力，以高效能会议为场景，澄清业务目标、策略、行动，优化奖惩机制，务实地促进核心人才的成长。

1.5　提升组织效能，从会议管理体系入手

在企业里，谁在管理各类会议呢？针对这一问题，我曾问过不少企业“一把手”，他们一般有以下几种典型的回答：

- 企业里高层管理者的会议由总经理办公室在管理；各个部门的会议由部门管理者或助理管理。
- 很多部门都在管理企业经营者的会议，最终是其秘书和经营者一起确定会议的重要性、优先度。有时候会议开了一半，企业经营者才意识到原来这个会他没有参加的必要。
- 没有人系统化地管理会议。谁计划开会，谁直接发起邀请，参会人员看时间合适程度选择接受邀约或重新预约时间。
- 企业的经营管理部和总经理办公室在一起协同管理所有与经营管理决策相关的各类会议。

通过上面几种回答，我们可以看出，大多数企业的会议管理是在管理会议时间、参会人员。事实上，企业的会议管理绝不仅仅承担单一的时间管理、人员管理职能。特别是对大型企业来说，会议管理是一个系统工程，通常涉及多个部门。管理者要想提升高效能会议的整体管理效率，需要关注与高效能会议有关的五大主要系统，分别是：业务运营系统、内外部沟通系统、人

才管理系统、组织管理系统和数字化信息系统，如图 1-3 所示。

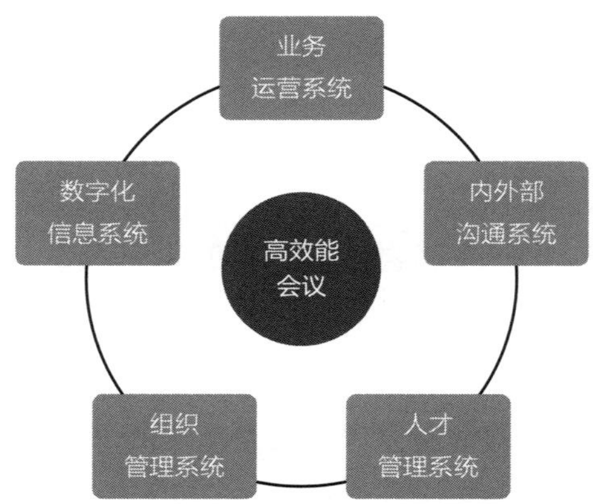

图 1-3 与高效能会议有关的五大主要系统

1. 业务运营系统

管理者要做好高效能会议体系的管理，需要了解企业的业务运营管理系统。业务运营管理系统涉及企业在设计、控制生产过程及重新设计商品或服务生产中的业务管理工作，是企业获得收入和利润、实现商业模式的核心管理领域。高效能会议的召开，需要符合企业的业务运营逻辑，比如相关会议的周期、频次和具体的会议方式等。

2. 内外部沟通系统

高效能会议的管理，是企业内外部沟通系统中的重要组成部分，是群体互动沟通的一种表现形式。企业选择召开什么会议、用什么方式开会，与内部沟通系统的状态有很大关系。比如，外资企业会将电子邮件作为企业内部重要的沟通工具，无论是通知、决策，还是方案的呈现与讨论，都要通过电子邮件的方式进行。随着移动通信和互联网的发展，即时通信工具（如微信、钉钉等）成为很多互联网科技企业的主要内部沟通工具。在这样的沟通系统基础上，管理者对于面对面的工作会议有更高的期待。

3. 人才管理系统

对于生长型组织来说，人才管理系统是高效能会议管理需要特别关注的第三大管理系统。一方面，一些中高层会议的参会人员的选择与管理工作高度相关。如果不熟悉企业的管理者分层分类机制，很容易出现遗漏或选错参会人员的现象。另一方面，高效能会议是管理者修炼领导力的真实战场。熟悉企业整体的人才发展规划，并结合人才发展需要选择和设计好实战历练的会议场景，是非常有必要的。

4. 组织管理系统

组织管理系统是与会议管理相关的第四大系统，这一系统往往与相关会议的决策方式、决策流程高度相关。组织管理系统涉及组织运转的机制与流程，包括与企业目标管理有关的绩效管理流程、架构调整流程，以及预算、激励等资源分配机制。

企业在组织管理决策方面的会议，需要与组织机制的具体内容和管理周期的重要节点紧密结合。比如，企业在推行绩效管理机制时，需要关注年初战略解码会、目标设定会、年末述职会、绩效评估校准会等一系列会议之间的关系，还要关注各个会议要素，特别是决策机制的设计，确保管理机制的闭环。否则，企业很容易出现管理机制与实际执行不匹配的现象。会议决策的有效性是组织管理机制落地程度的一种体现。

5. 数字化信息系统

数字化信息系统是实现会议管理效率目标的基础系统。数字化信息系统包括会议过程中所用到的数据分析输入和会议邀约、会议记录、线上会议形式等具体操作。现代化的科技手段丰富了会议形式。比如，一些线上会议工具可以即时提取会议讨论要点并整理和提炼会议结论，还可以实现会前会议材料的线上收集和会后行动进展的线上同步，极大地提升了会议管理的效率。

五大管理系统的高效有机运转是使高效能会议管理顺畅的基础。反过来，高效能会议的管理的情况也反映了企业五大管理系统是否有效，很大程度上呈现出企业组织效能的水平高低。管理者如果想要提升组织效能，可以从高效能会议及会议管理体系入手，提升会议效能，倒逼管理体系优化完善。

1.6 实现组织进化，打造高效能会议体验

20 世纪 90 年代，“学习型组织之父”彼得 · 圣吉提出了“学习型组织”的管理理念。他认为，一个组织能够拥有长期竞争力，关键在于他们有比竞争对手更快、更好的学习力。

在学习型组织中，个人、团队和组织是学习的三个层次。这类组织在共同愿景的引导和激励下，不断学习新的知识和技能，并在学习的基础上持续创新，从而实现组织的可持续发展和个人的自我成长进化。

随着 VUCA[㊀]时代的到来，我们发现，一些组织呈现出高速成长、调适性强的特点，在业务增长的过程中，伴随着人才、团队和组织的高速成长。这类组织拥有更强的生命力、恢复力和进化力，我们将其称为生长型组织。

生长型组织通常呈现以下特点：

- 与学习型组织相同的是，生长型组织重视推行员工成长和组织进化的文化，强调创新与改进，并且承认个体与个体之间、个体与团队和组织之间是相互赋能、相互激发的。
- 在业务运营管理与发展中，生长型组织秉承着"发展业务就是发展人，发展人就是发展业务"的核心人才观。生长型组织认为，投资人才发展所带来的长期投资回报率，会为组织带来更高的可持续发展的价值。
- 生长型组织往往提倡三个方面的文化价值观：使命驱动、持续成长和乐在其中。这三个方面的价值观概括了学习型组织的五个特点：共同愿景、自我超越、团队学习、心智模式和系统思考，并在此基础上强化了组织和个人在脑、体、心、灵全面能量管理上的实践，体现了组织的生命力、恢复力和进化力。生长型组织提倡的"使命驱动、持续成长、乐在其中"的文化价值观，具体见表 1–3。

㊀ VUCA 源自 20 世纪 80 年代沃伦·本尼斯和伯特·纳努斯的领导理论，是 Volatility（易变性）、Uncertainty（不确定性）、Complexity（复杂性）和 Ambiguity（模糊性）的首字母缩写，一般指充满不确定的、快速变化的环境。

表 1-3　生长型组织的文化价值观

文化价值观	具体表现
使命驱动（Achieve）	组织成员拥有共同的组织使命，愿意投身以成就共同的事业
	组织成员拥有与组织产生联结的个人使命，并为之奋斗
	组织、团队和个人对目标信守承诺，不断努力实现并超越目标
持续成长（Grow）	相信“发展业务就是发展人，发展人就是发展业务”
	组织提倡日积月累的持续成长，并鼓励个人进行深刻反思
	组织鼓励“我为人人成长、人人为我成长”
乐在其中（Enjoy）	组织提倡个人要尽情享受工作和生活，活在当下
	组织相信人是多元的、完整的、自带资源的和可以进化的
	组织致力于让个人与团队保持可持续的高能量值状态

生长型组织提倡的“使命驱动、持续成长、乐在其中”的文化价值观，简称为 AGE 文化价值观。基于 AGE 文化价值观方向，生长型组织需要更加关注群体学习的机会，以及个人与团队在业务实战中成长的机会。这也就不难理解，为什么生长型组织需要关注在会议场景中帮助管理者提升领导力及塑造高效能会议目标感、会议成长性和会议沉浸度了。

生长型组织在提升会议效能方面，可以从以下三个角度切入。

- 生长型组织要在会议中激发员工的参与感，激发人和人之间的联结，引起共鸣共情，进而激发员工的责任感与积极性，尽可能让会议实现自组织、自运营。
- 生长型组织中要有“去中心化”或“弱中心化”的会议。自上而下地发起会议是不够的，应经常自下而上地发起会议。这类自下而上发起的会议会给组织带来更强的生命力。

- 生长型组织通常还会考虑在会前、会中、会后有意识地嵌入员工能力培养环节。比如，让员工参与管理决策的头脑风暴和事后复盘。这样做不仅仅是为了收集一线信息作为决策输入，更重要的出发点是培养员工的能力。

另外，生长型组织特别关注参会人员的全面体验感，让员工在会议中感受到最真实的企业文化。根据德勤人力资本咨询的调研，我们发现未来人力资源管理的重要趋势之一是组织越来越需要关注员工体验，这些体验不仅仅是企业的政策、机制、职场硬件环境带来的体验，还包括他们所参与的工作氛围体验，其中就包括了内部沟通中的会议体验。

企业打造高效能会议体验，就是在打造持续成长、乐在其中的会议文化。点点滴滴的会议文化积累，最终会成为真实的企业文化中的一部分，也终将推动企业实现持续成长，成为真正的生长型组织。

延伸阅读　生长型组织建设——AGE 年轮模型简介

组织是由人或多个群体组成的有共同的奋斗目标和一定边界的系统。在组织管理领域，有很多模型与框架用以指导企业的组织与文化建设。如图 1-4 所示，AGE 年轮模型是生长型组织建设的逻辑框架。

生长型组织往往可能正处于以下状态：

- 业务高速增长但难以预测商业模式的边界。
- 与外部环境高度融合，以用户为中心。

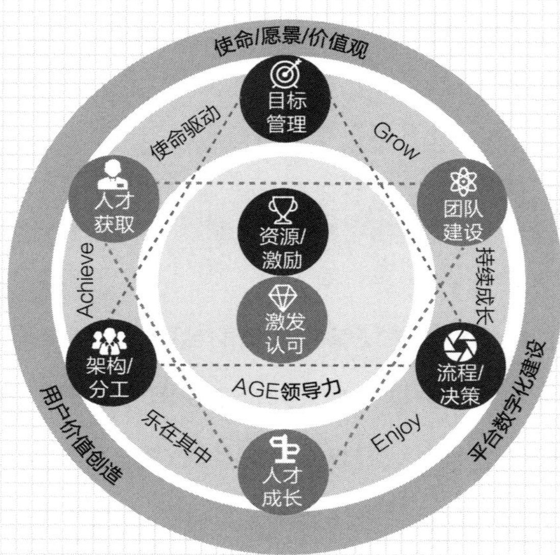

图 1-4 AGE 组织建设模型

- 组织架构具有柔性且高速变化。
- 开放透明。
- 领军人物呈现“TT”型，即领军人物可能是两个领域里的专家，拥有在这两个领域的专业或业务深度，同时可以将业务进行跨界整合。
- 人才队伍多元化。
- 追求自治、更多的非标准化。

生长型组织往往具有如下特征：组织有使命感，向阳而生，改变世界或行业；组织保持着活力与战斗力，人才和团队具有高能量值；组织有智慧、有勇气、有顽强的生命力；年轻无畏，鼓励让年轻人身经百战；即使组织在一定阶段遇到了挑战，依然保有强大的恢复力。

生长型组织的建设，需要同时抓住两条主线：一是目标管理，二是成长文化。如果把组织比作一个生命体，那么这两条主线就是基于组织的使命、愿景和价值观去实现战略目标的两个肌肉群。这两个肌肉群各自生长但又相互激发。在不同阶段它们的发力程度和发力角度有差异，组织可以自适应调整和迎接更大挑战以突破自我。我把它们更准确地称为“使命驱动的目标管理”和“乐享成长的文化塑造”。

对一个有活力、有能量值的组织来说，“乐在其中”是催化剂或者营养液，对组织非常重要。它可以给组织带来更多的惊喜，让组织向更加正向、有韧性的角度发展，也会为组织带来更多的创新活力。

在图 1-4 的目标管理三角中，组织建设者要关注的核心是组织的目标管理、架构 / 分工、流程 / 决策的三角支撑和有机耦合。这三个方面是与组织的资源 / 激励等分配管理高度关联的。目标管理三角的具体设计主要受业务模式或业务逻辑的影响，也会决定资源 / 激励等方面的分配逻辑。

在图 1-4 的成长文化三角中，组织建设者要关注的核心是组织的人才成长、人才获取、团队建设的三角支撑和有机耦合。这三个方面是与人才的激发 / 认可等发展系统管理高度关联的。成长文化三角的具体设计主要受人才内外部供需结构的影响，也会影响激发与荣誉认可体系的设计思路。

生长型组织除了关注效率效能本身，还重视培育激发创新的土壤。创新是不能被规模化生产制造出来的。真正的创新是有惊喜的、有震撼力的，是在正常能量值发生变异或突破而产生的组织能量。这需要组织的机制与文化能够不断制造出惊喜，让人才和团队保持良好的智力动力、体能动力、情绪动力甚至灵魂动力，“乐在其中”就是一个重要的创新活力因子。

目标管理三角和成长文化三角的耦合，是“发展业务就是发展人、发展人就是发展业务”的底层管理哲学的体现。无论是目标管理三角、成长文化三角还是创新活力因子，都需要用具有 AGE 领导思想的领导力来驾驭。

生长型组织是使命驱动的组织，无论是目标管理三角还是成长文化三角的系统机制设计，都需要能够支撑生长型组织的使命、愿景和价值观。生长型组织生长的动力在于为用户创造价值，相比较传统企业而言，它会更加重视用户体验和员工体验。随着数字化转型的发展，平台数字化建设不仅是生长型企业提升企业效能的基础保障，还将成为生长型企业发展的新动力。

AGE 年轮模型可以帮助生长型组织进行组织效能的诊断与提升，也为企业各层管理者提供了管理逻辑。

Chapter Two

第2章 重新认识会议的那些事

2.1 “会议”需要被重新定义

《现代汉语词典》对“会议”的定义是:“有组织有领导地商议事情的集会。”通过这一定义，我们可以看出会议包含几个关键要素:一群人、集合在一个场地、有组织有领导、商议事情。基于这些要素的不同组合，会议形式多样。

目前，学术界对会议的研究相对较少，因此我们很难找到权威的会议分类和定义。有趣的是，在中文表达里，“会议”一词涵盖了英文表达里的十几种不同类型的会议，见表2-1。我们可以通过了解英文表达中各类典型会议的内涵，对会议的定义和分类有更深刻的认识。

本书所讨论的“会议”范畴，包含了表2-1中描述的大部分会议类型在企业管理中的实践或演变形式。本书中的“实战篇”通过大量的企业实践案例，为读者介绍了不同类型会议的组织方法与注意事项。

表 2-1 英文表达中的会议分类与内涵

会议名称	会议内涵
Assembly 集会	一般指正式的全体集会。参加者以组织成员为主，在固定时间及地点定期举行。比如，全员晨会
Conference 大型的、正式的会议	这一类会议通常会持续多天，有特定的主题。有共同爱好、目的的人定期聚集在一起进行正式讨论。这类会议多见于特殊专业或学术活动
Convention 成员大会	一般指大量人群聚集在一起讨论其组织或政团事务的例行会议。参加者需依指示参加会议。比如，联合国大会
Forum 论坛	一般指在公共场所举行的公众集会，人们可以在会议中进行思想交流、讨论问题，尤其是重要的公众问题。比如，经济论坛
Lecture 讲座 / 演讲	一般指大学或者学术人员举办的讲座、讲课的会议。比如，专家讲座
Meeting 会议 / 会面	一般指人们为了某一目的进行聚会的通用称谓。原指与人见面、聚首、会面，多用于两个人聚集到一起谈话和讨论的活动
Panel Discussion 小组讨论会 / 座谈会	参与小组座谈的成员是某一类人员。他们对专门课题提出观点再进行座谈。通常这类会议有一位主持人引导座谈过程。比如，员工座谈会、专家座谈会
Seminar 研讨课 / 培训会	一般指类似课堂的讨论会或者培训课程，用来达到训练或进修目的的会议
Workshop 研讨会 / 研习会	一般指有限的几个人进行密集讨论的会议，通常需参与人员当场做练习，会议中要设置更加聚焦的讨论议题，形式多样。研讨会一词来源于日本，是现代企业管理、培训、咨询服务使用最高频的会议形式

“实战篇”中的所有案例描述的都是企业内的讨论决策会议，简称非正式会议。这类会议一般有讨论、共创、决策等环节。与企业非正式会议对应的是正式会议，比如董事会、总经理办公会等。这类会议通常是针对企业某项议案举行的正式决议会议，一般有严格甚至法定的决议流程和标准，因此不在本书重点关注的范围里。

2.2　用“4P 模型”定义会议设计要素

让我们回到“会议”的定义，重新梳理一下会议的关键要素：一群人、集合在一个场地、有组织有领导、商议事情。我们将**会议的四个关键要素总结为会议的四个关键维度——会议目的（Purpose）、会议成员（Participant）、会议程序（Program）和会议场域（Place+）。我们称这四个关键维度为会议设计要素的“4P 模型”**，如图 2-1 所示。

图 2-1　会议设计要素的“4P 模型”

企业经营者或管理者掌握会议设计要素的“4P 模型”这一基础工具，可以确保企业的会议具备高产出、高效率会议的基础。在召开每一场会议之前，管理者特别是会议发起人要把与会议有关的四个维度的信息梳理清晰，以此确定会议是否可以召开及是否可以高效召开。

2.2.1 “4P 模型”的 12 个基本要素

会议设计要素“4P 模型”按照会议目的、会议成员、会议程序和会议场域分为 12 个基本要素。

1. 会议目的（Purpose）：把握“三个 O”目标

要素 1：会议发起人（Owner）。会议发起人是提出并决定发起会议的源头，是会议目的的最终责任人。会议的产出结果和核心目标围绕会议发起人的意愿和目的展开。

要素 2：会议目标（Objective）。如果把会议发起人看作是会议的“客户”，那么会议目标就是客户价值的体现。五种常见类型的会议目标分别是统一思想、解决问题、做出决策、提升能力、融合团队。一般来说，时间较短的会议只有一个会议目标，时间较长的会议可以有 1~3 个会议目标。

要素 3：会议产出（Outcome）。会议产出指的是会议经过讨论、决策后达成的具体结果产出，包括任务产出和关系产出、达成共识的决策、会议氛围体验等有形或无形的产出结果。其中，关系产出指的是参会人员之间的互动关系。比如，通过深度讨论，参会人员从相互了解转变为相互信任。

会议组织者要想挖掘与确认会议目的，需要洞察会议发起人的思维模式和内在动机，从而高度提炼会议内容，明确会议目标，这是整个会议策划中最重要的起点和基础。

2. 会议成员（Participant）：识别三种参会人员角色

要素 4：会议发言人（Speaker）。原则上，会议成员都是有义务表达观点的发言人。发言人一般包括会议的主要内容汇报人、参与讨论者、会议发起人或会议决策人。主讲人 / 汇报人是发言人中的一类，是在会议上对主要议题陈述观点或对方案进行汇报的人员。

要素 5：会议决策人（Decision Maker）。对会议决策负责的人，可以是发起人，也可以独立于会议发起人。值得一提的是，有些会议的最终决策人并不参会。

要素 6：会议主持人（Facilitator）。会议主持人是会议流程、时间管理的控制者和引导者。在一些需要对会议程序进行设计和引导的会议上，会议主持人也被称为“会议引导师”或“催化师”。发言人、决策人或发起人可以兼顾会议主持人的身份，但独立的会议主持人或引导师在会议中也很常见。在复杂的会议中，会议主持人往往是独立的甚至可以是企业外部的专业引导师。

会议组织者要想对参会人员的角色进行识别与设计，需要对关系管理、人才识别与应用、组织内部的权责定位、决策关系等有深入了解。对于重视会议体验的企业来说，参会人员就是会议的“用户”。每一位参会人员无论扮演什么角色，会议组织者都要尽量关注他们在参会过程中的思考状态、情绪状态和参与状态等。

在真实的会议体验中，会议发言人的体验往往是最差的。这是因为会议的设计和引导往往是围绕会议发起人和会议决策人展开的，也可以理解为

“以客户为中心”展开，而会议发言人因为不参与最终决策，往往得不到应有的关注和重视。高效能会议要求会议组织者在组织会议时要双管齐下，既要关注会议发起人和会议决策人的需求，也要重视会议发言人的体验。

3. 会议程序（Program）：掌握“三个 T”程序

要素 7：会议时间（Timeline）。会议时间包括会议总时长、各议题时长等日程安排与具体时间表。对例行会议来说，会议时间还包含会议举行的频率。对多场会议的管理者或者会议组织者来说，会议时间不仅是单个会议的时间安排，还包括系列会议的时间线安排。如果会议过于密集，或者时间线排布顺序不合适，那么先举行的会议可能影响后举行的会议的体验感。

要素 8：会议议题（Topic）。会议议题指的是会议中具体要讨论的议题、目标、内容等。会议组织者需要根据会议目的与会议目标拆解会议议题，确保会议中的每一个议题是明确的、清晰的、具体的、可被讨论与决策的。每一个议题的责任人需要在会前准备与议题有关的内容，并将会议议题提前发给参会人员。企业在召开重要议题会议前，议题责任人应将议题的具体方案发给参会人员，并根据需要与参会人员进行单独沟通。如果有些议题已经有明确的决策选项，那么议题责任人要在会议前清晰列出这些可能的选项。总之，会议议题的明确性是会议高效的决定因素，学会拆解会议议题是会议组织者应具备的重要会议能力之一。

要素 9：议事方法与规则（Tool & Rule）。议事方法与规则指的是针对每个议题的讨论方法和决策规则，包含投票决策机制的设计等。不同的议题需要不同的讨论方法。比如，参会人员是轮流顺序发言还是自愿发言，会议中是设计一轮发言还是多轮发言，对于议题的讨论是先发散后聚焦还是先聚焦再发散等，这些都与议题的目标和内容高度相关。对于某些会议的决策环节，会议组织者还需要设计正式的投票表决机制，比如，评审决策会。针对一个完整的长时间会议，议事方法与规则的设计还包括整体会议的节奏和流程的设计。

会议组织者需要掌握一些标准会议模块的流程设计方法与引导工具，同时还应该对会议内容进行深度了解。建议会议组织者学习一些会议引导方法和决策机制设计方法，使用一些会议引导工具，这对会议程序的设计与引导有很大的帮助。

复杂的会议设计与组织过程如同程序员编写程序的过程。程序员要先熟练掌握编程语言和标准代码，然后合理拆解题目，进行分段撰写，最后程序员还要检查程序的完整性和适配性，尽可能杜绝漏洞的出现。**高效率会议的程序设计应该语言简洁、逻辑清晰，而高效能会议的程序设计则应顺畅优美、能够自我迭代。**

4. 会议场域（Place+）：营造合适场域三要素

要素 10：会议场地（Place）。会议场地指的是举行会议的具体位置，包括线下的物理空间和线上会议的虚拟空间。大多数工作会议的地点是在企业内部，一些长时间的封闭会议则有可能选择在企业外部。会议组织者在选择会议场地时，不仅要考虑会议场地的便捷性，还要考虑会议目标和参会人员的感受。会议场地的选择如同足球比赛中的主客场。如果是部门内部的会议，那么会议场地可以选在部门管理者的办公室（有些管理者习惯在自己的办公室内召开会议）。如果是跨部门的重要会议，那么会议场地应当选在独立的会议室，从而避免管理者在主场环境下忽略其他参会人员的感受。

要素 11：会议环境（Environment）。会议环境指举行会议的硬性条件，包括会议室的布局，比如，座位的摆放、白板的使用、投影仪的布置等，灯光、声效等设备的使用，以及会议现场的道具、茶歇等。会议环境也包括线上会议硬件的选择，比如，线上会议工具或直播会议室的相关布置等。会议环境是会议效率和会议体验的基础保障，重要会议前，会议组织者应确保举行会议的硬性条件准备妥当。

要素 12：会议氛围（Climate）。会议氛围指会议过程中的软性条件、情绪氛围和关系状态。比如，会议总体的调性是严肃的、活泼的、团结的还是紧张的；会议本身通过融合会场内的听觉、视觉、触觉等信号带给参会群体的情感、情绪状态以及他们之间的关系状态和动态变化。会议氛围如同气温，参会人员会有明显的体感，冷暖自知，但不一定能够准确地描述出来。会议组织者特别是会议主持人，需要对会议氛围有深刻的洞察，并能引导和营造合适的会议氛围。当然，会议氛围不是会议主持人一个人的事情，是全体参会人员共同营造出来的。对一个团队而言，会议氛围可以直接反映出团队的文化氛围。会议氛围的结果的好坏，企业经营者或管理者可以用本书第 1 章里提到的高效能会议体验的三个维度（会议目标感、会议成长性和会议沉浸度）来衡量。

会议组织者要想营造合适的会议场域，需要掌握会议活动的设计和引导技巧，也需要具备对团队关系、系统关系的识别、引导或教练能力。当然，会议氛围的营造非一日之功，很大程度上与团队的工作模式、文化习惯有关。管理者需要结合团队文化建设方面的措施，打磨适合团队的会议场域，提升团队的会议效能。

2.2.2 “4P 模型”的应用

“4P 模型”是会议组织者策划与实施高效能会议的基础。基于 4P 模型，4P 会议设计要素检查清单见表 2-2。

管理者可以参考以下五大要点，使用好 4P 会议设计要素检查清单这一工具，提升会议效能。

要点一：管理者在正式发起会议前，用 5~10 分钟的时间，按照 4P 会议设计要素检查清单上的问题，梳理本次会议的主要信息，帮助自己更好地明确会议目的，做好会议准备。

要点二：管理者向会议相关群体发出会议邀请时，可以依据 4P 会议设计要素编写具体的会议邀请通知，帮助参会人员了解参会信息。管理者可以根据会议的复杂度从 12 个要素中针对性地筛选需要参会人员提前了解的会议信息，至少应该确保会议信息涵盖四大维度。

要点三：管理者在自己的团队或组织中，推行基于 4P 模型准备的会议邀请模板，并按照 4P 模型发起、筹备和组织重要会议，有助于团队成员使用一致的管理语言和养成一致的管理习惯，从而提升整体的会议效能和团队、组织的效能。

要点四：管理者要利用 4P 会议设计要素检查清单进行每场会议之后的会议效能复盘。复盘的时间投入取决于会议的复杂度。新上任的管理者应至

表 2-2　4P 会议设计要素检查清单

会议主题		会议的正式名称是否有助于参会人员理解会议目的？
要素维度	会议要素	本场会议属于哪类会议？需要对哪几个维度或要素更加关注？
会议目的	会议目标	会议针对什么问题，要达成哪些方面的共识或决策意见，并希望促成什么行动？ 会议目标以哪种会议类型为主，是统一思想、解决问题、做出决策，还是成长学习、团队建设？ 会议定位为高产出会议、高效率会议还是高效能会议？会议组织者要设置怎样的会议体验目标？
	会议产出	会议要形成哪些具体的产出物？产出物属于什么类型？产出物的优先度与重要性是什么？ 【决策方案】对具体解决方案或修改意见达成共识，获得通过 【产出创意】对某些共创主题形成多个创意、思路或具体想法 【共识行动】对所讨论的议题形成某种具体的行动共识 【同步信息】影响参会人员接收并消化吸收某些重要信息、观点或要求 【收集信息】向参会人员广泛收集某些重要信息、观点看法
	会议发起人	真正的会议发起人是谁，并在什么背景下发起了这场会议？ 会议发起人发起会议的真正意图是什么？他最关心的会议目标和产出是什么？ 会议发起人对会议的各个要素有什么具体考虑？
会议成员	会议发言人	会议的主要发言人是谁？他的发言重点是什么？ 会议发言人各自的风格特点是什么？这场会议的整体对话模式是什么？ 在这场会议中会议组织者要重点调动哪些人发言？用什么方式会更好？
	会议决策人	真正的会议决策人是谁？有几位？最终决策人是谁？ 会议决策人是否有必要或适合出现在会议现场？会议决策是否需要现场做出？
	会议主持人	谁来承担会议的主持人角色？他还承担其他角色吗？如果会议主持人还承担其他角色，是否会影响到角色发挥？ 是否需要独立的会议主持人和专业的引导师？ 会议主持人是否了解本场会议真正的意图？他需要在引导过程中注意什么？

会议程序	会议时间	会议的整体时长是多少？具体安排在什么时间？ 如果是线上会议，是否考虑了不同地点参会人员的时差问题？ 如果是例会，会议的频次是多少？
	会议议题	整场会议共有哪几个具体议题（原则上一个具体议题时间应不超过 60 分钟）？ 每个议题的可选结论是什么？对应的会议产出是什么？
	议事方法与规则	针对每一个议题，设置的议事方法和决策机制是什么？ 针对复杂议题，是否需要设置独立的会议主持人优化这部分议题讨论的引导效率？ 如有需要投票决策的环节，要如何具体操作投票环节？需要哪些操作准备？
会议场域	会议场地	会议将在哪里召开？选择什么样的会议室？ 如果是线上会议，是否需要提供多个统一的线下会场集中参会人员共同参加？ 本场会议是否需要关注主客场因素对参会人员感受的影响？如何解决？
	会议环境	会议室的座位布局如何？是否需要有目的地安排参会人员的座位？ 发言人、主持人、决策人应当如何利用好场地空间的位置、位势等提升会议效果？ 对会议现场的设备还有哪些特殊要求？如果是线上会议，对设备有哪些要求？
	会议氛围	会议开始时，以什么样的热场方式将参会人员的注意力带入会议？ 会议过程中，希望向团队强调并传授什么样的文化理念？如何做到？ 会议过程中，希望在哪一个环节为参会人员创造本场会议的峰值体验？ 会议结束时，还需要创造怎样的离场方式提升会议效能？ 本场会议希望营造怎样的体验感？会议目标感、会议成长性和会议沉浸度分别如何？希望参会人员之间的互动关系发生怎样的积极变化？

少花 5~10 分钟的时间对重要的会议进行快速复盘，这是提升个人领导力的重要方法。

要点五：管理者可以基于 4P 会议设计要素检查清单开展关于会议效能的用户反馈调研。调研可以是针对每场会议的即时快速调研，也可以是定期对团队在一个阶段内的会议效能进行的深度反馈收集。反馈调研的好处是，一方面可以收集信息持续改进；另一方面，能够培养参会人员共同承担开好高效能会议的责任感，使团队共同改善和提升会议效能。

在会议设计要素的“4P 模型”中，会议目的是会议的灵魂，决定了会议的主题、目标和效果评估，是会议设计的出发点和归宿；会议成员是会议的主体，更是会议的“用户”，他们的角色、责任和参与程度直接影响会议的氛围和成果；会议程序是会议的骨架，通过议程设计、时间管理和信息沟通保证会议的有序进行；会议场域则是会议的容器，场地选择、环境布局和设施设备能够影响会议的效果和参与者的体验。管理者和会议组织者掌握并运用好“4P 模型”，就掌握了开好高效能会议的秘诀，打下了坚实地开好高效能会议的基本功。

2.3 管理者要选择并扮演好会议角色

在“4P 模型”中，提到的四种重要的会议角色分别是会议发起人、会议决策人、会议发言人和会议主持人，如图 2-2 所示。

在这四种会议角色中，会议发起人和会议决策人对会议结果有更大的影响力，会议主持人和会议发言人对会议过程有较大的影响力，会议决策人和会议发言人对会议内容的关注度更高，会议发起人和会议主持人对会议形式的关注度更高。

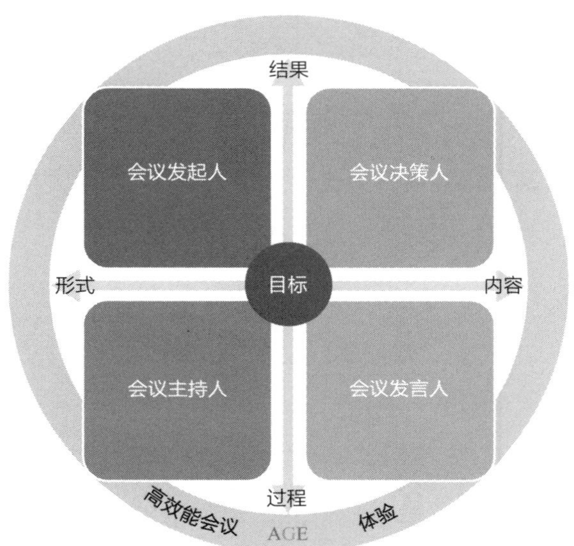

图 2-2　管理者在会议中的角色

在企业的实际运营中，一名管理者在一场会议中可能扮演多种角色。管理者作为会议发起人，一般还兼顾了另外三种角色中的一种或几种。通常，管理者会认为集多种角色的权利于一身会让会议朝着自己期待的方向开展，能够使会议更加高效。但事实上，管理者在会议中身兼多种角色会对会议有诸多影响。比如，其他参会人员由于缺乏对会议中几种不同角色的掌控或影响，从而产生自己是在配合领导开会的感觉，认为会议与自己无关，甚至有的参会人员会认为参加会议是浪费自己的时间。

我们曾经对参会人员做过会议体验反馈调研，调研结果显示，在会议中身兼数种角色的管理者通常自我感觉良好，因而对会议体验的积极评价往往高于其他参会人员。对于一些群策群力、以共创为目的的会议来说，管理者身兼多种会议角色会进一步放大管理者的职权影响力，直接导致其他参会人员缺乏真实发言与辩论的动力，进而导致会议效能低下。

管理者由于个人能力不同，在特定的会议场景中会展现出不同的会议领导行为。这些会议领导行为在多重会议角色与管理者职权的加持下会被放大，从而形成管理者显著的会议领导风格，如图 2-3 所示。

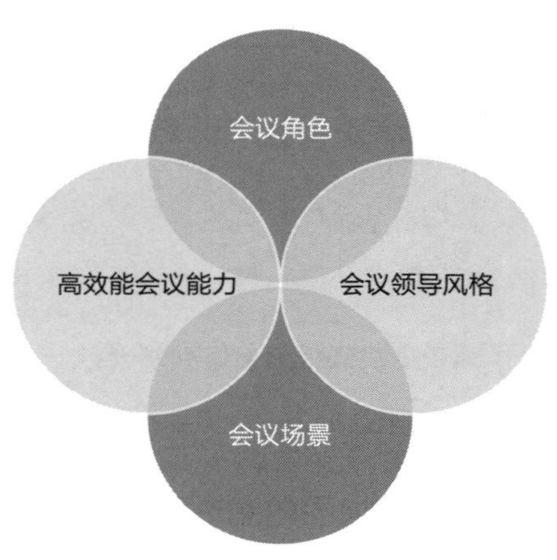

图 2-3　会议角色影响会议领导风格

我们在后续的章节中会详细介绍会议领导风格。这里想先提醒管理者的是，会议角色的分配需要根据自己的领导风格、会议场景和高效能会议的能力水平等加以设计。管理者需要有目的地选择和扮演合适的会议角色。比如，在一些共创会中，习惯了“一言堂”的管理者可以减少自己承担决策人角色的机会，甚至可以不在会议过程中出现，而是作为会议发起人在会议开场讲清楚会议目的后先行离开，以便参会人员可以拥有更大的自主空间，进行无边界、无预设的沉浸式共创。

分离会议角色的一种常见做法是设置独立的会议主持人角色。有些企业在举行重要会议时会聘请外部的专业引导师。在企业的实际运行中，大大小小的会议很多，不可能每场会议都找独立的引导师主持，甚至有的企业也不可能设置内部的独立会议主持人。这时，管理者就要承担主持人角色。在一些日常的管理会议或团队临时会议中，会议发起人往往就是会议主持人。

会议主持人是将会议过程向会议目标结果推进的重要角色，也是会议中不可缺失的角色。如果缺少好的会议主持人，会议往往在议题讨论形式、会议场域等元素方面缺少设计和引导，会议中也常常发生参会人员陷入无休止、无效率地漫谈，消耗大量能量却无法及时恢复，导致会议体验不佳。

管理者要在会议中扮演好会议主持人的角色，除了需要学习一些会议引导技巧，还要学会有意识地向参会人员澄清自己在不同的会议议题里所扮演的角色。下面是一些典型的会议角色澄清示例：

- 正在主持团队会议的管理者可以说："在马上要开始的这个议题里，我是主要发言人，会和大家一起展开讨论。很有可能讨论起来会忘记时间，如果我没能兼顾好主持人角色，那么请及时提醒我。"
- 管理者在进行该议题的讨论中发现，按照会议时间安排，讨论时间有点紧张，可以说："我现在以主持人的身份提醒一下各位参会人员，我们的会议可能要超时了。"

以上示例中的会议角色切换用语，一方面有助于管理者高效推进会议；另一方面有助于其他参会人员在会议中感受平等，提升会议的效能。

2.4 识别并利用好会议中的内部角色

除了四大显性的会议角色划分，每一场会议还存在隐性角色的划分。在关系系统理论中，显性角色和隐性角色分别被称为外部角色和内部角色。外部角色一般在组织里是公开的、明确的、显性的角色。内部角色是指在一个系统的运转过程中，成员自然地、自发地承担责任且逐步生成的角色。比如，有些人是时间管理的“捍卫者”，是会议中天生的“计时员”；有些人习惯扮演“抬杠者”。

关于团队成员的内部角色，很多专业机构有不同的划分方法和针对角色的测评工具，典型的测评工具有贝尔宾团队角色模型、六顶思考帽模型和学习与决策风格模型。还有一些性格特质测试类的工具，也能够帮助管理者识别团队内部角色。比如，MBTI（迈尔斯－布里格斯类型指标）测试和 DISC（四型人格）测试。

管理者要开好高效能会议，需要认知、识别内部角色并在会议中对内部角色进行有效管理和利用。管理者可以利用团队角色类的测评工具和模型，加深对团队成员行为的理解和有意识地引导。接下来，我对三种团队内部角色的测评工具进行简单介绍，有兴趣的读者可以进行针对性的学习。

2.4.1　贝尔宾团队角色模型

贝尔宾团队角色模型是由英国剑桥大学雷蒙德·梅瑞狄斯·贝尔宾博士（Dr. Raymond Meredith Belbin）提出的，用以描述各具特征的团队成员角色。他认为每一个成功团队都必须有九种角色，下面我将对这九种角色的职责进行诠释。

1. 与任务或行动相关的角色

鞭策者（Shaper，简称 SH）：鞭策者寻找和发现团队讨论中可能的方案；推动团队达成一致意见；使团队的任务和目标成形，并形成决策和行动。

执行者（Implementer，简称 IMP）：执行者把谈话与建议转换为实际步骤，考虑什么是可以执行的，什么是不可以执行的；整理建议，使之与已经取得一致意见的计划和已有的系统相匹配。实干家就是好的执行者，能够可靠地执行一个既定计划，但却未必擅长制订一个新的计划。

完成者（Completer Finisher，简称 CF）：完成者强调任务的目标要求和活动日程表；在方案中寻找并指出错误、遗漏和被忽视的内容；刺激其他人参加活动，并促使团队成员产生时间紧迫的感觉。

2. 与凝聚相关的角色

外交家（Resource Investigator，简称 RI）：外交家提出建议，并引入外部信息；接触持有其他观点的个体或群体；参加磋商性质的活动。

协调者（Co-ordinator，简称 CO）：协调者时刻想着团队的大目标，明确团队的目标和方向；选择需要决策的问题，并明确它们的先后顺序；协助管理者确定团队中的角色分工、责任和工作界限；总结团队成员的感受和成就，综合团队的建议。

凝聚者（Teamworker，简称 TW）：凝聚者给予他人支持，并提供帮助；打破讨论中的沉默；采取行动扭转或克服团队中的分歧。

3. 与思考相关的角色

智多星（Plant，简称 PL）：智多星提供建议；提出批评并引导团队成员表达不同意见。

审议员（Monitor Evaluator，简称 ME）：审议员分析问题和情景；对繁杂的材料予以简化，并澄清模糊不清的问题；对他人的判断和作用做出评价；凭借强大的分析判断能力，敢于直言不讳地提出异议。

专业师（Specialist，简称 SP）：专业师专注于维持自己的专业度以及对专业知识的不断探究；一般指对专一领域有贡献的专家。

2.4.2 六顶思考帽模型

六顶思考帽模型是由“创新思维学之父”爱德华·德·博诺（Edward de Bono）博士开发的一种思维训练模式，可以用来帮助管理者进行全面思考。

六顶思考帽模型把思考的维度用不同颜色的帽子进行分类，每顶帽子所承担的思维角色不同，如下所述：

蓝色思考帽 负责控制各种思考帽的使用顺序，规划和管理一个人的整个思考过程，并负责得出结论。

白色思考帽 负责思考客观事实和数据。

红色思考帽　可以表现自己的情绪，负责表达直觉、感受、预感等方面的看法。

黄色思考帽　负责从正面考虑问题，可以表达乐观的、满怀希望的、建设性的观点。

黑色思考帽　负责表达否定、怀疑、质疑的看法，可以合乎逻辑地进行批判，可以尽情发表负面意见，找出团队成员讨论时逻辑上的错误。

绿色思考帽　负责创造性思考和头脑风暴，注重求异思维。

六顶思考帽模型为管理者提供了平行思维的工具，避免团队成员将时间浪费在互相争执上，将混乱的思考变得清晰，使团队中无意义的争论变成集思广益的创造，使每个人变得富有创造性。

2.4.3　学习与决策风格模型

学习与决策风格模型（见图 2-4）指的是人们学习知识、处理信息的方式，以及人们掌握了知识与信息后如何应用。学习风格理论由美国心理学家、教育家大卫·库伯（David Kolb）提出。

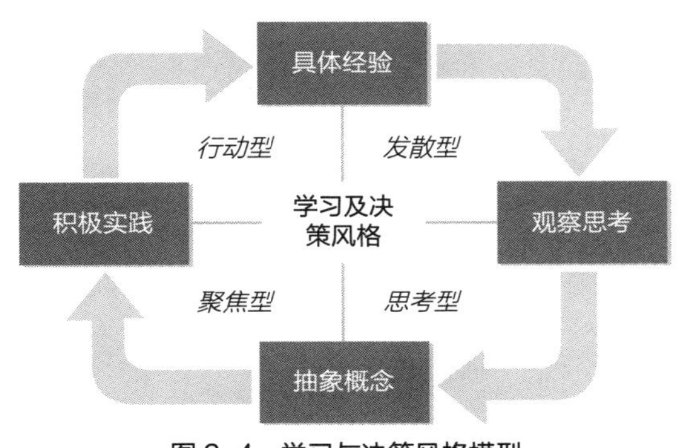

图 2-4　学习与决策风格模型

学习与决策风格模型把人们学习和决策的偏好方式分成四种类型：行动型、发散型、聚焦型和思考型，其特点如下所述：

行动型：这类人以目标为导向，会尽可能快地执行决定和达成目标，能够迅速适应环境的变化。他们往往凭直觉行动，勇于摸着石头过河，是积极实践和具体经验的综合体。

发散型：这类人富有想象力，拥有很多不同的观点，但有些观点不着边际。他们兴趣广泛，是具体经验和观察思考的综合体。

聚焦型：这类人擅长解决具体问题，对把想法变成现实非常感兴趣。他们善于应付传统的考试，喜欢演绎、推论，是抽象概念和积极实践的综合体。

思考型：这类人擅长建立模型和创造理论。他们喜欢对不同现象进行归纳推理，是观察思考和抽象概念的综合体。

上述三种团队角色工具对会议中的内部角色识别与利用有不同的价值和使用场景。贝尔宾团队角色模型侧重为达成一个共同目标、团队不可或缺的角色，适用于团队建设类会议。六顶思考帽模型侧重促进团队成员全面思考和激发创意，适用于分析决策或共创类会议。学习与决策风格模型强调学习与决策过程要经历“具体经验－观察思考－抽象概念－积极实践－具体经验”的循环过程，适用于生长型组织、赋能型管理者的会议。

管理者可以通过如下方法发挥学习与决策风格模型在会议中的价值。

- 管理者要了解参会人员的学习与决策风格，可以在合适的时机让团队成员进行学习与决策风格的测评，让每个人都了解自己的特点。
- 管理者要在团队中分享彼此的学习与决策风格，加深彼此了解，理解每个人在会议中经常扮演某些内部角色的原因，并识别每种角色的价值。

- 管理者要创造赋能循环的过程。比如，在会议中需要引入新概念或新技能时，管理者可以有意识地请不同角色类型的成员按照“行动型 - 发散型 - 思考型 - 聚焦型 - 行动型”的顺序发言，从而促进所有人的体验与理解。
- 管理者要在会议中赋予不同类型的成员一些新职责，帮助他们把内部角色显性化。比如，请聚焦型的成员担任会议主持人，他们很可能容易识别会议跑题并及时进行纠正；请思考型的成员在会议结束时分享会议总结。

需要注意的是，管理者不要固化团队成员的内部角色定位，应让每一名团队成员相互了解并经常交换内部角色定位，共同实现会议的高效能目标。

会议过程中，除了外部角色和内部角色，还有一种角色是在隐蔽处发挥着作用——隐身角色，它是会议中发挥重要作用的“弦外之音”。隐身角色是对会议成员关系有影响，但又没有得以表达或不在现场的人或事物。

会议发起人也可能成为会议的“隐身人”。比如，有的管理者在发起共创会时，为了让参会人员更加开放地讨论，他本人并不会参与会议全程，但是会场中还是会有人不断提到“这个方案不行，领导不会同意”。“隐身人”虽然不在会议中，但是他们的观点、想法可能会一直影响会议的进展。

“隐身人”并不是会议负能量的“元凶”。事实上，“隐身人”的出现，很可能是一场会议遇到观点转折的重要契机。比如，当会议讨论进入焦灼状态时，如果有人能够提醒大家“站在‘隐身人’视角（如客户）去思考”，那么很可能会给大家带来新的思考方向。

“隐身人”犹如某一顶思考帽。管理者要想开一场高效能会议，就不能忽略会议中的“隐身人”，而是要发现并利用好“隐身人”。

2.5 用十种基础代码定义会议程序

会议设计如同程序员编写程序。程序由不同的代码组成，每段标准代码都有独特的功能任务。程序员只有对程序语言进行编辑，每段代码才能发挥出独特价值。会议组织者也要对会议程序的基础代码进行编辑，这样才能构成完整且高效的会议程序。在会议程序中，常见的十种基础代码见表 2-3。

表 2-3 会议程序的十种基础代码介绍

序号	名称	作用
1	汇报	向参会人员输出信息，对需要决策或讨论的方案进行介绍，一般后续需要参会人员对汇报内容进行讨论和决策。汇报通常不会单独出现，后续一般有辩论程序
2	演讲	向参会人员输出信息，表达个人观点，内容可能包括观点、制度、规章或政策，希望参会人员能够吸收和了解，但不需要参会人员提供讨论决策
3	同步	以向参会人员同步信息为主，相互输入、输出信息，一般也包括自上而下地拉齐信息，但通常多是横向拉齐信息
4	座谈	以向参会人员收集信息为主，座谈可以激发更多的信息输出
5	辩论	基于已有的汇报方案进行分析、讨论，使思路或决策及其利弊更加明晰
6	共创	共同进行脑力激荡，使用和激发更多的信息量解决问题，一般为了获取更多的想法
7	培训	以向参会人员输出信息为主，一般带有让参会人员学习某种技能或掌握某种工具的目的，或者参会人员之间互相学习

（续）

序号	名称	作用
8	表决	基于讨论，通过决策机制的运行对会议讨论内容做出决策，可能使用投票表决
9	活动	一些游戏或者与会议决策本身关系不大的活动，一般用来活跃或改变会议氛围等
10	仪式	通过一些具有仪式感的形式达到对参会人员的影响，比如，颁奖表彰。与活动不同的是，仪式的目的是影响参会人员接受信息而不是改变氛围

站在参会人员的视角，这些代码可以分成以下四类：

- **演讲**：该段代码运转结束后，参会人员无须提供现场反馈。
- **汇报**：该段代码运转结束后，参会人员需要提供现场反馈。
- **座谈、共创、辩论、同步、表决**：代码运转过程中，参会人员需要提供现场反馈。参会人员的反馈是这类代码运转的一部分。
- **培训、活动、仪式**：在代码运转的过程中，参会人员需要用自身的行动来证明本人已经学习或参与了活动，而不是仅靠语言反馈。

基于上面的四大分类，会议的十种基础代码又可以形成“小红花”模型，如图 2-5 所示。

“花瓣”是会议程序中互动沟通类的双向输出型代码；“花蕊”是演讲、汇报这类单向输出型代码；“绿叶”则是培训、活动和仪式这类衬托型代码。面向参会人员体验的会议程序，管理者要重视“小红花”模型，特别要关注会议程序中互动沟通类的双向输出型代码。

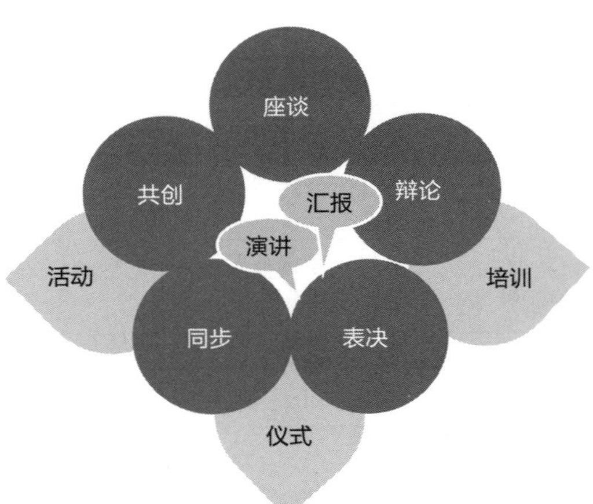

图 2-5　会议程序的十种基础代码“小红花”模型

为了使会议程序高效运转起来，会议组织者需要衔接、调动参会人员的情绪，确保会议程序功能之间顺畅连接。这种贯穿整个会议程序运转的技能就是会议程序的策划、主持与引导。这就像花朵生长所需的土壤、空气与水会让整个花园四季如春，高效能会议程序的策划、主持与引导可让会议顺畅、高效。

2.6　区分六类典型管理会议的目标与场域

划分会议的方式多样。划分的标准包括会议形式、目的、参会人群、发生频率等。一种比较常见的会议分类方式是根据会议的目的划分。《亚马逊会议》一书中提到，亚马逊内部会议会分成四类：决策会、进度管理会、共创讨论会和同步会。

原则上，同步会是能不开则不开的会议。原因是同步会只传递信息，随着信息化的普及，有很多方式可以替代开会来传递信息。当然，对于企业的重大事件，人们通常除了做书面沟通，还需要配合面对面的同步会，比如，重大组织架构调整的同步会。

本书所介绍的会议场景大部分都可以用上述四类会议来概括。四类会议的划分方式看起来比较简明通用，但过于笼统。为了让高效能会议方法更具有实际应用价值，我们根据企业管理的工作场景将常见的内部会议划分为六类，分别是**变革管理会、日常管理会、评审决策会、专项研讨会、团队临时会和表彰庆祝会。**

这六类会议场景覆盖了企业基层、中层、高层管理者大部分的管理场景，而每一类场景的会议在会议“4P 要素”的设计方面具有相似性，因此对管理者的高效能会议能力也有一些共性的要求。

六类会议场景构成管理者高效能会议魔方，这个六面体的六个面存在内在联系，如图 2-6 所示。

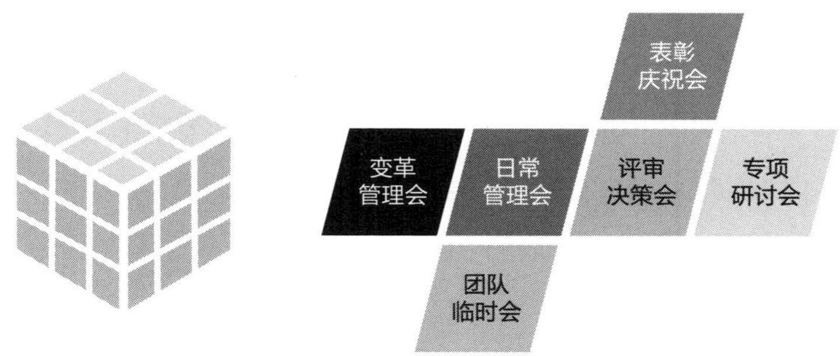

图 2-6　高效能会议魔方

从会议目标感、会议成长性和会议沉浸度来看，变革管理会、日常管理会、评审决策会和专项研讨会在每一项体验维度上都可以设置较高的目标。对于生长型组织来说，在这些会议上提升成长性会带来较大的进步空间。团队临时会则可以将目标感作为会议体验提升的重点，表彰庆祝会则需要重点关注会议沉浸度。

为了帮助读者更好地理解高效能会议魔方，下面先对每类会议场景定义做总体介绍，在本书的实战篇提供了针对每一类会议场景更为深入的案例分析和实践分享。

2.6.1　变革管理会

变革管理会指与企业战略、组织、文化等方面的企业级重大策略议题相关的会议，通常由企业高层管理者作为发起人。这类会议通常能给企业带来战略级的变革影响。

一般来说，变革管理会涉及企业高层管理者之间的关系互动，因此需要会议策划人和主持人掌握对高层管理者团队干预影响的技能，包括建设性会谈的技巧、冲突处理的技巧、高管团队教练的技巧和战略性引导的技巧等。企业的中层管理者虽然不一定有机会发起战略级的会议，但很有可能参与会议讨论或者承接会议产出，继续参与后续的变革落地会议。高层管理者特别是企业“一把手”，应该了解变革管理会的具体议程和召开形式，在这类会议中展现个人领导力和团队领导力。

2.6.2　日常管理会

日常管理会是与目标管理和企业日常运营高度相关的会议。日常管理会一般是例行会议，包括日会、周会和月会。不同频率的例会有不同的目标重点。

日常管理会通常要使用对应的数据报表（比如日报、周报、月报等），是数据驱动的会议。企业正处在数字化转型时期的管理者需要特别关注这类会议。

日常管理会通常是进度会与决策会的组合，具体形式与企业各个业务或管理功能高度相关，常常以部门例会或跨团队例会的形式存在。一些组织机构设置更为柔性可变的企业里会有项目制运作的业务和团队，因此项目例会也是日常管理会中的一种重要形式。一些企业还会设置项目管理办公室或变革管理办公室这样的机构，或由实体部门总办或战略运营部门来管理公司战略级的项目，定期回顾和跟进企业战略级目标。

提升日常管理会的效能，对企业组织效能提升有至关重要的作用，也是历练企业骨干力量的途径。

2.6.3　评审决策会

评审决策会是企业管理中比较特殊的一类决策会，这类决策会主要依靠专家评议、评估、审核、投票等方式来做出重要的集体决策。

评审决策会有以下三个特点：

特点一：评审决策会对参会人员也就是评委的确定有明确的规则和机制。评委要满足一定的专业要求，在评审过程中一般代表个人而不是部门行使专业意见。

特点二：评审决策会与企业的管理机制深度结合，评审决策会的设计流程要遵循管理机制。因此，评审决策会的决策水平高度依赖企业管理机制设计的合理性和评委委员的专业水平和客观公正性。

特点三：评审决策会一般基于规范的投票机制进行表决决策。投票机制既要结合主客观因素，也要结合量化指标和非量化指标，特别是人才相关的决策更需要关注透明度和灰度的设计实施。

开好评审决策会体现了企业管理的组织化、专业化程度。是否能设计并组织好某个领域的评审决策会是衡量该领域专业贡献者专业性的标尺之一。

2.6.4 专项研讨会

专项研讨会是形式灵活、内容丰富多样的一类解决问题的共创讨论会，通常围绕某些议题，以工作坊的形式展开。无论是管理者还是个人贡献者都有必要学习专项研讨会的设计与组织，这是重要的协同合作技能，有助于跨团队、跨部门、跨层级工作的开展。管理者或个人贡献者成功地策划并召开专项研讨会，是横向领导力、非职权领导力水平的体现。

座谈会、共创会和复盘会这三类典型的会议可以被看作专项研讨会的代表，也被称为解决问题的三大法宝会议。座谈会、共创会、复盘会分别对应了“如何发现真正的问题”“如何创造性地解决问题或创新”“如何汲取经验、持续进步”三个环节。这一闭环解决问题的能力有助于企业沉淀自己的组织能力并实现自我进化，是管理者用体系化、系统化的方法管理业务和团队的能力体现。

2.6.5 团队临时会

团队临时会是为了应对突发事件或冲突，或者临时起意召开的会议。一般来说，**团队临时会要做到四个尽量：尽量不开临时会、参会人员要尽量少、会议时间尽量短、议题尽量明确与聚焦。**

如果一个团队总是召开临时会，那么很可能被打上管理效率低下的标签。团队临时会虽然不被提倡，却是不能完全避免的。**管理是减少不确定，领导力是处理不确定。**管理者带团队需要管理能力，也需要领导力。管理者开好团队临时会，有助于企业打造高执行力的企业文化。

对需要快速响应的业务类型或职能来说，有章法的团队临时会是解决突发问题的重要手段，也反映了企业的应变能力与危机处理能力。

2.6.6　表彰庆祝会

表彰庆祝会是为了表彰、认可员工的表现，并向更多受众广而告之的一类激励型信息同步会。重要的表彰与庆祝是不能只用书面表达通知的，仅进行信息同步是不够的。如果用一场“演出”来比喻表彰庆祝会，那么演出的基本文化调性、想要传递的影响力、导演的水平等，决定了一场演出的效果。

在表彰庆祝会的设计中，管理者需要高度结合企业自身的文化、价值观和团队领导风格。为了避免“审美疲劳”，表彰庆祝会的形式需要与时俱进、不断创新优化。新时代的表彰庆祝会更加注重“呈现”的力量和全媒体的力量。表彰庆祝会可大可小，典型的全员年会和团队小型庆功会都属于表彰庆祝会。

开好表彰庆祝会，是管理者打造企业文化、提升员工与团队能量值的重要抓手。

知易行难，管理者要想玩转高效能会议魔方的六个面并不是一件容易的事，需要不断历练并提升自己的会议领导力，练好高效能会议基本功，日拱一卒。

Chapter Three 第3章 评估并提升会议领导力

3.1 会议领导力的定义

打造高效能会议效果的有效途径是提升管理者的会议领导力。何为“会议领导力”？会议领导力是管理者在会议发起、策划、实施及跟进时展现出来的领导力行为。会议领导力作为一种影响力，能够对会议效果与氛围产生直接且重要的影响。

管理者的会议领导力主要取决于他们在高效能会议中展现出来的会议能力。管理者在不同的会议类型中扮演的会议角色各不相同，展现出的会议领导风格也不尽相同。不同的领导风格或领导风格的组合便是管理者会议领导力的实际表现。管理者的会议领导力水平不同，短期的会议效能呈现出三个层次的差异，分别是高产出会议、高效率会议和高效能会议；长期的会议效能体现出团队效能、组织效能与企业文化。

管理者如何提升会议领导力？高效能会议与会议领导力提升整体模型为

管理者提升会议领导力提供了有效指导和参考，如图 3-1 所示。图 3-1 所呈现的内容在前面的章节里已经有详细的分享，这里不再赘述，本图的作用是方便大家更直观地对高效能会议与会议领导力的整体结构、逻辑关系进行了解。

领导力发展领域引入“会议领导力”的概念后，使企业衡量管理者的领导力变得更加具体可行。因为会议领导力可以评估和预判管理者的整体领导力水平。简言之，**会场就是管理者领导力提升的真实战场**。管理者在会场上表现出来的行为，一般可以反映出这名管理者的管理水平。如果管理者能够在复杂的会议互动环境中表现出某些具有领导力的行为，那么他在一对一的互动沟通中就有较大的可能性展示出同样的能力。管理者的管理技能在高效能会议中的行为表现见表 3-1。

表 3-1　管理者的管理技能在高效能会议中的行为表现

管理技能名称	与会议有关的行为表现
分析与决策	收集并分析会议现场的各类信息，基于此形成结论和决策建议
计划与控制	制定会议的目标和议程，合理地掌控和推动会议进程，确保在规定时间内完成会议
变革设计	根据会议目标，策划会议的内容、议程、议事规则和氛围等要素，推动会议变革
演讲与表达	清晰准确地表达个人观点，对独立议题进行讲解和呈现以说服和影响参会人员
倾听与沟通	倾听并理解会场的对话、情绪、关系和氛围等信息，并及时进行回应
处理冲突	在会议现场处理不同意见、矛盾甚至是突发性或冲突性的问题
激发共识	通过过程引导技巧充分调动参会人员发言，激发群体共创并促进参会人员对议题达成共识
赋予责任	推动共识会议的行动，激发参会人员主动澄清和承担具体责任，确保会议产出能够被落实

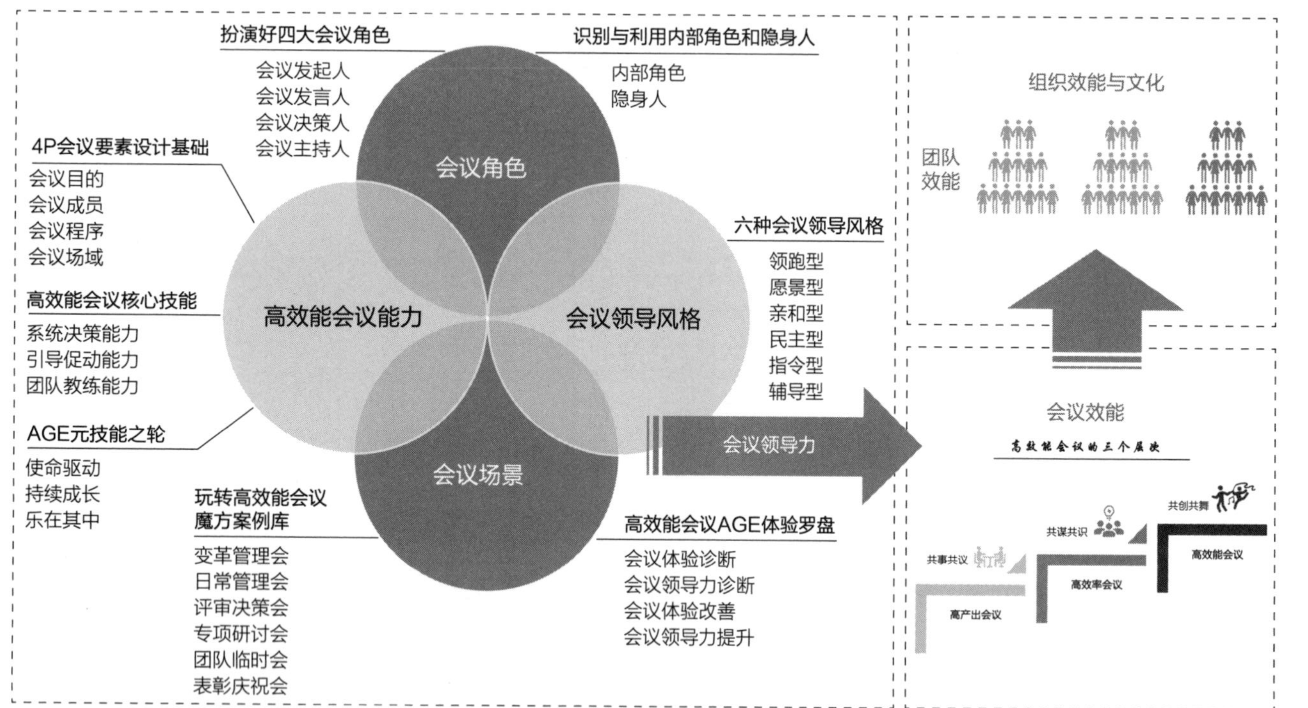

图 3-1　高效能会议与会议领导力提升整体模型

管理者在高效能会议中的表现主要由三种能力决定：4P 会议设计要素的基础应用能力、高效能会议核心技能和对 AGE 元技能知行合一的程度。

如果我们将高效能会议能力比作一座冰山，那么管理者掌握 4P 会议设计要素的基础应用能力位于冰山海平面之上的位置，是指管理者应掌握的知识技能；高效能会议核心技能位于冰山的中部，主要与管理者在会议中的自我定位和价值导向有关；AGE 元技能位于冰山的最底层，与管理者更深层次的动机和意识相关。高效能会议能力冰山如图 3-2 所示。

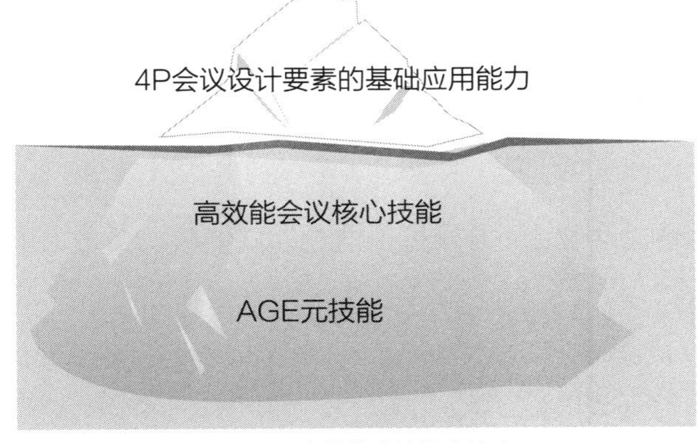

图 3-2　高效能会议能力冰山

高效能会议能力冰山中三种能力的位置是相对的，修炼的难度也因人而异。但总体来说，越靠近冰山下方的能力，管理者越难习得，但对管理者的改变和影响很大；越靠近冰山上方的能力，管理者越容易习得，但对管理者的改变和影响很小。高效能会议能力冰山为管理者提升会议能力提供了有效的学习途径。

3.2 会议领导力的六种风格

在企业中，我们经常听到“领导风格”“组织氛围”等词，但到底什么是“领导风格”和“组织氛围”呢?

全球知名人力资源管理咨询企业合益集团（Hay Group）就“领导风格”和“组织氛围”给出了定义。“领导风格”指的是管理者在管理工作中完成计划、组织、激励和控制等任务时表现出来的行为特征。“组织氛围”指的是人们在某个环境中工作时的感受，属于“工作地点的氛围”，是影响个人和团队行为方式的标准、价值观、期望、政策和过程的“混合体”。简而言之，“组织氛围”是组织中的成员对“我们在这里的工作方式”的感受。根据合益集团的研究，一个团队的组织氛围对团队整体业务绩效有 30% 左右的影响力，而这 30% 的影响力中又有 70% 是由这个团队的核心负责人的领导风格所造成的。也就是说，管理者的领导风格会对他所带领团队的业务绩效带来至少 20% 的影响。

在 VUCA 时代，对一家快速发展的企业而言，业绩增长 30% 是一个水平参考值。企业的业绩增长能够达到水平参考值是一件非常不容易的事，但管理者领导风格的改变会对业绩产生 20% 的影响。可见，管理者的领导风格对企业的发展非常关键。

既然管理者的领导风格对企业的发展有着至关重要的作用，那么，管理者如何在领导力提升的真实战场——会场中找到适合自己的领导风格呢?

会议领导力风格指的是管理者在会议场合的表现，即管理者在会议过程中展现出的完成计划、组织、激励及控制等任务时的行为特征。根据合益集团的研究，管理者的领导风格可以分为六种，分别是指令型领导风格、愿景型领导风格、亲和型领导风格、民主型领导风格、领跑型领导风格和辅导型领导风格。

我基于对这六种领导风格的理解和在管理咨询服务行业工作多年的实践经验，总结了六种领导风格典型行为特征及相对应的会议领导力风格的典型特征，见表 3-2。

表 3-2　领导风格典型行为特征及会议领导力风格的典型特征

六种领导风格的典型行为特征	对应的会议领导力风格典型特征
指令型领导风格的核心特征：要求员工直接服从	
给予员工指示而不是指导 要求员工直接服从 严密控制 反馈以批评和纠正为主 通过说明不服从命令的不良后果来激励员工	开会时直接布置具体任务 会议中比较少解释为什么 比较倾向于召开目标管理类的会议，关注目标、进度 设置明确的会议规则，甚至明令禁止或惩罚会议违规行为 通常情况下会召开紧急会议
愿景型领导风格的核心特征：提供长期指导和前景	
制定和阐明明确的前景 促使员工深刻了解前景 将“推广前景”作为工作的重点 让员工从自身或组织的长远利益出发，以便了解实现前景的必要性 对大的前景设立标准并监督绩效 平衡正面和负面反馈，促进员工工作积极性	擅长抓住各类会议中的演讲机会，用打动人心的方式勾画前景，起到影响员工的作用 一般比较重视有仪式感的会议，比如启动会、庆功会 愿意让下属参与拉通目标等类型的会议，并发表个人演讲 可能在愿景共创会中容易“一言堂”，表达自己对前景的理解及愿景的意义等

（续）

六种领导风格的典型行为特征	对应的会议领导力风格典型特征
亲和型领导风格的核心特征：建立和谐的人际关系	
最为关注的是如何推进同事之间的友好互动和团队发展 将工作重点放在解决员工的个人需求上 抓住正面反馈的机会，强调员工士气对绩效的重要性 避免与绩效相关的冲突 针对个性的奖励多过于针对工作表现的奖励	对于组织和参与团建类型的会议有更加强烈的意愿 在会议中会创造更多友好、亲和且轻松的情绪氛围 在会议中更加关注员工的个性并鼓励员工充分发挥个性 可能在目标管理类型的会议中容易跑题，或者因过于关注员工感受而对决策艰难的议题感到推进乏力
民主型领导风格的核心特征：群策群力，产生新设想	
相信员工能够为自己设立正确的方向 邀请员工参与决策的制定，统一意见 多召开会议，听取员工意见 对员工满意的表现给予奖励，尽量减少负面反馈	愿意召开共创会类型的会议，或者在会议中增强共创的环节 在会议讨论过程中，对积极的建设性发言给予及时肯定，很少直接否定决策和建议 在目标管理类的会议中，会授权由参会人员主导会议进程，比如轮流担任会议主持人 会议中充分发挥大家的能力和调动积极性，以此增强团队成员的参与感和建设感
领跑型领导风格的核心特征：以身作则，出色地完成工作	
制定高标准，要求其他人了解隐藏在示范背后的基本原理 了解委派任务的结果，若员工没有好的表现，习惯自己承担责任 对表现不好的员工绝不姑息 在员工碰到困难时施以援手或给予详细的任务指导	在会议中比较关注流程上的细节，愿意直接组织并主持由自己发起的会议 特别关注会议的目标和结果 在会议中经常讲解与高绩效标准相关的内容 可能不太愿意召开会议，包括长时间的共创会议，在这类会议中可能容易出现“一言堂”现象

（续）

六种领导风格的典型行为特征	对应的会议领导力风格典型特征
辅导型领导风格的核心特征：关注他人的长期职业发展	
帮助员工认清其特长和不足 鼓励员工建立发展目标 在发展过程中，与员工达成一致意见 提供即时指导和反馈 为了企业长期发展，可改变当前的绩效标准	愿意并经常召开团队内外部的成长会、分享会、复盘会、培训会等对员工成长有帮助的会议 可能会在会议中设置专门的培训辅导环节 在会议中会展现出导师或者教练的一面，愿意为员工提供辅导，愿意给予员工反馈、激发与认可 为了员工的长期发展，有可能在会议中对低绩效或低目标表现出较高容忍度

管理者如果可以在各类会议场景中识别、练习及发展自己的会议领导力风格，将使自身的领导风格变得更加丰富。根据我们的实践表明，管理者运用多元的领导风格组合，会对组织氛围的改善和团队的绩效提升产生正向的积极作用。因此，管理者开好高效能会议不仅能提升会议本身的效能，更有助于改善团队效能，进而影响组织效能和企业文化。

管理者在不同的会议中，会展示出不同的会议领导力风格。管理者出于自身的管理行为习惯，通常会在不同的会议中突出展现一两种领导力风格，或者会主动倾向于召开适合自己风格的会议而回避不适合自己风格的会议。比如，民主型领导风格的管理者，倾向于使用共创会解决问题，或者在会议中创造较多的共创环节。虽然共创环节对于发挥团队智慧有一定帮助，但是如果民主型领导风格的管理者在一些重要的决策会上过度地鼓励共创，会给决策过程带来挑战，也可能使团队成员产生“上级决策力不足”的错觉。

因此，管理者需要特别关注与自身领导风格匹配度不高的会议形式。比如，指令型领导风格的管理者需要注意在共创会上控制住自己的表达欲和决策欲，或者有意识地在团队中多召开一些共创会来加强团队成员的参与感。

管理者在会议中扮演的角色，对发挥会议领导力风格也会产生一定影响。比如，领跑型领导风格的管理者在召开团队会议时，如果同时担任了这场会议的主持人，就更容易出现“一言堂”行为。管理者可能会无意识地通过主持人角色给自己留出更多表达个人观点的时间，从而进一步强化自己的领跑型领导风格。领跑型领导风格的管理者要提升会议领导力风格的多样性，可以尝试在会议中扮演更加独立的角色。比如，可以让其他参会人员主持会议，或者在团队中建立会议主持人轮值制。

总之，管理者要学会丰富自己的领导力风格，并通过不断提升在不同会议场景中领导力风格的多样性，达到改善组织氛围的目的。

3.3 提升会议效能的三大核心技能

管理者要提升会议效能，除了丰富自己的领导力风格，还要修炼自己的三大核心技能，即系统决策能力、引导促动能力和团队教练能力，如图 3-3 所示。它们不仅是管理者提升会议效能的三大核心技能，也与管理者在会议中扮演的三种领导角色密切相关。其中，系统决策能力是管理者扮演会议决策者所必备的能力之一；引导促动能力是管理者扮演会议引导者所必备的能力之一；团队教练能力是管理者扮演辅导者所必备的能力之一。对生长型组织来说，在会议中成为辅导者是管理者赋能他人、践行人才培养与发展理念所应扮演的重要角色。拥有卓越领导力的管理者在会议中要积极扮演辅导者。

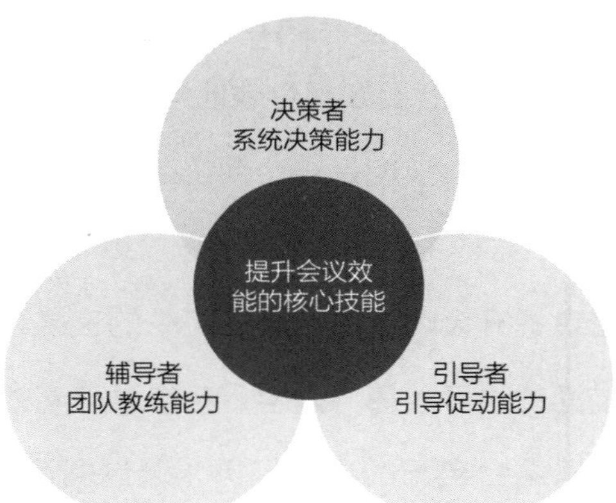

图 3-3　管理者提升会议效能的三大核心技能

管理者提升会议效能的三大核心技能，对高效能会议产生的影响各有侧重。管理者的系统决策能力影响了会议的产出质量，决定了会议的成败；管理者的引导促动能力影响了会议过程的目标管理，主要对会议过程中的会议事项、解决问题起引导作用；管理者的团队教练能力影响了会议过程中对人的成长管理，主要对会议过程中的人与团队的持续成长和能量起激发作用。在管理者提升会议效能的三大核心技能中，**引导促动能力解决的是“事”的问题；团队教练能力解决的是“人”和“关系”的问题**。

管理者会议效能的三大核心技能水平的高低会影响管理者的会议领导风格。管理者拥有的会议效能的核心技能越全面，越容易在会议中展现出多元化的领导风格，对组织的会议效能越起到积极、正向的引导作用。比如，引导促动能力有助于民主型会议领导力风格的展现，团队教练能力有助于辅导型和愿景型会议领导力风格的展现。

知易行难。管理者知道了提升会议效能需要修炼的三大核心技能，就有了前进方向，不会盲目前行，但要真正把三大核心技能修炼得“炉火纯青”，还需要勤加练习。那么，管理者要如何有效地修炼这三大核心技能呢？

修炼会议效能的三大核心技能是一个系统工程，不是一蹴而就的。挑战性的会议经历（比较难引导或主持的会议场景）、系统的工具方法、支持系统的辅助作用，是管理者提升会议领导力必不可少的三条路径。首先，管理者可以通过阅读本书前面的“导入篇”内容，系统学习高效能会议的工具与方法；其次，管理者可以结合自己的真实经历，通过阅读本书后的“实战篇”内容，掌握企业各类型会议的高效能会议方法；最后，管理者要尝试在企业会议中实践自己在本书所学、所思、所想的高效能会议技能，提升自己的会议领导力。我们鼓励管理者在真实的工作环境中构建团队的高效能会议机制，也鼓励管理者在具有挑战性的会议设计和引导上寻求来自第三方高效能会议教练的陪伴与帮助，这些都是可以有效地提升管理者会议领导力的支持系统，可以辅助管理者提升会议领导力。

关于会议效能的三大核心技能的针对性提升，管理者要重点关注以下焦点：

1. 系统决策能力的提升焦点

提升管理者的系统决策能力是高产出会议、高效率会议的基础。管理者要想提升系统决策能力，可以从以下两个焦点着手：

一是**提升收集、获取会议信息的能力**。管理者要在会前收集会议信息，在会中获取会议信息。针对不同类型的会议，管理者要收集、获取的信息也是不同的。

二是**提升处理与分析会议信息的能力**。管理者要在会议中通过处理与分析会议信息来做出正确的决策，因此要掌握决策制定的核心方法论和工具，即思维逻辑能力或系统模型能力。管理者在处理与分析会议信息时，切莫“闭门造车”，要善于根据市场及组织环境的变化，选择合适的决策模型。虽然随着在会议效能经验上的积累，管理者最终也有可能会形成自己独有的会议效能的认知和方法论，但我们相信，“站在巨人的肩膀”是高效能会议起步者的最佳捷径。

本书的“实践篇”会详细地向读者呈现管理者在不同的管理场景中需要做出具体决策时，可以采用的思维逻辑模型，以及如何围绕这一模型去设计高效能会议。

2. 引导促动能力的提升焦点

提升管理者的引导促动能力是高效率会议的“助推器”，是高效能会议的基础。想要成为管理者，甚至想要成为合格、优秀的管理者，就要具备会议引导促动能力。管理者想要提升会议的引导促动能力，可从以下两个焦点着手：

一是**提升会议引导流程设计能力**。本书“实践篇”会把内容聚焦在会议程序设计、会议角色配置及发言人对话安排、会议投票表决机制的设计和会议关键点的引导技巧四个方面。

二是**提升会议现场引导技巧**。与一般的引导技术认证培训不同的是，本书“实践篇”会把内容焦点放在企业真实的会议引导流程设计与会议现场引导技巧上，强调管理者对业务管理、组织管理的洞察在会议引导促动中的价值。

会议引导促动技术已经是一项相对成熟的技能，国内外有很多关于培养引导师的认证培训。在这些培训内容中，培训老师会提供会议引导促动技巧、担任会议引导师的谈话技巧，以及在典型的企业会议中管理者应该如何设计和引导会议的技巧。

令人感到有趣的是，根据我们的观察，能够主动地去学习会议引导促动技术的人，往往不是企业各种类型会议的发起人，而是企业的人力资源部门、战略部门或总经理办公室的专业人士，或者是咨询、培训等行业的专业工作者。这样的做法会导致会议出现一个问题：对会议内容理解最深刻的会议发起人不会做会议主持和会议引导促动，而掌握会议引导促动技术的人对会议内容理解有限。如果这时企业邀请独立的会议引导师承担会议引导促动的职责，那么就会使会议引导隔靴搔痒。

3. 团队教练能力的提升焦点

提升管理者的团队教练能力是高效能会议的基础。团队教练、关系与系统教练在外国企业的应用已经非常成熟，但在中国企业的应用仍然处于探索落地阶段。管理者要提升团队教练能力，可从以下两个焦点着手：

一是**提升关键教练式对话能力**。管理者要在会议中通过呈现和反馈的方式帮助会议群体觉察到自己的状态，进而产生新的行动。比如，当会议中出现激烈争论时，团队可能会出现“默不作声”“相互指责”的情况。此时，拥有团队教练能力的管理者可以及时按下会议的“暂停键”，让参会成员观察团队发生了什么和需要发生什么，通过改变会议场域的氛围推动会议的进程。在这个过程中，管理者向团队提供了心智进化的可能性。

二是**提升会议中赋能团队成长环节的设计能力**。与引导促动能力不同的是，管理者的团队教练能力强调的是管理者要在会议中关注人与团队、整个关系系统和会议场域的状态，让关系系统具有生命力，进而激发人与团队的成长。团队教练能力是指管理者要在会议中激发团队的内在能量值，帮助团队实现自我进化。

本书“实践篇”会把内容焦点放在管理者在企业会议中的一些关键教练式对话，重点关注参会者行为改变和团队场域能量的激发。除此之外，本书最大的差异化价值在于“实践篇”会以实战的形式着重分享管理者如何在会议中赋能团队成长，内容融合了人才发展、学习发展设计等领域的技巧与经验。

遵循大道至简的原则，为了让读者更加清晰明了地了解高效能会议的三大核心技能的提升焦点，我把其内容总结归纳在表 3-3 中，以结构化的方式呈现给读者。读者可以把表 3-3 作为“实践篇”的阅读提示去思考如何在企业会议中去修炼、提升高效能会议的三大核心技能。

表 3-3　高效能会议的三大核心技能的提升焦点

核心技能	提升焦点	“实践篇”内容涉及的核心焦点
系统决策能力	收集、获取会议信息	会前与会中的内容准备
	处理与分析会议信息	用于决策的思维逻辑能力或系统模型能力
引导促动能力	引导流程设计	会议程序设计 会议角色配置及发言人对话安排 会议投票表决机制的设计
	现场引导技巧	会议关键点的引导技巧
团队教练能力	关键教练式对话	会议中对参会者行为洞察及反馈 会议中场域能量以及会议中关系互动能量的激发技巧
	提升会议中赋能团队成长环节的设计能力	会议中赋能成长环节的设计

3.4 会议领导力修炼心法：AGE 元技能

管理者除了掌握 4P 会议设计要素的基础应用工具，以及通过不断实践来修炼高效能会议的三大核心技能，还需要具备更高层次的会议领导力，即与整个团队或组织系统共情共发展的影响力。会议领导力需要管理者自我觉察和挖掘，与个人深层次的动机和性格特质有重要关系。我们将这种深层次的能力称为元技能。元技能既是一种能力，也是一种价值观、意识和态度；既是管理者领导潜力的体现，也是一个组织进化的引擎。

元技能（Meta-skill）一词来源于组织关系系统教练（Organization & Relationship Systems Coaching Program，简称 ORSC）的相关理论。元技能指的是为某种情境带来的理念、态度或意图。ORSC™ 的元技能特指团队教练的一套理念、工具和技巧。

作为动机与行为的重要指导原则，AGE 元技能（见图 3-4）是组织和个人心中的一盏灯，照亮组织与个人前行之路。同时，AGE 元技能也是一面铜镜，为组织与个人自我进化提供反馈。

生长型组织建设 AGE 年轮模型（详见第 1 章延伸阅读），描述了生长型组织需要探索的组织文化建设的三个焦点：使命驱动（Achieve）、持续成长（Grow）、乐在其中（Enjoy）。AGE 元技能指的是企业为了构建使命驱动、持续成长、乐在其中的组织文化，需要具备的基本理念、态度或意图。这些基本理念、态度和意图也是指导行动落地的工具和方法。

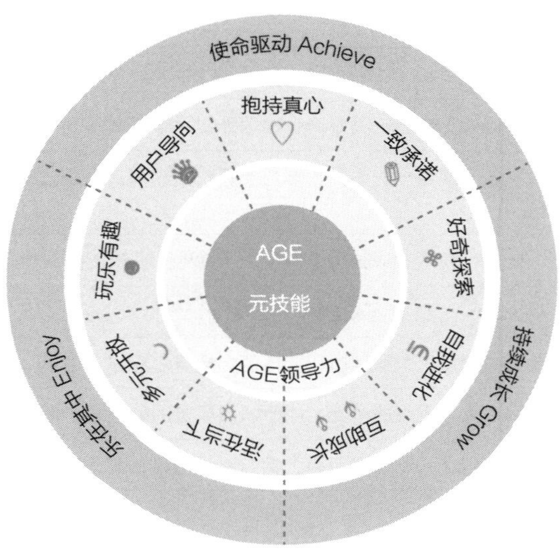

图 3-4　AGE 元技能

在组织的初创时期，AGE 领导力就是组织基本价值观的体现。因此，我们经常会说:“企业文化就是‘一把手’工程。”当组织快速成长到一定规模后，文化建设就不仅仅是 AGE 领导力与“一把手”工程了，而是需要组织系统的机制建设和价值观的元技能建设双管齐下。AGE 元技能属于组织，更属于个体。

那么，到底什么是 AGE 元技能？表 3-4 对九大 AGE 元技能进行了基本定义。

表 3-4　AGE 元技能的基本定义

使命驱动（Achieve）	
用户导向	对用户具有使命感，以创造用户价值作为出发点
抱持真心	追寻个人意义，保持在组织中与所从事工作的共鸣，保持创造价值
一致承诺	信守承诺，忠于目标，拥有目标感并不断为实现目标付出努力

（续）

持续成长（Grow）	
好奇探索	对世界、他人、自己充满好奇，相信外界是丰富多彩的，不断探寻未知的世界
自我进化	不断探索、了解自己的边界，学习与吸收新知识，让自己在脑、体、心、灵都实现成长
互助成长	愿意为他人、团队的成长多走一步，帮助他人成长的同时也是帮助自己成长
乐在其中（Enjoy）	
活在当下	主动接纳并调整个人的状态和能量值，全身心专注于当下，活出每一刻的精彩
多元开放	接纳世界、人、组织的多元，倾听来自多方面的声音，相信多样性会创造价值
玩乐有趣	拥有一颗玩乐之心，保持有趣，相信这些可以激发个人和团队的创新与活力

管理者如何利用 AGE 元技能提升高效能会议能力呢？以下三种方法值得管理者借鉴。

方法一：管理者可利用开会的暖场环节，帮助参会人员进入本次会议预定的 AGE 状态。比如，对于侧重成长性的会议，管理者可以让参会人员将 AGE 元技能中的“好奇探索”与“互助成长”带入会议。会议开场时，管理者在带领参会人员回顾这两种元技能的同时，思考每个参会人员能为会议做什么，或者承担什么样的内部角色更有助于带入这两种元技能。

方法二：管理者可以使用 AGE 元技能召开民主生活会，让参会人员之间相互加深了解。管理者可以使参会人员围绕 AGE 元技能的九个方面，分别分享每个人的价值观、性格特点等，找到一定阶段内整个团队需要强化的元技能是什么，以及团队应该怎么做。

方法三：管理者可以通过 AGE 元技能的“玩乐有趣”来提升会议的沉浸效果。几乎所有人都喜欢好玩有趣的事情，高效能会议重在让每一个参会人员参与创造，而非由会议主持人或发起人主导。管理者可以为周例会安排一个小小的五分钟“有趣”仪式。比如，每个参会成员有义务在某一次会议中制造一次惊喜，或者管理者给某个参会人员一个特例，允许这个参会人员在会议中抛出一枚“炸弹”（指强烈反对），或者抛出一枚“糖衣炮弹”（指强烈赞同并给出更好的支持行动）。

事实上，AGE 元技能中的任何一种元技能都可以为高效能会议带来直接价值。表 3-5 是我们收集整理的一些企业具体实践。

表 3-5　AGE 元技能在企业会议中的具体实践

AGE 元技能	对促进会议高效能有益的企业实践
用户导向	在会场上保留一把空椅子代表用户，提醒参会人员站在用户的角度思考问题
抱持真心	在会议开始时，管理者帮助参会人员澄清参会价值和内部角色
一致承诺	管理者让每个参会人员记录自己要承担的会后行动责任并共享给其他人
好奇探索	在重要的、有争论性的议题开始前，管理者要提醒参会人员保持好奇心
自我进化	管理者鼓励参会人员在会议中观察、倾听与学习
互助成长	管理者把一些枯燥的周例会转变为成长周会
活在当下	每场会议都有 1~5 分钟的暖场环节，帮助参会人员进入开会状态
多元开放	管理者定期让其他部门人员加入自己的部门会议，提供多元开放的视角
玩乐有趣	管理者在会议中设置有趣的环节或使用有趣的会议专用语

AGE 元技能是管理者修炼会议领导力的心法。管理者学习再多的工具、方法，都不如在心法上进行修炼。AGE 元技能可以帮助管理者打通会议领导力的“任督二脉”，创造或迭代适合自己的会议工具和方法，从而提升会议效能。

3.5 提升会议领导力的“八步法”

管理者提升会议领导力、创造高效能会议的过程是道术结合的过程。在这个过程中，管理者需要清晰地认识到个人的高效能会议能力、会议角色、会议场景对会议领导力风格的影响。

前面的内容更多是从“道”的方向阐述会议领导力，既然是道术结合，那么管理者应该如何从“术”的方面提升会议领导力呢？我们建议管理者按照以下“八步法”提升会议领导力。

第一步：管理者要理解高效能会议与会议领导力提升整体模型。

第二步：管理者要掌握 4P 会议设计要素基础应用。

第三步：管理者要利用好“高效能会议魔方”（详见实践篇）案例库。

第四步：管理者要针对自己所在团队的情况，尝试应用高效能会议工具和方法。

第五步：管理者要应用高效能会议 AGE 组织建设模型，有意识、系统性地诊断自己团队在会议体验和会议领导力方面的现状，识别个人会议领导力风格和三大核心技能的现状，并建立对自身会议效能的评估指标与改善跟进机制。

第六步：管理者要针对会议三大核心技能的持续发展进行更加深入、系统的学习，并继续坚持实践。

第七步：管理者要根据选择的“高效能会议魔方”的面和具体会议，尝试完善自己的专业能力和知识系统，对会议内容本身有更深刻的认知和实践经验。管理者可以通过表 3-6 所列会议能力进行有针对性的完善。

表 3-6　会议能力列表

会议分类	会议名称	适用的管理层级（高层 / 中层 / 基层管理者）			系统决策能力	促动引导能力	团队教练能力	需要的专业能力或知识系统
变革管理会	战略澄清会	高层	中层		高	高	高	变革沟通 战略理论 组织理论 关系与系统理论 高层团队领导力
	战略解码会	高层	中层		高	高	高	
	战略通晒会	高层	中层		中	高	中	
	民主生活会	高层	中层		中	高	高	
	架构变革会	高层	中层		中	中	高	
日常管理会	目标设定会	高层	中层		高	高	中	OKR 及目标管理 绩效管理体系 项目管理 团队成长方式
	目标通晒会	高层	中层		中	高	中	
	月会	高层	中层		高	中	中	
	周会	高层	中层	基层	中	中	中	
	站会		中层	基层	低	中	中	
	PMO 会议	高层	中层	基层	高	高	中	
评审决策会	绩效校准会	高层	中层		高	高	高	人才与绩效管理 投票与决策治理 组织诊断 人才发展
	人才盘点会	高层	中层	基层	高	高	高	
	晋升评审会	高层	中层		高	高	高	
	述职会	高层			中	中	中	
专项研讨会	座谈会	高层	中层	基层	中	高	高	共创方法与工具 深度思考 创新与创意激发
	共创会	高层	中层	基层	中	高	高	
	复盘会	高层	中层	基层	高	高	高	
表彰庆祝会	庆功会	高层	中层	基层	低	中	中	营销与传播 荣誉认可体系 表演与沟通
	表彰会	高层	中层		中	中	低	
	年会	高层	中层		高	中	低	
团队临时会	一般性团队临会	高层	中层	基层	中	中	中	危机处理 冲突管理
	应急处置会	高层	中层		高	中	中	

第八步：管理者要自始至终拥抱 AGE 元技能，带着 AGE 元技能之“道”去体悟上述每一步的道术结合，深刻理解并进行实践。

管理者会议领导力的修炼非一日之功。在修炼的道路上，管理者会遇到越来越丰富且有挑战性的会议场景。管理者不妨从会议领导力入手来提升领导力，抓住每一个实践和成长的机会，改善团队效能和组织文化。

实战篇

玩转高效能会议魔方

Chapter Four 第 4 章

高效能会议魔方之第一面：如何开好变革管理会

4.1 变革是管理者领导力的进化方式

管理者是推动企业变革与创新的源头。管理者领导力的高低决定了企业是否能够意识到企业变革的需求，也决定了企业变革的方向、执行和变革所需要的资源。那么，管理者如何拥有引领和落地变革的领导力呢？管理者领导力的修炼源于挑战性的经历，因此，经历并领导组织变革是管理者首选的领导力进化方式。

管理者领导力的进化实际上是其心智的觉察与进化，需要管理者不断突破自己的认知边界和心智边界，这一边界也被称为“心理边际”。人们在尝试新行为、拥有新想法或新视角时，都是在跨越心理边际，跨越已知和已认同的部分。比如，管理者向众人坦诚自己身上某个较尖锐、不受欢迎的品质，从而拥有“被讨厌的勇气”。对大多数管理者来说，跨越心理边际是具有挑战性的。

ORSC 理论认为，一个团队或系统中的个体，只有在大部分人完成个人的某个边际跨越时，才能发生系统边际的跨越，推动变革。因此，变革的过程往往是充满挑战的。但幸运的是，ORSC 理论也告诉我们，团队在一起努力跨越系统边际的过程有助于推动个体尝试跨越自己的个人边际，帮助个人实现领导力进化。这就意味着，一个高质量的群体场域，比如管理者共同面对的变革管理会议场域，会促进每一名管理者发生边际跨越并相互催化，进而推动团队或企业的变革。

企业的变革离不开大大小小的变革管理类会议。企业常见的变革管理类会议包括企业的战略澄清与分解、架构变革、高层团队建设等。本章将聚焦管理者如何开好高效能变革管理会。我们会通过实战案例来分享变革管理会该如何设计与实施才能推动管理者跨越自己的心理边际，实现管理者的领导力进化，从而推动团队或企业的变革。

4.2　战略澄清会，澄清愿景促共鸣

无论是初创企业、成长中的企业，还是面临低谷期或需要二次创业的企业，“战略澄清”都是高层管理者召开变革会议的一个典型议题。所谓战略澄清会，就是高层管理者通过召开会议，向团队澄清企业愿景，实现团队对愿景和战略目标的共识与共鸣。战略澄清会表面看起来是务虚的会议，事实上却是务实的会议。因为只有企业经历了愿景实现路径的讨论，战略澄清会才能够真正积蓄团队效能，让高层管理者蓄势待发。

下面，我们通过一个真实的案例来分享高层管理者如何召开一场高效能

的战略澄清会。

2019 年，一家运营了 10 年的职业教育服务企业（以下简称为 Z 企业）引入了新的投资人，该企业的 CEO 白总希望对企业未来 3~5 年的愿景进行共创、澄清与共识。作为投资方的投后管理代表，我接受了白总的邀请，和他一起设计这场战略澄清会。白总希望亲自引导这场战略澄清会，而不是引入外部引导师，因为他希望给参会人员更多的安全感，同时也希望把自己作为联合创始人的想法和意志更好地传递给参会人员。

为了设计并召开好这场战略澄清会，白总特意到专业机构参加了引导师的培训。在培训的过程中，他向我提到，虽然企业过去经常使用“行动学习法”来进行业务话题的探讨，参会人员对开放式讨论也有一定的理解，但他对召开一场高效能的战略澄清会仍然缺乏信心，其主要源于以下三大挑战：

挑战一：无经验。企业的创始人之一也就是之前的 CEO 目前已经退居股东位置。白总以前的主要工作是辅佐 CEO，这次作为新任 CEO 和联合创始人，虽然在管理者中有一定的威信，但毕竟这是他第一次站在 CEO 和联合创始人的位置召开会议，内心难免有点忐忑。

挑战二：有争议。组织变革后，管理者团队中有一半是区域负责人，他们是业务型管理者，领导风格更为激进实干。Z 企业的总部目前在加强功能化、专业化建设，希望对区域进行更多管控与赋能。因此，在总部和区域管理者之间，存在一些针对具体业务管理问题的争议点和矛盾点。白总很担心参会人员在讨论过程中是否能够站在企业层面去思考问题，他希望战略澄清会能在促进内部团结方面发挥价值。

挑战三：有压力。引入新的投资人后，企业未来愿景的想象空间比原来更大，对业绩压力的挑战也更大。白总既想通过战略澄清会给大家“压担子”，又想激活管理者团队，鼓舞士气。要想达到这一目的，战略澄清会的会议氛围营造显得十分关键。

面对以上三大挑战，白总如何才能开好一场高效能的战略澄清会呢？高层管理者召开战略澄清会要重点关注以下三个问题：

4.2.1　“一把手”是否可以用 100 字以内的文字描绘企业愿景

在正式策划战略澄清会之前，我给白总出了一道思考题：您是否可以用 100 字以内的文字描绘企业愿景？

这道思考题同样也适用于想召开战略澄清会的“一把手”。在很多企业中，下属对 CEO 心中的战略、愿景并不清楚或理解。如果一名中等规模生长型企业的 CEO，能够在短时间内用 100 字以内的文字描绘企业愿景，那么说明他对企业的战略与愿景已经较清楚，这是可以召开战略澄清会的必要条件。如果企业的 CEO 都不能把企业的战略与愿景描述到 60 分的清晰度，却指望高层管理者在战略澄清会上清晰地描绘出企业战略和愿景，那么这显然是不现实的。

战略澄清会是用来澄清战略的。在战略澄清会上实现愿景共创是帮助参会人员实现战略澄清、共识和共鸣的一种手段，它能使管理者团队对企业使命、愿景具有创作感和使命感。

如果企业的“一把手”不能用 100 字以内的文字准确描绘企业的基本战

略，那么高层管理者在向员工传递企业战略的过程中势必缺少方向感。方向不对，努力白费。因此，我建议所有准备召开战略澄清会的“一把手”先思考如何用 100 字以内的文字描绘企业愿景，并与对企业战略设计与制定有话语权和业务判断力的核心管理者，在小范围内讨论好这 100 字以内的企业愿景的内涵，以及发现可能出现的分歧点。所谓“不打无准备之仗，方能立于不败之地”，这是企业“一把手”在策划和召开战略澄清会前的必要准备工作。

4.2.2 有哪些用于开展战略澄清会的框架模型

每一家企业都有自己的使命、愿景和价值观。有些企业的 CEO 认为关于企业使命、愿景和价值观的战略澄清会是一种务虚会，最后的会议产出是一些看起来比较空洞的词条。因此，他们认为战略澄清会的会议价值不大。

实际上，在企业召开战略澄清会的过程中，参会人员对企业使命、愿景和价值观的讨论过程是在统一思想，是对企业的业务本质、商业模式的梳理和对文化、战略方向的澄清。要想统一思想，企业在召开战略澄清会时就要在会议引导过程中建立适合企业的管理语言逻辑——框架模型。企业常用的战略澄清会框架模型见表 4-1。

表 4-1 企业常用的战略澄清会框架模型

模型名称	模型特点简介
商业画布法	参会人员通过对产品或业务有关的客户价值、合作资源、成员及收入结构、产品的价值定位等讨论，梳理出企业清晰的产品和商业模式。商业画布法适用于产品型的战略澄清会或初创企业的商业模式澄清会
战略房子图法	参会人员通过战略房子图，可以清晰地看出企业的使命、愿景、目标及战略重点或组织能力支撑。此法可以帮助管理者从战略澄清到战略规划达成共识。此法可以被定制为企业在战略描述方面的一套框架语言，简单、有可塑造性

（续）

模型名称	模型特点简介
战略分析模型法	参会人员通过使用专业的战略分析模型，如波士顿矩阵㊀、五力分析模型㊁等，结合市场调研数据、标杆比对等方法，进行全方位系统化的分析与论证，并进行研讨，达成共识。战略分析模型法适用于企业在有了战略方向的基础上进行战略分析论证，也被称为战略洞察的基础。战略分析模型法可以成为战略澄清会的一种主导逻辑框架
愿景画面法	参会人员通过对愿景画面的共选、共拼、共创、共绘等意象化手法，激发大家对一个愿景的想象与向往，产生更加丰富生动的愿景描述。愿景画面法有助于参会人员进一步明确企业“要做什么、不做什么”。愿景画面法可以改善会议的氛围，并用感性或意向思考弥补理性思考可能造成的遗漏
乐高游戏法	参会人员使用游戏模具乐高插件对企业愿景进行拼图，这与愿景画面法有异曲同工之处，都是通过创造画面感甚至是微缩景象开展对企业愿景的共创共识。乐高游戏法除了可以给参会人员带来感性碰撞，还可以从工程创作与制作的角度激发参会人员澄清战略与愿景
愿景具象维度法	参会人员可以从企业、员工（及其家人）、客户、合作者、政府、股东等维度展开对愿景的具体化描述，讨论企业成功后的样子。愿景具象维度法使参会人员对愿景的描述更加务实、聚焦和接地气，有助于参会人员从不同的利益方视角展开对企业战略的澄清
100 字以内文字描述法	请参会人员“用 100 字以内的文字描绘企业的愿景（或战略）”，并加以研讨和达成共识。100 字以内文字描述法简单直接，能够提前激发参会人员的深度思考

上述七种战略澄清会框架模型具有一定的普适性，企业在使用时虽然各有利弊，但我认为没有任何一种模型可以适用于所有企业。战略澄清会框架模型只是为高层管理者提供了一种可以使用的框架和管理语言。大多数企业

㊀ 波士顿矩阵由美国著名的管理学家、波士顿咨询公司创始人布鲁斯·亨德森于 1970 年创作，又称市场增长率 – 相对市场份额矩阵、波士顿咨询集团法、四象限分析法、产品系列结构管理法等。

㊁ 五力分析模型是迈克尔·波特于 20 世纪 80 年代初提出的，对企业战略制定产生了全球性的深远影响。五力分别是供应商的讨价还价能力、购买者的讨价还价能力、潜在竞争者进入的能力、替代品的替代能力、行业内竞争者现在的竞争能力。五种力量的不同组合变化，最终影响行业利润潜力的变化。

可以选择以上一种到两种框架模型，并在此基础上制定出适用于自己企业的战略澄清会框架模型。

企业愿景和战略的澄清过程，就是帮助企业 CEO 统一思想、共创高层管理者可以听懂并持续使用的一种管理语言的过程。作为战略实施与组织建设顾问，我认为与企业 CEO 一起探讨企业可以接受的战略澄清会框架模型，并一起梳理出他针对战略的思想逻辑框架和管理语言，是一件非常有价值和非常有成就感的工作。这种思想提炼的过程会让 CEO 本人对自己的战略与业务逻辑产生深度的思考与觉察，他也能通过这个过程对自己的核心工作和核心思想进行复盘，进而有机会进一步对企业的战略及其执行做出更加准确的判断。

现在，让我们回到前面的案例中。我和白总经过讨论之后，最终选定了战略房子图作为企业战略澄清会的基础框架模型，如图 4-1 所示。

在战略澄清会上，Z 企业的高层管理者将共同研讨战略房子图框架模型的各个部分：什么是使命、愿景、定位、年度目标、达成路径及达成目标需要的重要支持。当高层管理者把屋顶部分构建完后，会向下进行建设，对企业的年度业务规划或者战略进行解码，这属于战略落地讨论会的范畴，在此不作赘述。

我与白总首先明确了战略澄清会的主要产出方向，然后共识了 4P 会议设计要素相关的信息。

1. 高层管理者团队对企业未来担心又满怀希望

参会人员为企业副总和各个职能的部门的负责人，大部分副总是几个区

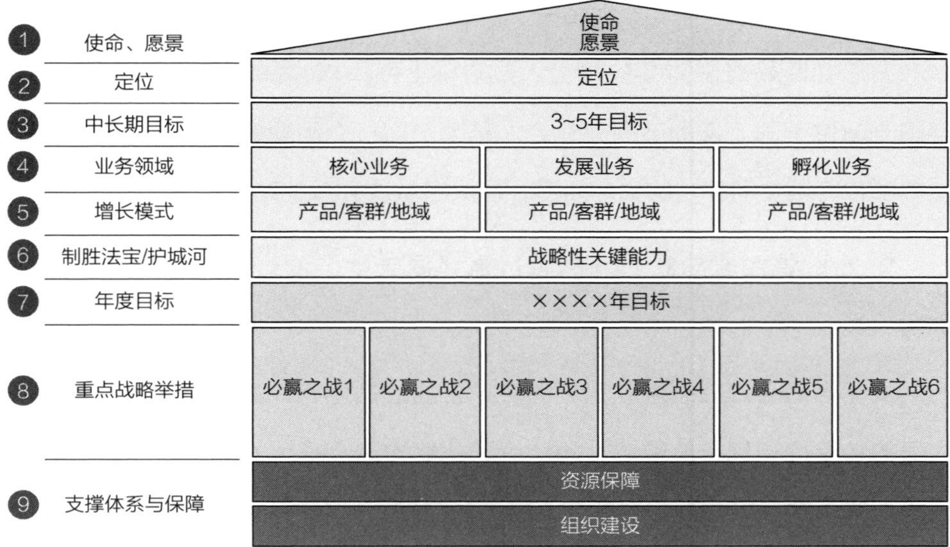

图 4-1　Z 企业的战略房子图框架模型

域业务的大区负责人。参会人员大部分是企业的“元老”，于企业初创期加入，有些人的第一份工作就是从 Z 企业开始的。总体上参会人员对 Z 企业的感情较深厚，有共同的创业经历。参会人员对于这一次引入新的投资人既担心又满怀希望。

2. 高层管理者团队对核心挑战有基本共识，但对痛点看法不一

在利润目标方面，Z 企业的股东在利润方面制定了比较高的目标，但受到外部因素影响，达成这样的利润目标并非易事。Z 企业过去在提升人效方面缺乏经验，内部管理相对比较粗放，目前前线业务压力较大。

在教学质量方面，Z 企业希望能持续提升课程质量和用户体验。同时，Z 企业面临教师管理的挑战。比如，Z 企业各个校区的校长受到同业“挖角”，

在人才的内部培养、流动、保留等方面面临较大挑战。

白总判断战略澄清会的参会人员对以上两大核心挑战基本都略知一二，但由于站位不同、感受不同，参会人员会对同一个问题的看法参差不齐，加上总部和区域之间存在的天然矛盾，加大了解决问题的难度。

3. 高层管理者团队对共创研讨形式不陌生，但对效率与效果有更高期待

战略澄清会由白总亲自引导召开，企业过去也有行动学习的基础，参会人员的接受度和配合度较高，因此这场战略澄清会最大的挑战在于如何确保研讨形式高效，并充分激发参会人员的参与感、使命感和凝聚力。

基于以上信息，我和白总通过讨论、思维碰撞，形成了以下为期两天的战略澄清会的设计思路。

第一天：澄清愿景，激发共鸣。第一天的战略澄清会的设计思路如下所述：

- **回顾历史。**首先，白总请参会人员共同在白墙上写出“过去 10 年，每个人在企业的高光时刻”，通过呈现大家在企业的高光时刻，激发大家对企业愿景的共鸣。其次，白总请参会人员讨论“过去 10 年，企业做对了什么、什么还可以做得更好、对于未来大家还需要多做些什么”。
- **CEO 讲话。**白总围绕对企业愿景的理解以及教学服务的主题，向参会人员澄清企业愿景，并提出企业下一年度的战略目标和战略方向。
- **愿景共绘。**参会人员分组研讨完成“愿景一幅画”和 100 字以内的企业愿景描述。参会人员尝试用激情澎湃的语言向一线员工描绘企业未来的发展设想。

- **实现方向。**为了使后续企业管理层战略解码会顺利落地，高层管理者需要开展一些方向性的战略研讨，包括企业必须打赢的硬仗是什么，为什么是这些硬仗等。

第二天：倾听分歧，共担责任。第二天的战略澄清会的设计思路如下所述：

- **分享倾听。**分管大区业务的副总分享对实现年度目标的策略和路径的思考，以及所需要的支持与帮助。
- **总部赋能。**基于企业未来的愿景及大区管理者的声音，总部和大区管理者共同讨论形成共识：总部可以做些什么，如何做得更好。
- **共同承诺。**核心管理者团队围绕实现企业愿景和目标展开讨论，共同承诺一起做什么，对团队准则、团队文化有什么期待和共识。讨论后，参会人员共同创造有仪式感的承诺，比如合影或共唱同一首歌。

4.2.3　非专业的引导者可以快速习得哪些引导技巧

在前面的案例中，白总决定由自己兼任会议引导师的角色。虽然我并不鼓励管理者在所有的会议中身兼数职，尤其是会议时间长且复杂度高的研讨会，但每名 CEO 具备的会议领导力各有不同，还是应该视情况而定。白总在创造开放多元的会议方面具有较好的会议领导力，而且在企业中有威信，在参会人员面前是谦虚好学的形象，加之白总学习了一些会议引导技巧等，这些都有助于他扮演好自己在战略澄清会中的引导师角色。

为了帮助白总更好地开好战略澄清会，我为白总提供了一份可以快速提升会议引导质量的技巧清单，见表 4-2。CEO 在战略澄清会上扮演引导师的引导技巧清单不仅对白总召开高效能战略澄清具有重大价值，而且对所有想要亲自尝试引导战略澄清会的 CEO 具有借鉴意义。

表 4-2　CEO 在战略澄清会上扮演引导师的引导技巧清单

引导技巧	具体做法
换帽子	战略澄清会会议进行中，CEO 要时刻牢记区分扮演引导师和 CEO 发言人的角色。CEO 在每一次作为发言人这一角色表达观点或演讲的时候，都可以说："我暂时先放下引导师的帽子，做一会儿 CEO。"
叫暂停	虽然 CEO 在会议流程中设置了休息时间，但还是会有不确定的因素导致讨论超时或出现突发事件。一旦预见到超时情况，CEO 可以及时按下暂停键休会，给自己留出恢复时间
促体验	一般来说，参会人员对会议体验有较高的目标感而容易忽略沉浸度。战略澄清会意象形式的共创环节（如愿景绘画）需要参会人员一起创造沉浸度才能收到预期的效果。CEO 可在开场就把需要大家共创的会议体验目标提出来，并在具体议题开始前再次提醒参会人员"沉浸体验"的价值
会呈现	战略澄清会特别需要 CEO 能够倾听参会人员对于愿景、战略的理解和可能出现的分歧点。CEO 兼任引导师的角色，可以把精力放在"倾听"与"呈现"两个方面，即努力把听到的分歧点与共同点复述并指出来，从而促使固守自身观点的参会人员看到整个团队的状态并采取行动
腾位置	会议中，在 CEO 遇到参会人员发生激烈的观点冲突需要自己表态时，CEO 需要克制自己的表达欲，可以把问题抛给现场的任何人："如果你站在 CEO 的位置上，你会怎么做？"实际上，CEO 在会议中把自己的位置"腾"出来，使其他管理者站在 CEO 的位置上进行换位思考，正是战略澄清会的一个重要出发点，即让参会人员共担责任

通过上面三个方面问题的引导与设计，白总成功地召开了一场高效能战略澄清会。在战略澄清会中，白总觉得自身领导力得到了提升，并增强了自己担任 CEO 这一角色的信心。事实上，白总以新任 CEO 和引导师的身份参与企业战略澄清会，使他进一步发挥了民主型领导风格，有助于激发新的管理者团队自身的成就动机和合作动机，从而提升了团队凝聚力。

白总虽然没有熟练的会议引导技巧，但他是一位温和且具有目标感的CEO。在战略澄清会的设计和引导上，白总充分体现和强化了自身的领导力优势。大多数参会人员在战略澄清会后反馈道："整场战略澄清会的氛围是温暖而坚定有力的。"白总对目标感的把控帮助他区分了战略澄清会中引导师和参会者的两重角色，有效激发了参会人员的参与感，让企业的战略澄清会成为一场有共鸣的高效能会议。

高层管理者要想召开一场高效能的战略澄清会，可以借鉴上述三个方面问题的引导和设计技巧，首先用 100 字以内的文字清晰准确地描绘出企业愿景，然后利用适合自己企业的战略澄清框架模型和一些能够快速习得的引导技巧，使战略澄清会真正实现澄清愿景、促进共鸣。

4.3　战略解码会，解码责任促共担

除了战略澄清会，企业常见的变革管理会还有战略解码会。战略解码会通常在战略澄清会之后召开。

所谓"战略解码会"，是指企业通过召开高层管理者会议，使参会人员将企业战略拆解为可执行的策略或重要的组织战役。战略解码会旨在解决高层管理者如何提升员工执行力的问题，它的核心价值是让企业的高层管理者在共同研讨战略如何落地的过程中，统一思想、统一语言、建立信任、明确企业层面的行动目标。战略解码会召开的前提是企业已经有了明确的战略，需要在会议中将战略拆解为可执行的策略。反之，如果企业还没有制定出明确的战略，是不适合召开战略解码会的。

有关战略解码会的设计与引导，我推荐大家阅读《战略破局：思考与行动的四重奏》和《战略解码：跨越战略与执行的鸿沟》。这两本书是由战略解码会工具的原创顾问、前 Hay Group 的合伙人撰写的关于战略解码的工具书。书中有很多企业召开战略解码会的实际案例，特别是有很多传统行业、国有企业，或是处于“一把手”集权、“一言堂”严重的民营企业的真实案例分享，这对希望了解战略解码会是如何帮助企业建立新的战略会谈与共创模式、建设群策群力的组织文化的读者很有借鉴意义。

企业在实战中还有很多类型的战略解码会，其中最常见的战略解码会是业务闭关会。处在快速发展中的企业或正在探索第二条增长曲线的企业面临着各种不确定性和竞争压力，同时也面临着成员更迭较快、对业务方向和策略共识度低的挑战。为了快速发展或实现快速增长，处在快速发展中的企业或正在探索第二条增长曲线的企业通常不会规划出三年以上的中长期战略，因为它们往往信奉的是：战略不是规划和澄清出来的，而是实践出来的。所以，对处在快速发展中的企业或正在探索第二条增长曲线的企业来说，战略解码会是管理者以业务策略作为核心议题的业务闭关会，而不是为了解决管理者共识这一问题的研讨会。

那么，到底什么是业务闭关会？管理者如何召开一场高效能的业务闭关会呢？

4.3.1 业务闭关会的内涵及特征

只有在理论上成为“明白人”，才能在行动上成为“自觉者”。传统的战略解码会，需要企业的中高层管理者在一个集中的时间段内，基于企业战略的基本方向，通过参会人员高强度的思考与碰撞，产生企业中长期的业务策略、组织策略和行动方案，真正群策群力地解决可能对企业战略路径产生重大或颠覆性影响的业务问题。相较传统的战略解码会，业务闭关会的会议内容更加聚焦，并且参会人员需要对议题有深入思考并具备一线管理实践经验。

业务闭关会对会议主持人的要求很高。首先，会议主持人需要对业务本身和团队成员有深入的了解；其次，会议主持人不仅要承担会议引导的职责，还要扮演团队教练或业务专家的角色；最后，会议主持人要根据议题内容和参会人员的状态，及时而灵活地运用各种方法，使会议保持高效能。所以，业务闭关会的会议组织者在策划与组织中要挖掘真正的会议目标，并选择合适的内部人员扮演好主持人这一角色。会议主持人选择是否得当，是业务闭关会能否成功的前提。下面，我们通过一个案例来分享在召开业务闭关会之前，会议组织者应如何深度挖掘会议目标及选择合适的会议主持人。

Y 企业是一家主营电商业务的互联网集团的下属企业。新轮岗到 Y 企业的人力资源副总裁（Human Resource Vice President，简称 HRVP）Michelle 对集团整体业务安排及组织文化有着比较深入的了解，但缺乏对 Y 企业的业务和 CEO 以外的其他核心管理者的了解。刚到 Y 企业，Michelle 就接到了 Y 企业 CEO 安排的任务：Michelle 一周后到苏州筹备并主持召开业务闭关会。

对 Michelle 来说，业务闭关会是熟悉企业业务和管理者的好机会，但同时也是一个挑战。为期两天的业务闭关会，从会议的设计到引导，从后勤安排到团建安排等，都需要 Michelle 精心策划，如此才能保障会议的高效能。

在业务闭关会开始前，作为会议组织者的Michelle应该如何做好对会议发起人的需求挖掘呢？我们可以通过下面Michelle和CEO的对话来寻找答案。

Michelle："业务闭关会想解决什么问题？一周后要召开业务闭关会的必要原因是什么？"

CEO："业务闭关会想讨论'围魏救赵'、解决X项目策略的事，使管理者形成统一的思考框架。一周后要召开业务闭关会是因为一周后X项目要全面推广。"

Michelle："尽管我听得不是太明白，但我还是想问，您心目中的思考框架是什么样子？您可以说说成功时的样子。"

CEO："我心目中的思考框架可能是大家的方法论、思考逻辑、底层逻辑一致，对下一步的行动计划有共同的方向。"

Michelle："您提到的这些有点笼统。如果满分是100分，目前这些共同方向在您心目中是多少分？您现在的思考框架又是什么？"

CEO："可能是60分？不，可能是50分或者40分。我确实还没有思考好，所以我想让大家开一个业务闭关会讨论一下。他们之前对我提出的思路有不少反对声音，觉得我在瞎想。"

Michelle："您坚定自己的方向吗？您召开业务闭关会的目的是想让大家达成共识，还是期待听到更多的反馈或者其他思路？"

CEO："好问题。我对方向有80%的信心，我知道这是对的方向。但是我觉得大家之所以有反对的声音，肯定是有不理解的地方，也许他们觉得还有更容易落地的方向。我不知道怎么说服他们，业务问题复杂度高，每次统一大家的认知和理解都很难，但是再难也要推动，因为这是对的方向。”

类似上面这样的需求对话在 Michelle 和 CEO 之间又进行了几轮。随后，Michelle 又找了三名拟参会人员做了深度的会议需求沟通。通过不断向 CEO 和拟参会人员的提问，Michelle 挖掘出会议发起人的真实需求：企业业务的复杂度过高，参会人员对业务策略落地方案的讨论就成了能否让他们建立信心和达成共识的基础。

对新进入一个组织的 HRVP 来说，类似 Michelle 和 CEO 的管理者对话场景再寻常不过。对 CEO 来说，一个季度的业务闭关会也再寻常不过。企业每个季度、每个月甚至每周、每天都面临着变化，需要 CEO 快速找到目标、策略，并且落实为行动。传统企业常常通过召开战略实施研讨会或经营策略研讨会来拥抱变化；但对快速发展的企业而言，业务闭关会更为适合，因为业务闭关会是对企业战略级业务的解码。

业务闭关会具有以下五大特征。

特征一：会议目标难设置。企业管理者要明确会议目标，通过业务闭关会找到解决新的、复杂的、重大问题的策略和共识方向，使参会人员在思想层面达成共识，从而达到凝聚团队、提振士气的目的。

特征二：会议人群覆盖管理层级较多。业务闭关会的会议人群包括 CEO 及 CEO 下一到两层的核心管理者，包括解决问题的领域负责人。

特征三：会议时长较长。业务闭关会的会议时长从半天到两天不等。

特征四：会议地点要封闭。业务闭关会常见的会议地点是企业以外的地方，会议地点相对封闭，要切断通信联络，避免日常工作的打扰。

特征五：会议痛点比较多。业务闭关会有五大会议痛点：一是会议真正的目标和类型很难界定，参会人员分不清是战略澄清会、战略决策会还是战略宣传贯彻会；二是参会人员对会议议题讨论到什么程度没有概念，会议时长不可控，可能出现通宵达旦的情况；三是会议讨论气氛较活跃，但沉淀出的共识较少，决策的共识不清晰，甚至缺少行动计划；四是参会人员自说自话或不断跑题，总是有人发现新问题，却很少有人能解决问题；五是会议可能缺少合适的内部主持人或引导师，但是让外部的引导师主持似乎又是隔靴搔痒，而且还会增加会议成本。

4.3.2 召开业务闭关会的四大关键要点

知道了业务闭关会的内涵及五大特征后，管理者要如何召开一场高效能的业务闭关会呢？

会议组织者组织业务闭关会首先要解决的是会议发起人和参会人员对会议目标的明确共识，但这并非易事，因为在真实场景中，会议目标有时候甚至在开会的过程中才逐步明确。所谓“解决问题，必须抓住主要矛盾”，会议组织者要想召开一场高效能的业务闭关会，就要抓住以下四大关键要点：

1. 目标澄清

会议组织者召开高效能业务闭关会的第一个关键要点是目标澄清。如何在业务闭关会中做好目标澄清？会议组织者可以遵循以下四个步骤：

第一步：明确会议的侧重点。会议的侧重包括三种：有结论促认同、半结论促清晰、无结论真共创。特别需要注意的是，对于无结论真共创的会议，会议组织者和会议发起人一定要确认开会的必要性。侧重于无结论真共创的会议，如果会议组织者对会议流程设计得不好，会让团队成员丧失信心。因此，业务闭关会需由头脑清晰的业务带头人发起。

第二步：了解参会人员的预期目标。会议组织者要尽可能细致地了解参会人员对要解决问题的认知状态和预期目标。比如，前面的案例中，Michelle 对 CEO 的深度访谈能够促进 CEO 重新澄清目标。

第三步：用简单易懂的话描述会议目标。会议组织者可以用“小白式”的局外人语言描述关于会议目标的相关问题，包括：这场会议到底要解决什么问题？目前的结论是什么？针对要解决的问题目前有几种思路？参会人员各自有哪些疑问点希望在这场会议得到解决？参会人员对这些问题的答案准确度打多少分？参会人员觉得谁对这些问题最有话语权？这个人对这些问题的答案可能是什么？

第四步：检验参会人员与会议目标的匹配度。会议组织者应把会议目标和参会人员关联起来进行对比检验。比如，哪些人必须参与这场会议？如果针对某个具体问题，参会人员人数限制在 5 名以内，会议组织者觉得应该是谁？为什么？

2. 质量提升

会议组织者召开高效能业务闭关会的第二个关键要点是质量提升。要提升业务闭关会的质量，会议组织者可以从以下三个方面着手：

第一，提前准备，促进思考。为了在业务闭关会中促进参会人员的思考，并且使大家的思考在同一频道上，会议组织者在会前需要做充分的书面准备，并向参会人员分享准备材料。这样做的目的是使参会人员在分析问题时可以站在同一高度。如果时间来得及，会议组织者甚至可以组织部分参会人员提前对一些关键问题进行讨论，形成共识。

第二，目标一致，明确方向。在业务闭关会启动初期，会议组织者要使参会人员对会议上应思考和讨论的问题达成一致，目的是使参会人员对业务闭关会的目标达成一致，明确会议方向。

第三，设计多种讨论形式，避免本位主义。会议组织者在业务闭关会的召开过程中，要增加促进参会人员思考和讨论的环节。会议组织者要组织参会人员对关键问题进行反复讨论，使参会人员将更多的时间放在初步讨论、深入讨论、辩论式讨论、结论讨论四个环节中。为了避免会议中出现本位主义现象，会议组织者可以让参会人员戴不同的角色帽子进行换位思考与讨论。

3. 结论排序

会议组织者召开高效能业务闭关会的第三个关键要点是结论排序。如何在业务闭关会中做好结论排序？会议组织者可以遵循以下两个步骤：

第一步：总结结论并排序。会议组织者要及时总结会议中每个讨论环节的结论并形成记录结果，定时对核心结论进行排序筛选，明确哪些是共识的绝对结论（结论是不可更改的）和相对结论（可能随着更加深入的讨论或会议结束后的工作更改结论）。

第二步：讨论行动计划。业务闭关会往往伴随着行动计划的制订。会议组织者要对行动计划进行分类，区分哪些是短期行动计划、哪些是中长期行动计划、哪些是马上要执行的行动计划，参会人员要对行动计划再一次进行高质量的思考和讨论。

4. 锻炼团队

会议组织者召开高效能业务闭关会的第四个关键要点是锻炼团队。要使业务闭关会起到锻炼团队的作用，会议组织者可以从以下两个方面入手：

第一，营造坦诚直接的会议氛围。人们在深度思考和讨论的状态下，很难注意自己的表情、语言等附属系统的表现。所以，越是需要高质量讨论的会议，会议组织者越要营造坦诚直接的会议氛围，选择能够让每名参会人员表达真实想法的会议场域，摒弃过于刻意设计的讨论过程和模板化的表达方式。

第二，设计饭局或轻松的团队建设活动。在召开业务闭关会的过程中，会议组织者可以设计一些饭局或轻松的团队建设活动，这些活动不仅可以促进参会人员互相了解，而且是确保参会人员高质量思考的“发酵剂”。参会人员在饭桌上的沟通能唤醒彼此对业务内容的再度思考，这一过程犹如发面，面团揉好之后要静止发酵一段时间才能膨胀起来。因此，茶余饭后的沟通对业务闭关会的价值不可小觑。

4.3.3　业务闭关会的三大环节设计

当我们知道了业务闭关会的内涵和特征，以及召开业务闭关会的四大关键要点后，让我们把时间的镜头拉回到前面的案例中，来看看案例中的 Michelle 是如何设计企业的这场闭关会的。

会议组织者 Michelle 经过会前的调研和准备工作，明确了业务闭关会的两大会议目的：一是对企业新业务的策略和方案进行讨论，并将讨论的重点放在论证该方案的落地可行性上，对讨论结果达成共识；二是建立参会人员对企业新业务策略的信心，以便后续有效推动新业务策略落地。

为了达成业务闭关会的两大目的，Michelle 在会议程序上设计了以下三个环节：

环节一：把“要我开好”变成“我要开好”。

会议组织者要拿出 10% 的时间投入到会议目标和议题的讨论中，把“要我开好”变成“我要开好”。Michelle 作为业务闭会关的会议组织者兼主持人，在会前要求所有参会人员思考和准备同一个问题：“如果我是 CEO，我要如何准备和制定企业新业务的策略？”业务闭关会开始后的第一个小时，参会人员的讨论议题是：共同定义这场业务闭关会所需要讨论的最重要的问题，并制定日程安排和优先级。

Michelle 把业务闭关会的会议程序设计交给了全体参会人员，这样做的会议程序设计是用确定性的做法来应对潜在的不确定性，把业务会议还给业务管理者本人，让这场会议变成他们自己的会议。

环节二：会议引导讨论，建立参会人员信心。

会议组织者在业务闭关会中，要着重关注参会人员信心最不足的地方，通过有效的会议引导讨论设计，建立参会人员信心。在业务闭关会议中，Michelle 请参会人员在规定的时间内讨论出企业新业务策略的可行性，为此，她引导大家讨论四个具体议题：企业新业务的执行方案哪里可执行？企业新业务的执行方案易执行部分该如何进一步加强？企业新业务的执行方案不易执行部分有哪些挑战？企业新业务的执行方案不易执行部分应如何应对与改进？

Michelle 通过会议引导讨论，使参会人员沉浸在解决企业新业务策略的状态中，激发了参会人员对企业新业务策略的深度思考，提高了参会人员对企业新业务策略的信心。

环节三：把主持人角色定位为目标引导者和团队教练者。

作为业务闭关会的主持人，Michelle 将自己在业务闭关会中的角色定位为目标引导和团队教练。首先，在会议过程中，Michelle 要作为一面镜子，不断观察参会人员的讨论情况，并把观察到的情况反馈给参会人员，让参会人员自己判断会议讨论方向是否偏离会议目的，或者 Michelle 直接指出哪些问题还没有被参会人员讨论。

其次，Michelle 以“业务小白”的身份向所有参会的业务管理者请教，并通过“业务管理者能否给‘业务小白’讲明白企业新业务策略”为衡量标准之一来判断业务闭关会的质量。

Michelle 通过以上这些做法，使参会人员感受到业务闭关会的会议目标与标准更加清晰，并促进了参会人员以一致解决问题的心态去发现问题、研讨问题。作为新任 HRVP，Michelle 也借此机会很好地了解了 Y 企业的业务，可谓一举三得。

如今，市面上有很多关于战略解码会如何设计的方法。结构化的会议设计和引导技术的确对战略解码会的高质量召开有一定帮助，但往往也会限制参会人员对问题进行深度思考。我认为，一场真正高效能的战略解码会，最重要的是会议组织者要营造出轻松、充满信任的会议氛围，使业务管理者在会议中驰骋在思考的战场上。会议组织者应该把如何在实际讨论中驾驭战略解码会的走向，更多地还给驰骋在思考战场的业务管理者本人。会议组织者在战略解码会前、会中的准备工作，以及各类问题清单，是召开高效能战略解码会的方法和工具，目的是更好地激发参会人员对问题进行深度思考。会议组织者千万不能本末倒置，将战略解码会的流程与引导视为战略思考的灵丹妙药。

4.4 战略通晒会，通晒信心促共行

大型企业通常每年有两个半年大会，是企业中非常重要的沟通会。半年大会的重要性体现在以下五个方面：

- 参会人员为企业职位层级或岗位重要性排在前5%的中高层管理者。
- 会议的时长一般为期1~2天，时间成本可观。
- 会议议题涉及企业重大战略目标、发展方向和年度策略。
- 企业“一把手”需要充分准备会议讲话。
- 会议结束后，各部门需要对会议成果做二次宣传贯彻。

企业的半年大会通常被称为年度或半年度企业级战略通晒会。战略通晒会在一些企业也被视为全体干部半年或全年的工作总结与展望大会，起到总结过去、展望未来的作用。部分企业以沟通报告会的形式召开战略通晒会，

也有部分企业会精心设计战略通晒会流程，使其成为上下同欲、树立信心、凝聚士气的一个重要场域。接下来，我们以一个案例来分享企业如何开一场高效能的战略通晒会。

2020 年春节后，某大型科技集团的组织部负责人 Matt 接到了一年一度企业级战略通晒会的组织任务。集团总裁在春节前向 Matt 提出对这场战略通晒会的期望："这场战略通晒会要设计得与以往不一样。我希望是真的'通晒'，大家可以看到其他部门的规划。企业大了，业务多了，可能不是所有的业务、部门负责人都有机会上台讲解，但我还是希望听到不一样的声音。我们将企业最有使命感的一群人集合在一起，要能在共同思考和批评中提出建设性意见，同时也让大家多一些亲密感。另外，我还希望战略通晒会是一场学习和成长的会议，大家可以互相学习。不过，战略通晒会时间不短，怎样才能让参会人员持续专注，可能也是个挑战。"

通过总裁对战略通晒会的期望，我们可以看出，他对企业这场战略通晒会充满期待。企业里的会议组织者往往会遇到这样的困境：企业"一把手"想要的太多，想输出的也不少，会议组织者如果顺着企业"一把手"的思路去思考如何落地这些需求，那么大概率只能完成任务的 60%。企业"一把手"想用战略通晒会来统一思想，结果常常是各种思想遍地开花。面对企业"一把手"如此全面的要求，会议组织者需要回归本源——在会议的目标中思考如何组织战略通晒会。

会议组织者 Matt 和集团总裁围绕战略通晒会要"传递怎样的信号"来定义会议目标。对此，他们展开了如下对话：

Matt："您在战略通晒会中最想实现的三个目标是什么？开完战略通晒会，您希望向大家传递哪些具体的信号或要点？您希望开完会大家是一种什么状态？"

集团总裁："我在战略通晒会中最想实现的三个目标：第一，大家真的听懂了企业的方向与目标，并且能够产生共鸣。第二，我希望所有参会人员走出会场时，可以对企业及接下来的工作更加有信心。有信心表现在认同方向、知晓策略、对同事更有信心，感觉彼此更加信任。第三，我希望会议结束后，大家的能量值是向上的，从会议中得到赋能且有所成长。"

听得懂、有共鸣的战略方向、有信心有策略的实干团队、有成长有能量的过程。"听懂、共鸣、信心、成长、能量"这些词不断在 Matt 脑海中回响。目标清晰明了之后，Matt 列出了 200 人参加的战略通晒会需要解决的四大痛点。

- **痛点一：会议语言不统一。**如果企业的战略方向要 200 人听得懂，那么就需要统一的语言、简单且高频重复的关键词。这意味着会议组织者要对会议的模板和关键词进行统一，并选择一些方法。比如，在会议中引入打分机制，不断吸引参会人员的注意力。
- **痛点二：参会人员需求不明确。**会议组织者如果要让参会人员对企业方向产生共鸣，需要把参会人员当作用户。无论是会前、会中还是会后，会议组织者都需要深度挖掘参会人员的需求。比如，在会议中引入调研与互动环节。
- **痛点三：会议互动不充分。**会议组织者如果要让参会人员有信心，除了会议的战略内容本身要过硬，会议过程中还要让参会人员能够得到更深入的答疑解惑，并且触发参会人员情绪与理性思考的碰撞。比如，在会议中使用视频、音频等工具以及问答互动等机制。

- **痛点四：参会人员对彼此的信任度不高。**如果要增强参会人员的信赖度和成长感，会议组织者需要在会议的某个阶段创造良好的共创讨论环境。比如，参会人员彼此间进行较为深度的对话。

为了更好地筹备战略通晒会，会议组织者可以使用战略通晒会关键策划清单这一工具，见表 4-3。

表 4-3　战略通晒会关键策划清单

提升战略内容传递的准确性，树立信心
会议组织者可以明确战略通晒会的关键词并制作主题海报，在会场内通过各种视觉效果强化关键词
会议组织者可以制定简单统一的战略房子图框架模型并规定和控制演讲时间。每名参会人员通晒演讲结束时，给出最多三个要点总结
会议组织者可以引入通晒评分机制，为通晒演讲者现场发言的清晰度、共鸣度等打分，并实施红绿牌现场举牌机制，强化沟通效果的监督和检验
会议组织者可以制作两段打动人心的视频，分别在讲过去的开场和讲未来的结尾时播放
加强参会人员之间的深度交流，建立共鸣
会议组织者除了在会前调研参会人员关心的问题，会中还需适时调研互动，及时将参会人员关心的问题和整体的信心指数等方面数据化地呈现出来
会议组织者可以设置十大问题回复环节，选取真正难以回答的好问题，让企业“一把手”坦诚地沟通，避免避重就轻，以此加强参会人员的信心
通晒会尾声，会议组织者可以请管理者以员工视角思考和讨论员工最关心的问题，并传递给员工本场会议的要点
会议组织者可以将所有事业部或部门的战略规划打印并张贴在会场中，以此强化视觉效果，并让参会人员在休息时学习和交流
会议组织者可以在会议中设置 20~30 分钟的茶歇时间，延长参会人员在战略规划展示区的停留时间，同时设置留言板区域，激发参会人员更多的交流

基于企业的痛点，再结合战略通晒会关键策划清单，Matt 针对这场战略通晒会做出了有针对性的关键策划清单并付诸实施，最后取得了良好的效果。

因为不同企业的战略通晒会的具体目标不同，所以会议组织者可以在会议的程序、场域设计上有不同的选择。纵观我们所了解的企业，战略通晒会往往是锦上添花的会议。企业开战略通晒会的前提是战略内容本身足够有说服力，而会议是扩大影响力工具。对于成功的高效能战略通晒会，“晒信心、促共行”始终是最重要的主线目标。因此，会议组织者在策划与组织战略通晒会时需要紧紧围绕“晒信心、促共行”这个目标展开。

4.5 民主生活会，打造卓越团队领导力

企业中有一类会议以真诚为核心，以消除信息不对称为出发点，以赋予参会人员力量为前提。参会人员在会议中共识共创、开放坦诚、高效沟通，是一种能达成共识和趋向共识的团队深度交流形式，阿里巴巴将这类会议称为裸心会。裸心会也被称为民主生活会，是企业进行团队建设、团队成员进行批评与自我批评的一类会议。民主生活会的目标往往是管理者帮助团队成员打开心扉“向内看”，相互反馈，共同找到团队自身的问题和行动方案。

接下来，我们以一个案例来分享企业如何开一场高效能的民主生活会。

4.5.1 企业开好民主生活会的三个前提

J 企业为初创企业，有一段时间，企业的高层管理者团队内部出现了不和谐的声音。对此，J 企业的 CEO 与首席人力资源官（Chief Human

Resource Officer，简称 CHO）Grace 展开了讨论。

CEO：“Grace，我最近比较苦恼，我发现下属对我好像有意见。”

Grace：“说说看，你观察到了什么？”

CEO：“我说不清楚，下属分别来找我吐槽，张三说李四的问题，李四说王五的问题。按照‘一切问题都是管理者的问题’的说法，我作为他们的上级，是不是说明我有问题？”CEO 说话的时候带着一丝丝怀疑和不得不接受现状的无奈。

Grace：“或许我们开场民主生活会能听到一些真实声音。”

CEO：“我的确有这个想法，不过我对开民主生活会没有把握。我怕达不到预期的效果，我怕大家不说真话，还怕……”

这位 CEO 的担心不无道理，因为企业召开民主生活会一般会遇到以下四个挑战：

- **挑战一：民主生活会开成了聚餐会。**民主生活会变成了参会人员在一起吃饭、喝酒、聊天，成为休闲、娱乐、团建的代名词。
- **挑战二：民主生活会开成了总结会。**民主生活会成为参会人员做工作总结的会议，参会人员永远在讨论工作的问题，而不关心人的问题，要么比功劳、比苦劳，要么进行业务经验总结分享。
- **挑战三：民主生活会开成了漫谈会。**虽然参会人员讲了真话，氛围也不错，但会议时间往往难以控制，缺乏节奏感，大家讲的真话不痛不痒，开完会疲惫不堪。参会人员对开一场漫谈会而占用了工作时间充满焦虑。

- **挑战四：民主生活会开成了批斗会。**参会人员在民主生活会上不讲自己的问题，只讲他人的问题。参会人员这样的态度不仅解决不了实际问题，还把问题公开化，损害了团队关系，使民主生活会变成了批斗会。

那么，J 企业的 CEO 和 Grace 将如何设计一场高效能的民主生活会呢？让我们回归会议目标和会议发起人本身，把握开好民主生活会的三个前提。

前提一：会议发起人应拥有内观心态

J 企业的 CEO 发起民主生活会的直接目标是：希望真实地倾听下属认为目前团队所存在的问题，从而和团队成员一起客观地分析、挖掘问题产生的根本原因。除此之外，民主生活会还有另外两个过程目标：一是管理者通过创造开放、坦诚、互信的团队氛围来建立可以长期信任的文化环境；二是让管理者相互“照镜子”，培养团队“向内看”的自我进化、互助成长的文化。

对企业而言，塑造文化要从“一把手”开始。因此，民主生活会要求会议发起人以身作则“向内看”。CEO 需要内观自己的目标，真实倾听参会人员的反馈。Grace 和 CEO 就上面的会议目标进行了深度交流。值得注意的是，召开民主生活会之前，会议主持人要帮助会议发起人做好充分的心理准备，使其调整好内观心态并明确会议的目标，这是十分重要的环节。

前提二：会议主持人应保持中立而又可信赖的角色定位

明确目标后，Grace 自荐成为民主生活会的主持人，因为 Grace 的职位相对中立，并且她本人具备较好的引导技巧，这对于第一次召开民主生活会的团队很重要。当然，在团队成员真正体验过民主生活会并熟练掌握民主生活会的流程，同时建立了良好的反馈和“向内看”的文化后，会议组织者可以选择团队中的任何人成为会议的主持人。当团队走上正轨之后，让每一名成员都有机会成为民主生活会的主持人，使其积极主动地维护团队氛围。这样做能对团队文化起到正循环的作用，因为这将加深团队成员间的信任。

前提三：会议组织者应提升参会人员的安全感

在开始进行第一次民主生活会之前，会议组织者需要与每一名参会人员进行单独交流，让他们讲出期待与顾虑，确保他们在会议中拥有安全感。会议主持人及每一名参会人员都应当尽可能地预判民主生活会上大家可能会讨论到的关键痛点和提出的反馈方向。会议组织者在组织并召开第一次民主生活会时应当尽量减少带给团队的未知伤害和风险，因为在管理者团队建立初期，管理者之间的关系通常是脆弱且需要呵护的。

为了提升民主生活会参会人员的安全感，会议组织者可以在会前与参会人员进行交流。会前交流问题清单见表 4-4。

表 4-4　民主生活会会前交流问题清单

序号	问题清单内容
1	你如何定位民主生活会的目标？
2	除了会议发起人制定的会议目标，作为团队成员，你对会议目标有什么期待？
3	你对民主生活会可能输出的观点好奇吗？你好奇的观点是什么？
4	你有想在民主生活会上表达但又担心伤害到别人的观点吗？如果有，是什么观点？
5	你最不能接受的是什么样的反馈？你是否愿意突破自己？你要突破自己，需要克服什么难点？
6	你特别不想在民主生活会上看到的行为或听到的言论是什么？
7	为了使民主生活会能够顺利进行，你能发挥什么积极作用？
8	关于民主生活会，你喜欢什么样的会议形式和会议环境？

Grace 按照上述清单与参会人员交流后，有了一些新的发现。她针对团队内部出现的不和谐声音，总结出四个方面的原因：一是一些管理者觉得 CEO 的沟通方式不当，导致团队成员间信息不对称，从而引发了一些内部矛盾；二是部分管理者之间的亲密度和信任度较低；三是针对民主生活会，管理者们的态度迥异，个别管理者虽然不拒绝参加民主生活会，但对民主生活会的效果较为悲观，觉得要改变他人很难，改变自己也很难；四是个别管理者反对“形式化”的民主生活会，担心交流不够深入，希望民主生活会能少一些套路、多一些真诚。

基于上述发现，Grace 对民主生活会的会议程序和会议场域进行了设计。她选择在一个安静、优雅的餐厅包间来召开民主生活会。Grace 在餐厅包间中划分了明确的聚餐区和会谈区，这样的分区设计既可以使参会人员在聚餐区完成民主生活会的暖场环节，又可以在独立的会谈区使参会人员直接进入到正式的交流对话中，这样的会议场域使民主生活会的氛围在真诚严肃和愉快亲密之间得到了平衡。

4.5.2 民主生活会的会议流程

民主生活会的会议流程多种多样，企业可以根据不同的主题进行设计。部分大型企业有标准的民主生活会会议流程。比如，阿里巴巴的裸心会会议流程主要有三种思路：从彼此的能力模型评定中回应对方、从独特的经历和回忆中找到力量、从未来规划构建中寻找共性。这三种会议流程思路代表着三大灵魂问题：你是谁、你从哪里来、你要到哪里去。阿里巴巴针对每一种思路制定了一些标准化的工具来指导裸心会的开展。

J 企业召开民主生活会根据“从彼此的能力模型评定中回应对方”这一思路制定了民主生活会的会议流程，包括以下八个环节：

环节一：聚餐破冰。这一环节不是民主生活会的必要环节。不过，因为 J 企业管理者团队中大部分人喜欢研究美食，所以 Grace 借助团队成员的这一共同爱好来进行破冰。虽然她准备了有关美食的各种备用话题，但这一环节还是以促进团队成员的自然互动为主。

环节二：明确目标。CEO 作为会议发起人亲自陈述民主生活会的目标，真诚地表达会议目的。另外，CEO 也提出了民主生活会的四项会议准则，并与团队成员进行了说明：一是民主、开放，不辩解对错；二是“向内看”，多进行自我批评；三是更关注人而不是事；四是倾听他人的反馈并感恩反馈。

环节三：暖场入会。Grace 邀请每名参会人员分享自己最近的情绪状态、工作状态分值（10 分为满分），其他参会人员要给予发言者 1~2 个反馈。暖场入会环节的目的是使参会人员进入倾听的氛围，并尝试体验反馈的力量。

环节四：“用脑子”。“用脑子”环节指的是民主生活要对每名参会人员开展一轮集体反馈。在反馈中，每名参会人员都要遵循反馈的基本原则，认真思考、准确表达，即“用脑子”。被反馈者在过程中要先倾听、不辩解，完全接受反馈者的反馈后，可以进行自我表达。反馈者要遵守两条基本原则：一是既要有正向反馈，也要有负向反馈；二是要讲事实、讲行为、讲自己的感受，避免主观评价。

环节五：“用胆量”。“用胆量”是让参会人员在“用脑子”的基础上主动说出那些可能会让别人不舒服的话，也鼓励参会人员彼此更加直接、坦诚地沟通。Grace 针对第一轮的反馈结果，由全体参会人员自由讨论：有哪些重要发现？什么是相同的？什么是不同的？ Grace 在“用胆量”环节的主要工作是帮助参会人员一起提炼、总结并记录最尖锐的核心发现。比如，Grace 在会议中说：“参会人员对团队创业使命的投入度存在较大差异，每个人在团队使命与个人意义之间的连接感差异较大。”

环节六：“用真心”。Grace 针对第二轮的核心发现，请参会人员“用真心”共同挖掘根本原因。比如，针对上一轮的关键发现，参会人员围绕“每名参会人员个人的人生意义是什么？创业对自己意味着什么？”展开分享，这是触及灵魂深处的走心话题，Grace 在这一环节为讨论预留了较长时间，使每一名参会人员都可以尽情表达。

环节七：“促行动”。参会人员结合“用脑子”“用胆量”和“用真心”的讨论成果，商议集体的行动计划。在“促行动”这个环节中，Grace 让参会人员尝试找到 1~2 点比较重要的共同承诺（比如，团队的工作准则、立刻建立的工作机制等），以便更好地帮助团队建立相互反馈的机制和开放包容的氛围。“促行动”环节强调的是行动的精准和共同的承诺。民主生活会结束后，每名参会人员需要再次独立进行自我反思和制订个人行动计划，如果时间允许，参会人员也可以在民主生活会现场进行个人行动计划的制订和分享。

环节八：会议收尾。会议结束前，Grace 提议参会人员通过一个小仪式来纪念团队第一次民主生活会成功召开。仪式最好是自然生发的，但会议主持人可以提前做好备份选择，比如一张有趣的团队合影、给会议最佳发言者一个小惊喜、选出全场金句命名会议等。

在生长型组织，AGE 元技能也可以作为民主生活会的一个引导工具。比如，会议组织者可以请参会人员基于 AGE 元技能的三大维度、九大技能来选取反馈的角度，根据九大技能给自己和他人进行打分和反馈。民主生活会使用 AGE 元技能的好处是可以使参会人员有更一致的语言和标准，也在无形中建立了团队共同的文化理念。

4.5.3　民主生活会要避开的两个大坑

会议组织者在召开民主生活会时要避开两个大坑。

第一个坑："套路"。高效能的民主生活会虽然要有引导的流程，但是会议组织者不能拘泥于引导的套路。万变不离其宗，会议组织者要从"建立管理者团队良好的互动模式、制定透明的反馈机制和培养自我进化的能力"这一最根本的成长目标出发，围绕对人、对团队的洞察与反馈随机应变。

第二个坑："意外"。在民主生活会中，会议组织者不要让被反馈者收到的批评全都在他的意料之外。从人性角度上看，被反馈者需要一定时间消化并接受有限的负面反馈，并将其转化为积极的正面力量。被反馈者如果得到的是全盘否定、收到的全是"意外"，很可能会产生抵触情绪，不仅不能加速自身的积极改变，也不利于促进团队自我进化的正向循环。会议组织者为了避免"意外"出现，应提前做好调研或在会前通过一对一沟通等形式化解一部分"意外"，管理好参会人员的预期。当然，参会人员也需要逐步建立内观自省、感恩反馈的文化，对"意外"的反馈拥有更强的接纳力和进化力。

企业开好民主生活会，不仅可以帮助管理者夯实思想基础、互相促进、共同提升，还可以将民主生活会的成效转化为管理者提升团队领导力的实效，这对企业加强和改进组织建设有着深远的影响。

4.6 架构变革会，提升组织变革沟通力

在快速发展的企业中，拥抱变化意味着什么？人力资源（Human Resources，简称 HR）负责人大概率会说：“与组织架构调整有关的工作又要开始了。”我曾经遇到过一名管理者这样评价拥抱变化：“拥抱变化常常被作为企业对组织决策不负责任的借口，拥抱变化的永远是员工，拥抱变化等于组织架构调整。”

的确，如果企业在进行组织架构调整的过程中，没有事先做好充分的计划、准备和相应的沟通实施工作，那么组织架构调整的效果往往会大打折扣。管理者是否能够设计和实施好组织架构变革中的关键会议，是组织变革沟通力好坏的具体体现。

4.6.1 高阶组织架构调整的工作流程

在分享架构变革会的会议设计与实施的相关内容之前，我们先快速了解一下典型的高阶组织架构调整的工作流程及其会议沟通工作的主要内容。高阶组织架构调整的工作流程如图 4-2 所示。

从图 4-2 我们可以看出，高阶组织架构调整的工作流程分为八个步骤。

第一步：制订整体组织架构调整方案。企业要明确组织架构调整的具体背景与目标、组织架构调整的岗位设计及对应的人选调整。

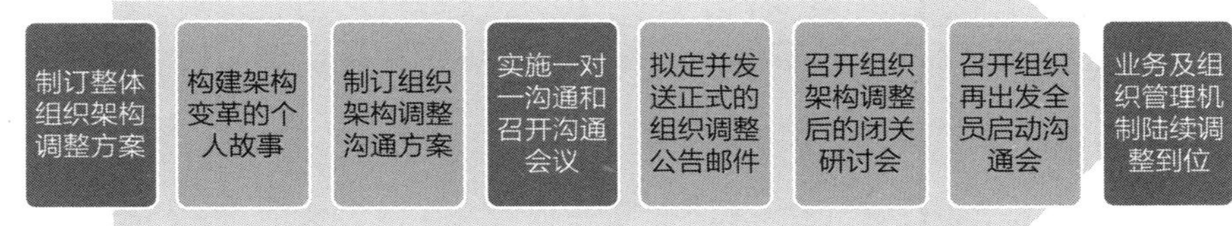

图 4-2　高阶组织架构调整的工作流程

第二步：构建架构变革的个人故事。基于整体架构调整方案，管理者和HR 负责人需为每一名有关任职者拟定好个人故事，包括对任职者能力及个人发展诉求的理解，以及个人发展与组织发展的关系、未来规划等。同时，管理者还需要思考新的变化可能给组织、个人带来的不确定性。简而言之，拟定个人故事考察了组织工作者的人际同理心和组织洞察力。

第三步：制订组织架构调整沟通方案。通常情况下，企业在制订沟通方案时会遵循“先个体后集体、先单侧后双侧、先见面后书面、先正式后临时”的四项基本原则，然后再根据原则召开沟通会议。

- **先个体后集体。**管理者首先和当事人进行一对一沟通，其次与当事人所在团队进行集体沟通。这既表示管理者对当事人的尊重，也有助于后续沟通的落实。
- **先单侧后双侧。**若组织架构调整后涉及两个或两个以上部门合并或职能重新划分，管理者应先分别进行单一的部门集体沟通，再集合两个部门或两个以上部门一起进行沟通，确保信息传递对称，避免不必要的猜测。

- **先见面后书面。**管理者需要与被调整的主要部门成员进行面对面沟通，确保当事团队对调整有所了解后，再发正式的组织调整全员邮件。这既表示管理者对当事团队的尊重，也可弥补口头沟通可能带来的信息误差。

- **先正式后临时。**管理者依据沟通计划进行正式的官方沟通，后续视情况进行临时的一对一补充沟通。管理者这样做的目的是缓解变革给当事人可能带来的抵触情绪，在当事人情绪相对平复后，进一步帮助其真正理解和接纳变革的意义。

第四步：实施一对一沟通和召开沟通会议。基于企业制订好的架构调整沟通方案，管理者和 HR 负责人要根据以上四项基本原则进行沟通。

第五步：拟定并发送正式的组织调整公告邮件。一般情况下，高阶组织调整的公告邮件包括给企业全员的信和调整部门全员的信。员工需要通过公告邮件了解变革背后的动因和即将带给自己的影响。组织调整公告邮件的措辞需要重视员工的感受，提升员工的安全感、信任感。

第六步：召开组织架构调整后的闭关研讨会。组织调整后，管理者的首要任务是关注新组织的目标调整和团队融合问题。一般情况下，管理者需要策划由核心人员与业务人员参加的组织架构调整后的闭关研讨会，用来明确新团队的目标、策略、分工、团队准则和团队建设等事项。

第七步：召开组织再出发全员启动沟通会。形成业务和组织的新目标后，组织调整沟通工作的最后一步是全员启动沟通会。与企业战略目标、方向有重要关系的重大组织调整，将有助于组织内部上下同欲，也为新上任的管理者落地后续变革做了铺垫。

第八步：业务及组织管理机制陆续调整到位。管理者需优化与调整业务和组织机制，这将成为组织架构调整后短期内的工作重点。

高阶组织架构调整是组织变革的过程，而企业的合并重组又是架构调整中最复杂的类型，因为企业的合并重组不仅是组织架构上的重组，还涉及业务、技术、文化、人才等多方面的重组与融合。

ORSC 中的变革理论认为成功的企业变革土壤有四个必要条件：一是企业要有新信息传达给团队或组织（信息要包括何人、何事、何地、何时四个关键要素）；二是团队成员对企业变革有共同的目的；三是每个人的意见都有机会参与到企业变革中；四是每个人都了解自己的意见将如何被采纳到最终的决定中。

以上四个必要条件告诉我们，管理者为了提升合并重组中架构变革会议的效能，需要更加关注团队成员对企业变革目的是否一致，以及团队成员在会议中的参与度。另外，管理者在架构变革会中要适当引入一些变革催化后的新洞察、新视角或新技能。

我曾经有幸助力几家知名互联网科技企业进行并购重组，并作为组织变革负责人深度操盘了企业内并购重组的完整过程，这为我研究并购重组领域里的高效能会议提供了丰富的实践素材。接下来，我以两个案例来分享企业合并重组过程中架构变革会的策划与实施。

4.6.2 第三方机构设计并引导闭关会，合并后新团队实现深度融合

MG 咨询企业作为第三方专业机构受邀为某视频 H 集团提供管理者团队的领导力提升服务。在开发领导力模型的过程中，H 集团管理者和 MG 咨询企业的顾问团队共同经历了企业合并重组的变革。市场份额第一的 H 集团宣布合并市场份额第二的 T 企业，合并后成为新的 H 集团（以下简称 NH 集团）。H 集团的 CEO、创始人 Patrick 继续担任 NH 集团的 CEO，他希望 MG 咨询企业的顾问团队能够在企业变革过程中帮助他及管理者团队组织召开好架构变革会，并针对原来两家企业部门总监以上的管理者做好充分融合。

H 集团和 T 企业曾经汇聚了这个行业中几乎最优秀的核心人才群体，而在这个行业里除了资本、资源本身的竞争力，对内容平台影响最大的就是核心人才。两家企业合并后，新企业对关键人才的保留和激励是至关重要的。尽管两家企业合并是在极其保密的环境下进行的，但在宣布两家企业合并的当天，中层管理者和员工都没有感到意外，只是觉得变革来得比较突然。

NH 集团的 CEO 对企业合并后管理者的思想情况了解有限，特别是对 T 企业的管理者。因此，经与 MG 咨询企业的顾问团队商议，NH 集团决定在第一时间召开管理者团队的架构变革会。MG 咨询企业的顾问与 NH 集团的 CEO 讨论后，明确了架构变革会需要实现以下四大关键会议目标：

- **会议目标一：摸底。**架构变革会要对双方管理者的思想状态、能力情况做一次摸底盘点。

- **会议目标二：共识。**架构变革会要向管理者传递企业合并整合后对策略的初步思考，希望通过会议的形式进行“软着陆”，并借此机会让大家能够群策群力、共识未来、实施挑战和明确应对方向。
- **会议目标三：融合。**架构变革会要使双方管理者能够充分融合。虽然双方管理者已经进行了一场有趣的团建活动，但是 NH 集团的 CEO 认为团建的融合是表面的，只有管理者在一起共事时才能真正体现出融合的程度。
- **会议目标四：定位。**架构变革会被定位为给管理者的思想“松松土，浇浇水”，即让管理者可以学习有关变革管理的新理念、新技能，为后续的深度整合及向下沟通做好铺垫。

1. 高效能架构变革会的四大环节

基于以上四大关键会议目标，MG 咨询企业的顾问团队设计了企业召开高效能架构变革会的四大环节。

环节一：线上调研。MG 咨询企业的顾问团队在 NH 集团引入“并购整合组织诊断”会前线上调研机制，充分利用调研结果的呈现与讨论，促成团队共识。该调研机制融合了组织健康度、文化类型和员工敬业度三个维度，从业务、组织、文化多角度第一时间洞察企业合并整合后的组织状态。

环节二：赢模式。MG 咨询企业的顾问团队在 NH 集团引入“赢”模型作为管理者讨论的主线模型。H 集团和 T 企业在过去两年里曾是竞争对手，赢得对手、赢得用户、赢得市场是两家企业过去的共同目标，而合并后的 NH 集团需要赢得自己、赢得未来。NH 集团建立从客户导向、到产品创新、再到运营制胜三个维度上的赢模型，有助于引导管理者关注共同利益，共同塑造 NH 集团未来赢的模式。

环节三：共学共经历。MG 咨询企业的顾问团队在 NH 集团引入“共学共经历”的活动达成团队融合目的。架构变革会的要求为各种议题讨论设置更为充分的自由发言时间，让参会人员的情绪与思想在讨论过程中能够充分抒发、被听到、被理解，从而达到改善变革“土壤”的目的。

环节四：CEO 及时答。MG 咨询企业的顾问团队根据会议的议题安排，不定时地穿插“CEO 及时答”环节，让 CEO 有机会表达，但又不会过分干预团队的讨论。“CEO 及时答”环节确保了架构变革会在关键议题上能够“软着陆”，并释放了部分确定性的业务或组织调整信息，对于不确定的内容以讨论的方式请参会人员深度参与到变革中。

NH 集团的架构变革会持续了两天时间，这种长时间的深度讨论加速了原有不同组织文化下管理者在思想上、行动上的深度碰撞与发酵，对变革的成功产生了积极影响。下面，我分享三个对企业变革成功具有借鉴意义的架构变革会场景。

2. 高效能架构变革会的三大场景

除了以上四大环节，MG 咨询企业的顾问团队还设置了三大场景。

场景一：文化调研。MG 咨询企业的顾问团队文化调研的结果，使双方团队意识到同为视频行业领先的企业，在组织文化上有诸多共同之处，但有一点存在显著差异，即 T 企业更加开放自由，而 H 集团更加追求速度与效率。管理者对于未来如何保留并放大文化优势展开了激烈的讨论，大家在更为底层的文化基因上找到了共同点，即创新和不断追求卓越。文化的基因促进了管理者成员彼此间的认同感，同时也促进了他们对差异之处的欣赏和接纳。

场景二：围绕赢模式进行讨论。NH 集团围绕赢模式的讨论框架的第一个议题是“我们的用户是谁”。关于“我们的用户是谁”的讨论引发了管理者对于互联网媒体行业商业模式的深度思考，激发了他们对原有的 H 集团和 T 企业两个内容平台品牌定位差异的好奇心和想深度探索的决心。会议讨论从未来的用户群体画像出发，进一步引发了管理者对两个独立品牌存在的价值、时间和意义的讨论，也为业务后续的深度整合带来了新的思考。

场景三：围绕企业未来变革进行讨论。在架构变革会的第二天，团队进入到了变革沟通的深水区。一名 T 企业的产品总监在现场直言不讳地表达了自己对未来的担心，包括管理风格的差异和人员能力的差异，对自己在未来变革中的胜任力不够自信等。“CEO 及时答”环节很好地发挥了作用。CEO 及时捕捉到团队情绪问题的原因所在，并快速给予回应，让团队的安全感得到实质性提升，巩固了相互共事的信任基础。

4.6.3　平衡好务虚与务实，高效能会议帮助核心团队提升会议领导力

两家知名的互联网企业为期一年的竞争战役进行到了白热化阶段，最终两家企业宣布并购。草根创业的 K 企业合并外资 L 企业在中国的业务后成立了 LC 企业。这是一场极其高效且保密性极高的变革，前一天还是竞争对手，第二天就合并为一家企业。

1. 高效能架构变革会的四大挑战

LC 企业要召开高效能架构变革会存在以下四大挑战：

挑战一：企业文化差异。两家企业的文化存在巨大的冲突。K 企业的管理者团队虽然非常多元化，但是整体上还是草根创业、中国特色的团队。L 企业在整体上是典型的外企风格，拥有专业的精英人才团队。但与一般外企不同的是，L 企业有比较强的创业文化，富有激情与活力，也很有创造力，在业务品牌调性上偏时尚。如果用当时的玩笑话来概括就是 K 企业“土”，L 企业“洋”。

挑战二：业务模式差异。两家企业所处的行业业务都处于起步阶段，双方的业务运营管理理念却有显著差别。L 企业在全球采取的是标准化统一管理，在区域地方采用铁三角模式，城市经理的权限和责任较大。K 企业采取总部管控型管理，对竞争城市实行垂直管理。另外，两家企业在业务的系统平台运营机制也不同。

挑战三：变革准备不足。L 企业在这场并购整合中，对于保留和争取更多的精英显然做了更加有底气的物质准备，包括在激励措施的体现上。但在合并官宣日，L 企业在 LC 企业员工的工作切换和后续保障支持方面却不太友好，L 企业切断了 LC 企业员工的办公系统使用权，员工无法登录办公系统和群发邮件，员工之间正常的工作联系陷入瘫痪，这给 K 企业接下来的整合工作带来了更大的挑战。

挑战四：管理基础差异。作为一家创业期快速发展的企业，K 企业的组织管理的各个系统功能不够健全，这给人力资源管理部门的整合工作带来了很多困难，比如，人力信息的准确性、系统性、双方职级体系整合的不确定性等。

K 企业的变革管理小组争分夺秒地开展了大量的变革沟通与变革实施工作，召开了各种变革管理会议和全员会议。

2. 高效能架构变革会的两大举措

为了应对以上四大挑战，使高效能架构变革会顺利召开，LC 企业采取了两大重要举措。

举措一：CEO 与核心管理者开好“务虚的务实会”。官宣合并后的一周内，K 企业完成了对 LC 企业核心管理团队的筛选和任命。为了使三名新任命的 LC 企业核心管理者充分融入团队，K 企业召开了一场饭桌上的会议，即“务虚的务实会”。会议期间，参会人员互相分享了各自的职业经历和人生中的高光时刻，也分享了彼此的风格特点，畅谈了接下来合并后整合的关键举措和长期的业务愿景，加深了彼此之间的认识。

我们常说“大事开小会，小事大会说”。“务虚的务实会”就是大事开小会的典型会议。高效能的“务虚的务实会”有以下五大特征。

- **特征一：议题集中。**“务虚的务实会”通常只设置一项重大议题。会议发起人在会前已经深度思考过该重大议题的决策结论，并且在心中推演过参会人员可能提出的问题和可能的解答。
- **特征二：参会人数少。**“务虚的务实会”的参会人数一定要少，一般来说控制在 5 人以内。用一个形象的画面描述，就是“务虚的务实会”上参会人员之间的距离是可以坐着干杯的。

- **特征三：会议结论明确。**“务虚的务实会”通常没有书面会议纪要，会议结论要明确简短，不容易使参会人员误解。“务虚的务实会”的结论往往是高度概括的方向性决策。“小会定大事”中的“大事”指的是方向性的事。

- **特征四：方案可落地。**饭桌上的会议之后要有正式的务实会跟进，因此，在饭桌上的会议的最后，会议发起人要明确务实会的召开时间。务实会后要有具体的落地方案，使会议讨论成为可执行的决策。

- **特征五：忌寒暄客套。**“务虚的务实会”中的务虚过程不是寒暄客套，而是需要会议组织者设计出让彼此增进了解的话题。“务虚的务实会”比较接近之前介绍过的裸心会，会议组织者可以让参会人员聊聊自己过去的高光时刻。

举措二：梳理业务运营模式，开好变革转型的关键务实会。企业召开完“务虚的务实会”之后，合并整合后的新事业群的CEO与LC企业核心团队对业务关键问题进行了讨论，并做出了方向性的三大决策。

- 决策一：确定LC企业业务的未来愿景和目标。
- 决策二：用户界面保持LC企业的独立品牌。
- 决策三：技术平台和客服中心实现统一。

基于上述决策方向，新事业群的CEO决定召开一次更大范围的管理者务实会，即业务及组织澄清闭关会。业务及组织澄清闭关会是企业变革转型的关键务实会，有三大目的：一是梳理LC企业具体的业务目标和运营模式；二是明确LC企业对应的组织功能及各中高层管理者的职责边界；三是通过闭关会打破合并 LC 企业前两个团队在工作文化上的差异，深度融合构建新团队。

一般来说，企业合并整合后的业务及组织澄清闭关会可以参考表 4-5 中的会议议题清单。

表 4-5　企业合并整合后的业务及组织澄清闭关会可选议题清单

议题序号	可选议题清单
议题一	共创团队行为准则并做出承诺
议题二	澄清新业务的使命愿景和目标
议题三	讨论与明确变革方案设计的基本原则
议题四	讨论与明确新业务运营模式变革方案
议题五	讨论与澄清组织功能权责分工
议题六	讨论与明确下一步变革行动计划

在表 4-5 中，讨论与明确新业务运营模式变革方案和讨论与澄清组织功能权责分工两个议题，都是围绕企业合并后的组织在哪些关键业务流程和组织职能上需要“合”、“合”到什么程度、怎么从独立过渡到“合”而展开的。企业对这两个议题的讨论需要投入较多时间，会议组织者在召开业务及组织澄清闭关前需做好相应的方案准备。

不过，管理者为了高效地完成讨论与明确新业务运营模式变革方案和讨论与澄清组织功能权责分工两个议题，共创团队行为准则并做出承诺和讨论与明确变革方案设计的基本原则这两个议题也至关重要。

作为架构变革会的开场，团队行为准则是帮助团队重塑同盟关系的方法，对企业合并后的团队非常重要。

在上面的实际案例中，尽管合并前的两家企业完全不同，但是经过关于团队行为准则的讨论后，管理者发现了两家企业有如下共同点：

- 双方都想当冠军，都希望改变世界，都是有战斗精神的团队。
- 双方的业务模式都强调快，都有从 0 到 1 的创业历程，快速反应是过去成功的关键。
- 双方都以乐观、积极的态度看待变化并拥抱变化。
- 双方都倡导开放的讨论方式。

很多企业在研讨业务运营和组织权责的分合问题时，要么争论得面红耳赤、难解难分，要么客客气气、不触碰实际问题。企业要想解决好业务运营和组织权责的分合问题，需要在进入深度讨论前就讨论的基本原则达成共识，这些基本原则可以成为后续参会人员发生争议时管理者做判断的基础。比如，在上面的案例中，团队明确了三个重要原则：一是“用户价值第一”是组织变革的第一要义；二是当企业的长期目标与短期目标发生冲突时，遵照长期目标，并做好过渡方案；三是企业业务架构的因素大于人的因素，如果参会人员发生了几个原则之间的冲突，遵守第一条原则。

参会人员在接下来为期 1.5 天的讨论中达成共识，即要定时用以上三个重要原则来检验会议讨论情况和决策的执行情况。

企业中的架构变革会事关企业组织架构调整效果，管理者如果能将架构变革会开好，将起到统一思想、提升组织变革沟通力的作用，更好地赋能企业管理经营，发挥出“四两拨千斤”的价值。

4.7　高层管理者开好变革管理会，从优秀走向卓越

哈佛大学心理学访问学者鲁思 · 韦格曼等人在《人到高层》一书中提到："高层领导团队作为一个高效团队，整体发挥出团队领导力而不是单靠英雄般的 CEO 来独立领导团队的模式，是团队实现高效能的领导方式。"高层管理者要想在组织中发挥效能，有三个必要条件和三个充分条件。三个必要条件是高层管理者在组织中发挥效能的基础；三个充分条件是企业帮助高层管理者加速自我进化，让高层管理者从优秀走向卓越的方法。

《人到高层》一书中提到企业"一把手"可以通过如下途径为所领导的高层管理者团队创造必要的条件：

- "一把手"能够创建真正的团队，而不是名义上的团队。
- "一把手"能够为团队确立清晰而又令人向往的目标。
- "一把手"能够确保团队由适合团队工作要求、有知识、有技能和有经验的成员构成。

《人到高层》一书中提到企业"一把手"可以通过如下途径为所领导的高层管理者团队班子创造充分的条件：

- 稳固的团队结构。
- 组织支持的团队环境。
- 有力的团队指导。

这三个必要条件和三个充分条件构成了高层管理者团队持续发挥效能的主要原因，如图 4-3 所示。

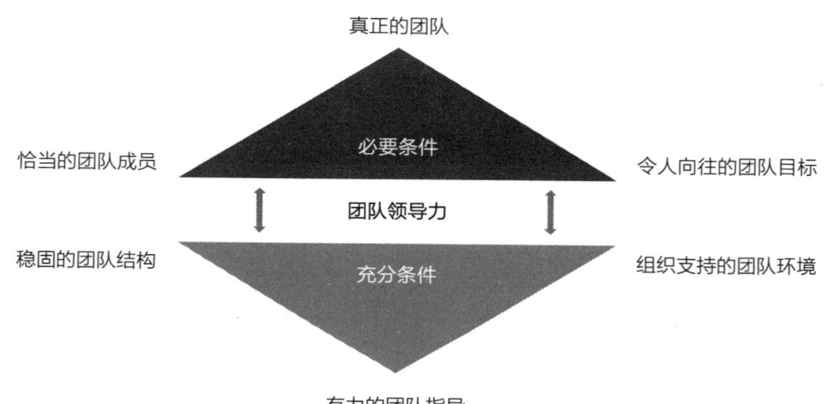

图 4-3　高层管理者在组织中发挥效能的三个必要条件和三个充分条件

在三个必要条件中，“真正的团队”指的是企业高层管理者团队成员间要相互依赖、边界清晰、关系稳定。在高效能的高层管理者团队中，团队成员要共同承担实现集体目标的责任。虽然每名成员在企业里都有各自的职责，但是成员之间要相互合作、相互依赖，利用彼此的经验、精力和专业知识来实现企业共同的目标。“真正的团队”要求企业的高层管理者在相当长的时间内保持稳定，以便成员之间能够相互了解彼此的优缺点，能够合作共事。

《人到高层》一书对“真正的团队”和“名义上的团队”在会议这一场景下的行为和感受做了一个有趣的对比（见表 4-6），高层管理者可以用此来检验自己处于怎样的团队中。

表 4-6　高层管理者的会议行为和感受对比

时间	名义上的团队	真正的团队
会议期间	会议和你的实际工作无关	这是真正的工作
	你“应该”参加	你希望参加
	你绞尽脑汁另派他人参加	若你没有参加会议，你相信团队成员会表达出你的意见
	你等不到会议结束就想离开	你感到有收获且心潮澎湃
会议之后	和同事之间没什么关系	与其他同事共同解决问题
	避免接触同事或者与同事沆瀣一气	共同承担团队的责任
	依赖领导协调	自我协调工作

那么，企业要如何提升高层管理者团队的领导力呢？

企业提升高层管理者团队领导力的方法有很多，其中之一是高层管理者要学会开好变革管理会，在变革管理会的场域中有意识地利用效能的三个必要条件和三个充分条件，从而修炼自己的领导力。企业可以借鉴以下四个要点通过变革管理会的场域提升“一把手”的团队领导力。

要点一：尽可能把参会人数控制在个位数以内。要建立相互依赖、彼此信任的高层管理者团队，就要在团队安全感和稳定性上创造更多条件。相对稳定且人数较少的参会人员，有助于高层管理者建立清晰的边界，给高层管理者团队带来安全感与稳定性，促进高层管理者之间的深度交流。根据我们的实践表明，企业高层管理者团队的人数应当控制在个位数。应当将需要扩大参会人群的变革管理会议界定为高层管理者团队的扩大会议，避免破坏高层管理者团队的边界感。

要点二：要突出强调高层管理者团队共同的目标感和使命感。令人向往的目标是高层管理者团队发挥效能的三大必要条件之一。令人向往的目标的建立不仅体现在高层管理者团队的使命、愿景、价值观共创会上，还体现在日常高层管理者团队会议对共同目标的强化上。比如，企业“一把手”要把目标共识给高层管理者团队，在变革管理会中不断强调每一名团队成员为实现企业共同目标所承担的责任，使高层管理者团队的目标时刻与企业的目标保持一致。

要点三：应建立高层管理者团队行为规范，明确团队的议事原则和会议准则。稳固的高层管理者团队结构是高层管理者团队发挥效能的三大充分条件之一，建立高层管理者团队行为规范是企业实现稳固的高层管理者团队结构的重要措施。事实上，无论企业“一把手”是否有意识地、按照步骤建立高层管理者团队行为规范，高层管理者团队的行为规范都会在无形中形成，但自然形成的高层管理者团队规范无法起到提升团队效能的杠杆作用，甚至可能会给高层管理者团队带来负面影响。比如，企业“一把手”在某场变革管理会中接受了可以有高层管理者缺席的会议，那么未来很可能出现多次管理者缺席重要会议的现象。企业应当有意识地建立高层管理者行为规范，特别是与变革管理会有关的议事原则和会议准则，这不仅是提升变革管理会效能的利器，更是提升高层管理者领导力的利器。

要点四：应在会议中将学习实践制度化，以此提升高层管理者的心智修炼。美国管理学家彼得·圣吉在《第五项修炼：学习型组织的艺术与实践》一书中提到：“壳牌企业通过规划过程，把心智模式的修炼制度化。集团规划部的同事致力于重新思考战略规划在大企业组织中的作用。他们的结论是，做出完美的战略规划并不重要，更重要的是利用规划过程来让管理者对自己的假设进行反思，从而加速整个学习进程。他们认为，管理团队的学习过程是管理团队成员看待本企业、竞争对手和市场的集体心智模式的转变过程。因此，规划就是学习，而企业规划就是组织机构的学习。”这一研究发现进一步印证了高层管理者需要将自身的学习实践在会议中制度化，重新认识变革管理会议本身的意义——它们既是当期变革的现场，也是心智提升、促进潜在变革的“修炼场”。高层管理者团队还可以使用团队自我进化 DIET（Doing、Inner、External、Teaching，意为干中学、向内学、向外学、教中学）模型来提升高层管理者团队的领导力，如图 4-4 所示。

图 4-4　团队自我进化 DIET 模型

团队自我进化 DIET 模型可以帮助企业在有高层管理者参会的企业会议中，建立多角度、全方位的学习实践机制，让会议本身更加“营养健康”。比如，企业可以在每一场变革管理会结束前设置固定的复盘机制，对会议及高层管理者团队讨论形成的决策进行内省和反馈。此外，企业还可以定期召开共创会和外部交流学习会，将定期的战略规划或业务调研研讨会当作高层管理者集体学习的机会。

企业的变革和改进是现代企业发展必须面对的挑战之一。企业开好各种变革管理会议，可以帮助企业快速面对内外部环境的变化，提升组织效能，增强企业实力，实现可持续发展。同时，开好企业的变革管理会也是一名高层管理者从优秀走向卓越的必经之路。

Chapter Five

第 5 章 高效能会议魔方之第二面：如何开好日常管理会

5.1 日常管理会是企业目标管理的缩影

近年来，目标与关键成果法（Objectives and Key Results，简称 OKR）成为很多企业追捧的管理工具。OKR 代表着先进的管理思想，因此常常被误解为是替代关键绩效指标（Key Performance Indicator，简称 KPI）的目标管理“利器”。事实上，OKR 源自英特尔，它是技术研发类企业在目标管理方面的一种实践形态，与 KPI 是不同的话语体系或管理角度。一些企业为了做好目标管理引入了 OKR，但落地效果一般，并没有解决根本性的问题。为什么会出现这样的问题呢？究其原因，不是 OKR 有问题，而是企业管理者对目标管理的理解出了偏差。

目标管理是企业运营管理的一个代名词，它并非灵丹妙药，不能“医好”企业日常运营中出现的一切“疑难杂症”。事实上，企业管理中并不存在可以解决所有本质问题的管理工具。企业管理是一个系统工程，而且是随着企业发展不断自我演化、生成的过程。企业管理者想借助一种管理工具实现一劳永逸的管理是不现实的。

我所服务过的企业中，在企业目标管理方面通常会遇到以下四大挑战：

挑战一：目标管理建设的责任人缺位。一些企业是靠经营管理部或战略部管理目标，但企业每年在制定预算目标时会涉及人力、财务资源的分配等实质问题，导致目标管理的责任人发生变化，因而造成目标管理建设的责任人缺位。

挑战二：目标共识的过程低效、低能。为了确定目标，企业常常耗费了大量的人力和物力，开展了很多谈话和会议等。企业为了制定符合 SMART[㊀] 标准的目标，每年还要额外花费很多时间与管理者进行沟通，有时甚至还需要对管理者进行培训。这些现象都表明企业制定及明确目标的过程既低效，又低能。

挑战三：目标管理的过程堆积负能量。企业在目标管理的过程中，缺乏有效透明的反馈机制和协同一致机制，从而导致管理者和员工在目标管理过程中产生较多的负能量。

挑战四：对目标结果的奖惩往往事与愿违。外部环境变化快、目标制定存在漏洞、管理者和员工对目标及预期的理解有差异等，客观上对企业造成了衡量目标实现结果合理性的挑战。如果企业缺乏合理的激励机制设计，对目标结果的奖惩常常打了折扣甚至事与愿违，那么会对管理者和员工形成负

㊀ SMART 是五个英文单词的缩写，它代表目标的五个方面，分别是：具体的（Specific）、可衡量的(Measurable)、可实现的（Achievable）、实际的（Realistic）和有时限的（Time-bound）。

向影响。

企业管理者要应对以上四大挑战，需要对企业整体的业务管理体系有深入的洞察和丰富的实践经验。毫不夸张地说，**如何轻松应对目标管理的工作场景，是基层管理者到中高层管理者都要学习的“硬核”技能。**管理者想要提升目标管理的领导力，改善组织在目标管理方面的效能，真正提升团队的绩效结果，开好关键的日常目标管理会议是非常必要的，这也是企业落地目标管理的基础。

当然，召开目标管理类型会议的前提是，企业及管理者对业务逻辑本身有充分且合理的认知。如果一些企业在企业经营业务逻辑上缺乏基础的抽象理解过程，却还着手推行目标管理会议，那么只会适得其反，使管理变得更加低效。

以大型企业的某个事业部为例，一般有如下五类典型的目标管理会：

事业部目标设定会。事业部目标设定会一般由集团 CEO 和事业部总经理共同参与。如果事业部目标设定会仅有这两名高层管理者参与，也可以理解为高层管理者的一对一沟通会。一些企业会将事业部目标设定会的参会人群限定在集团 CEO 和有限的人群中，具体包括事业部的总经理、财务经营负责人和人力资源负责人，也可能包括事业部的战略运营负责人。事业部目标设定会的核心目的是高层管理者讨论并明确事业部的具体目标。

事业部目标拆解讨论会。事业部目标拆解讨论会和部门级目标通晒会可以视为一个会议组合。部门级目标通晒会的目的是加强跨部门间的信息透明，促进目标的协同。事业部目标拆解讨论会的目的是高层管理者将事业部目标拆解到部门目标，并在部门级的管理者层面通晒拉齐。

事业部目标拆解讨论会通常分两次召开：一次是目标拆解讨论会，目的是让参会人员充分研讨目标拆解的逻辑和依据；另一次是目标通晒会，将定稿后的目标透明化与明确化。企业在召开目标拆解讨论会和目标通晒会期间，往往还伴随着管理者之间的一对一沟通。比如，事业部总经理和某个部门负责人的单独沟通。

部门级目标通晒会与事业部目标拆解讨论会的不同之处在于，部门级目标通晒会可以邀请所有部门的负责人及其直接下属一起参加，帮助跨部门、跨团队的团队管理者了解彼此的目标。

个人目标设定会。企业中各个部门、团队将目标向下拆解到最后一级团队，即基层团队时，目标再往下拆解的会议就是个人目标设定会。个人目标设定会和部门级目标设定会、通晒会有类似的目的和做法，不同的是目标已经落到了参会人员的个人层面。针对团队成员是否需要了解其他成员的个人目标，不同企业或不同团队有不同的实践。比如，有些团队会邀请跨团队成员代表来参与本团队的目标设定；一些合作紧密的团队，可以邀请团队双方全部成员一起讨论来确定目标。

团队月度目标回顾、跟进与调整会。过程管理对 OKR 来说非常重要，因为 OKR 强调年度目标方向不变，而关键成果或关键成果的指标值可以发生变化，这种动态的管理方式要求管理者在目标执行过程中及时回顾、跟进与调整目标。在产品技术团队，管理者甚至要求按周回顾目标，按月调整目标。不过，对于国内的非产品技术团队，OKR 的回顾、跟进周期一般为 1 个月以上，总部级 OKR 的回顾、跟进周期一般是双月或季度。实施了 OKR

线上系统的组织，可以选择通过线上工具而非会议进行回顾、跟进。企业需要注意的是，在 OKR 落地初期，简短有效的互动会议模式会对团队的目标管理过程产生积极作用。

半年或年度目标评估及复盘会。施行 OKR 的企业，一般会进行半年度或年度的评估与复盘。半年或年度目标评估及复盘会在企业内部有多种组织形式，管理者可以选择一对一的形式，也可以选择多对多的形式。形式的选择取决于团队的文化氛围和管理者的管理目的。

在上面五类典型的目标管理会议中，事业部目标拆解讨论会、部门级目标通晒会、半年或年度目标评估及复盘会通常，以及团队月度目标回顾、跟进与调整会是企业中不可避免的会议，分别是大型企业在目标设定、目标跟进和目标评估阶段必开的日常管理会议。

接下来，我会重点分享管理者如何开好高效能日常管理会，以及开好日常管理会需要注意的关键设计要点是什么。对目标管理有兴趣的读者，可以阅读与 OKR 管理有关的书籍来获得基础专业知识。

5.2　目标管理会，加速统一企业自身的管理语言

在第 4 章中，我介绍过战略澄清会需要基于战略描述的框架，这种战略描述框架也可以作为目标管理会的基础框架。不过，与战略澄清会不同的是，目标管理会需要将业务逻辑的描述细化并拆解出具体、明确的目标和指标。那么，如何具体执行呢？我分享的核心方法是 AGE 模型下的业务逻辑拆解框架，管理者在召开目标管理会时可以借鉴使用。

5.2.1 AGE 模型下的业务逻辑拆解框架

AGE 模型下的业务逻辑拆解框架建立在生长型组织建设模型基础之上，不仅适用于企业层面的目标拆解与设定，也适用于企业事业部或部门层面的目标拆解与设定。AGE 模型下的业务逻辑拆解框架分为三个部分。

1. 中长期业务逻辑

AGE 模型下的业务逻辑拆解框架的第一部分为中长期业务逻辑。中长期业务逻辑主要有以下四大要素：

要素一：使命、愿景、价值观。管理者要用 100 字以内的文字描述业务的使命和愿景。描述时，管理者可以从用户、商业（行业）、员工及社会价值等视角来定性描述。除此之外，管理者还要用简要的语言描述企业为了践行使命和实现愿景，需要坚持哪些价值观和基本的经营原则。

要素二：用户价值创造逻辑。用户价值创造逻辑是管理者进行业务逻辑描述的核心内容。用户价值是衡量企业商业价值的具体维度和指标。管理者需要精确描述衡量用户价值的具体维度和指标，以及用户价值可以给企业带来怎样的商业价值。管理者在描述用户价值创造的核心内容时，应当完整解释“收入或利润是如何从用户价值中持续生成的”。企业从用户价值出发，可以构建完整的用户与商业价值数据指标体系和日常业务运营管理数据指标体系。

要素三：核心能力建设的逻辑。核心能力建设的逻辑指的是管理者为了实现用户价值和商业价值的创造，需要构建或升级哪些组织能力、要达到怎样的水平及如何达到规定的水平。管理者要具备核心能力建设的逻辑，需要明确核心能力建设的定义、衡量组织能力的具体维度和指标，并且清晰描述组织能力是什么、不是什么、如何构建或升级核心能力建设。值得一提的是，管理者需要重点描述平台数字化建设的实现逻辑，因为平台数字化建设通常是生长型组织的重要核心能力建设，并且与业务逻辑高度相关。

要素四：中长期的关键里程碑。中长期的关键里程碑的价值是管理者描述业务逻辑和核心能力建设逻辑的路径和节奏，是企业设置目标管理周期的基础。管理者对中长期的关键里程碑的标准描述应涵盖以下三个方面：

- 企业为哪些用户提供怎样的价值，要达到什么效果。
- 企业中长期的关键里程碑需要在什么时间建立。
- 企业中长期的关键里程碑对组织的核心能力有什么具体要求。

2. 年度规划或目标、年度经营预算目标

AGE 模型下的业务逻辑拆解框架的第二部分为年度规划或目标、年度经营预算目标。年度规划或目标、年度经营预算目标包括以下两个要素：

要素一：战略房子图描述规划。管理者可以使用年度战略规划的各类模板描述年度具体规划及目标，战略房子图是可选的模板之一。管理者对目标的描述应当包含具体指标和目标值。企业的目标一般包括三类：核心年度业务目标、年度内的破局点目标和年度内的体系建设目标。

核心年度业务目标指的是企业中与年度业务结果有关的关键指标与目标，如企业的收入、利润、收益率、客户满意度等；年度内的破局点目标指的是企业对实现年度目标必须打赢的关键战役的相关目标；年度内的体系建设目

标指的是企业为了持续构建组织能力，需要有对应的体系或系统支撑，这些体系不可能在一年内完成建设，因此，每年企业要针对体系的建设或迭代制定标准。

要素二：年度经营预算目标。企业的年度经营预算目标是基于企业年度业务目标拆解而来的。企业的年度经营预算目标也包含了人力成本等成本费用预算目标。

3. 关键业务与组织问题澄清

AGE 模型下的业务逻辑拆解框架的第三部分为关键业务与组织问题澄清。关键业务与组织问题澄清主要指问题澄清与解法探索。

企业需要澄清的关键问题应当是对企业中长期业务逻辑或年度目标管理有重大影响的问题，这些问题一般没有确定的答案，需要管理者在日常运营管理中探索解决。问题的解法是否正确通常需要企业在关键里程碑节点进行检验。

5.2.2 目标管理会的业务语言体系

上述 AGE 模型下的业务逻辑拆解框架是企业召开目标管理会的一种可选的基础逻辑。商业逻辑的不同，目标管理会的基础逻辑也不同。实际上，这是企业在建立自己独有的业务管理语言体系，这套业务管理语言体系有时候也被戏称为“内部黑话”。“内部黑话”的形成并不是坏事，因为它意味着企业在运营管理中已经形成了基本的管理概念，而这是企业统一业务管理思想的前提，也是业务负责人在思考和管理所负责业务的一套逻辑。当然，这套逻辑一定是有效的、可落地的逻辑，而不是一遍又一遍的“造词”运动。业务逻辑的有效落地，是形成业务语言体系闭环的一个过程。一般来说，企业业务语言体系的闭环包括六大体系，如图 5-1 所示。

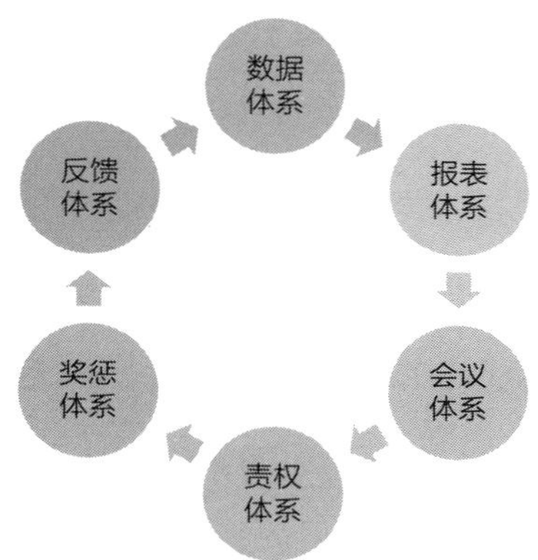

图 5-1　企业业务语言体系的闭环

体系一：数据体系。管理者对业务逻辑与目标的拆解，需要体现在可以量化的、可以评估检验的数据基础上。数据体系是验证逻辑体系是否有效的前提。反过来，数据体系的迭代能够更好地帮助企业经营者优化业务管理逻辑。

体系二：报表体系。报表体系与数据体系紧密相关，是呈现数据和各类业务信息的载体，比如日报、周报和月报等。报表的设计体现出管理者在日常管理中需要关注的重点信息及应该采取的对应的管理动作。比如，日报看数据、周报抓重点、月报看体系。以互联网企业为例，管理者在业务管理中通常关注以下报表重点：

- 日报看数据，做业务，找波动。

- 周报看项目，抓重点，调资源。
- 月报看体系，建组织，保节奏。
- 总结看反思，重修为，向内看。

体系三：会议体系。会议体系的核心价值是产生有效的决策结果。对大多数生长型企业而言，数据体系、报表体系尚在生成打磨的过程中，它们并不能完全符合数据和业务逻辑本身的完备性。因此，生长型企业的目标管理会的设计要考虑对数据、报表信息的理解和优化。管理者需要注意的是，短期内没有对数据、报表信息优化的状态是合理的，但长期势必会影响决策结果。所以，管理者要加速对数据、报表信息的优化与迭代，尽可能缩短这一周期。

体系四：责权体系。管理者提升日常管理决策的执行力的关键在于对责权的跟进。在传统企业，责权体系大多数以部门组织架构为基础，但在生长型企业，责权体系则需要与虚拟项目和体系建设深度结合，体现在企业项目管理办公室（Project Management Office，简称 PMO）的建设中。企业责权体系的落地意味着业务运营管理形成闭环。

体系五：奖惩体系。企业的数据、报表、会议和责权这四个体系建设完备，可以确保业务运营管理形成闭环，即管理者可以实现对业务运营的目标设定与监督管理。如果企业希望这一闭环系统可以自行运转，还需要两个重要的组织机制体系来支撑，其中之一是奖惩体系。奖惩体系包括为确保实现业务结果或优化管理过程而制定的薪酬激励机制、绩效管理与奖金机制、岗位与职级晋升机制、荣誉激励机制和责任事故处罚机制等不同层面的奖惩激励机制。

体系六：反馈体系。数据、报表是信息反馈体系的体现，可以帮助管理者在业务系统中找到问题并解决。不过，管理者在业务系统运作过程中还需要主动倾听反馈、发现问题并决策判断，调动业务团队的主观能动性。这就需要管理者在业务管理系统中建立持续、及时的反馈体系，比如调研反馈机制、应急响应机制、定期的一对一管理者业务谈话等。

在以上六个体系中，会议体系可以加速生长型企业的管理者实现业务语言体系闭环的形成过程。因为会议体系能够充分融合量化、非量化的信息，通过高效能的互动，动态梳理和迭代业务管理逻辑，加速统一企业自身的管理语言。

5.3　月度经营会，实现企业内部高效能对话

构建企业的例会体系，是管理者重要的管理议题。例会是最能体现企业日常运营的会议，通常也是员工“吐槽”最多的会议，因为员工认为例会是效率低下却不得不参加的会议。管理者按部就班地做好周期内的总结和复盘，并及时协调好业务进度，是高效率例会的基础，而设计一场高效能的例会往往需要管理者紧密结合业务逻辑。

经营例会是典型的业务例会，一般以月度例会或季度例会为主。经营例会的会议目的通常是管理者回顾业务的运营情况和财务经营表现，发现、预测并及时解决重要的经营问题或资源分配问题。

接下来，我们以月度为会议召开频次来探讨管理者如何才能开好高效能的月度经营会。

一般来说，企业的月度经营会有五大痛点：一是参会人员感觉会议是例行公事，议题是老生常谈，因此，参会人员觉得没有开会的必要；二是参会人员在会议中经常需要花费大量时间确认各种分析数据的实效性和统计口径；三是大量参会人员在会议中的发言是“流水账式”的，发言的顺序一般按照参会人员对业务的影响程度由近及远；四是会议过程缺乏互动讨论，业务负责人经常直接“过堂”给建议；五是虽然会议议程是事先安排好的，却经常出现会议开不完的情况。

那么，管理者要如何解决以上五大痛点，并设计高效能的月度经营会呢？

5.3.1 月度经营会的目标定位

管理者设计高效能的月度经营会的第一步是做定位，因为明确的定位对会议而言非常重要。“3+1”会议目标定位框架是月度经营会目标定位的指导方向，如图 5-2 所示。

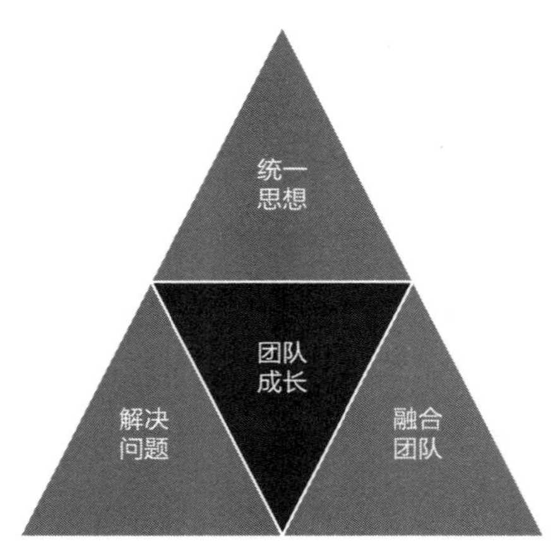

图 5-2 “3+1”会议目标定位框架

管理者在做月度经营会的目标定位时，可以参照图 5-2 中的四大目标且根据团队情况进行。通常来说，月度经营会的业务管理目标一般可以在统一思想、解决问题与融合团队中有所侧重地选择。对生长型企业而言，团队成长也应当成为月度经营会的目标之一。

在团队或业务发展初期，统一思想和融合团队的目标往往比较重要，但这两类目标不是通过一次会议可以实现的。所以，初创团队往往会选择比较高频的例会，比如双周会或周会来实现这两类目标。随着团队的成熟与发展，解决问题和团队成长应当成为月度经营会的侧重目标。同时，月度经营会应当成为企业解决跨团队业务问题、培养跨领域管理者的重要场域。

5.3.2　月度经营会的主线逻辑

管理者除了做好月度经营会的目标定位，要使月度经营会高效能，还要选择好主线逻辑，使会议程序设计结合业务管理。一般来说，跨部门的月度经营会的主线逻辑有以下五种：

- 跨部门的月度经营会以重点工作或项目为主线。
- 跨部门的月度经营会以部门分工为主线。
- 跨部门的月度经营会以财务与经营为主线。
- 跨部门的月度经营会以客户或产品为主线。
- 跨部门的月度经营会以业务逻辑为主线。

前三种主线逻辑在企业中比较常见。在互联网科技企业，以重点工作或项目为主线的跨部门月度经营会在产研团队比较常见；在传统行业，以部门分工为主线的跨部门月度经营会比较常见；在以经营为导向的行业，比如快消行业或教育服务业，以财务与经营为主线的跨部门月度经营会比较常见。由此不难看出，跨部门的月度经营会主线逻辑的选择与企业所在的行业、工作文化和发展阶段是高度相关的。

根据企业产品和服务的特点，我们可以将企业分为四种不同的工作文化模型（该模型由 HayGroup 提出）：流程型、网络型、功能型、速度型，如图 5-3 所示。

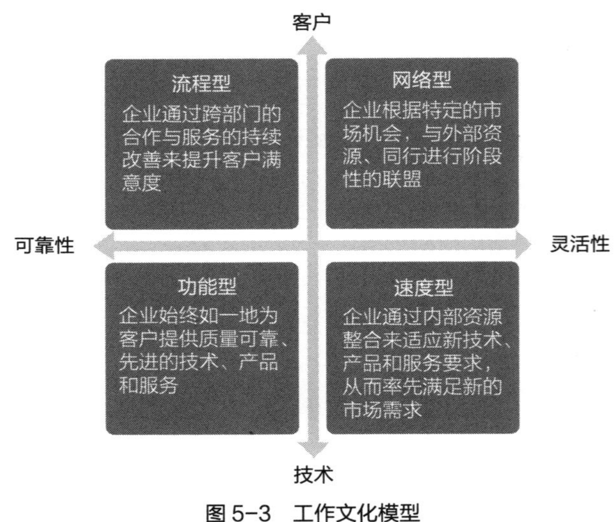

图 5-3　工作文化模型

不同的工作文化模型，本质上是由于企业产品和服务的价值产生方式和过程的不同导致的。不同的工作文化对产品和服务的创新能力、客户导向能力及员工对工作环境的快速反应能力都提出了不同的要求。

中小型科技企业往往属于速度型，这类企业常见的工作文化特点是从产品体验出发，快速迭代；一般的生产制造企业往往属于功能型；传统的大型金融服务企业往往属于流程型。在不同的发展阶段，企业的工作文化也会“转型”。比如，金融服务企业近年来一直在尝试向网络型和速度型转型，从而满足客户的多样化需求和行业的竞争压力。

管理者如果希望企业的月度经营会体系与业务运营高度结合，可以选择与企业工作文化相匹配的类型作为例会会议程序设计的主线逻辑。对正在变革转型的企业而言，月度经营会的主线逻辑很可能反映了组织变化。比如，变革管理经验丰富的企业常常借用月度经营会体系把虚的部门做实，把实的部门做虚，进而实现组织变革的软着陆。变革管理经验丰富的企业最典型的做法是，企业首先成立变革转型项目办公室这一虚拟组织，在原有的跨部门例会基础上，建立转型项目例会机制，然后通过变革转型项目办公室来进行企业转型的实际运营管理。

在以上五种主线逻辑中，以客户为导向的月度经营会主线逻辑值得广泛推崇，因为这样的主线逻辑与业务本身的耦合度更高，更容易吸引各个团队或部门在月度经营会中的专注力和提升目标感。

5.3.3　月度经营会设计与实施的三大策略

有了目标定位，选择了适合企业或团队的主线逻辑，只是有了召开月度经营会的方向和底层逻辑。接下来，我通过一个总部和区域业务的月度经营会的真实案例来分享以客户为导向的月度经营会应该如何设计与实施。

有一家做职业教育服务的企业，我们称其为 A 企业。总部以教育产品研发为核心功能，各城市区域主要负责客户营销及交付教学服务。在各城市区域，核心岗位包括校区校长、城市运营、城市市场营销等，这样的组织架构是拥有线上线下业务的企业中非常典型的一种组织架构。在这样的组织架构下，A 企业面临以下三大挑战：

挑战一：总部和一线之间缺乏有效的沟通和相互理解。总部管理者认为一线管理者对政策执行不到位，而一线管理者与总部的连接感、归属感较低，同时觉得总部的政策不接地气，执行属于无奈之举。

挑战二：产品设计与用户服务存在矛盾。通常，总部是离用户最远的，却承担了产品的设计职能，一线作为离用户最近、对用户体验有重要影响的直接交付者，却是离产品设计职能最远的。

挑战三：外部环境给企业带来的经营挑战。一方面，线下门店需要应对行业下行期公司策略调整带来的暂时性闭店；另一方面，企业内部的管理沟通逐步转为线上，沟通效率和效能面临挑战。

基于以上三大挑战，A 企业的 CEO 希望能够通过线上会议，将总部管理者和校区校长以上级别的管理者组织起来参加月度经营会，从而提升运营管理效率。但在实际召开了几场月度经营会后，A 企业的 CEO 发现月度经营会存在以下四大问题：

问题一：参会人员的积极性降低。A 企业召开第一场月度经营会时，参会人员的积极性较高。城市区域管理者感觉参加月度经营会对了解总部政策有很大帮助，因而出勤率较高。但随着每月会议内容的重复，参会人员逐渐感到会议内容没有新意，参加会议是浪费时间，因此出勤率逐步降低。

问题二：会议形式有挑战。城市区域管理者普遍感到线上的月度经营会是总部进行单向沟通的会议。另外，参会人员认为线上互动充满挑战。

问题三：会议场域不利于团队建设。A 企业的 CEO 原本希望月度经营会可以以城市区域为单位，在城市区域办公室现场聚齐人员，一起收看线上会议直播，这样一来有助于每个城市区域线下的团队建设。但因为受到暂时性闭店政策的影响，参会人员能够在线下聚集的机会变少。

问题四：会议决策是否得到执行难判断。总部管理者很难判断城市区域管理者是否在参加会议后向相关人员准确传递了会议精神与会议信息，对城市管理者的业务决策执行力度存在疑虑。

为了解决以上四大问题，A 企业的 CEO 找到我，希望我的加入可以提升企业月度经营会的效果。经过与 A 企业 CEO 的充分讨论，我们共同产出了如下三项改进措施，这也是管理者设计与实施月度经营会的三大策略。

1. 做调研促倾听

管理者在召开月度经营会前，要引入会前与会中的线上调研，这既是会议准备的信息渠道，也可以作为会议进行中的互动手段。具体的做法包括：会议组织者在会前调研城市区域管理者关心的问题；会议组织者在会中分阶段根据议题内容开展互动调研，在收集反馈信息的同时，还可以检测在线收听情况；会议组织者进一步强化城市管理者需要向员工传递的信息。

会中调研的典型问题描述示例见表 5-1。

表 5-1 会中调研的典型问题描述示例

调研问题	选项（可以多选）
在提升续费率方面，总部会向城市区域提供以下哪几种资源	新产品的推广话术培训 ☐
	线上客户反馈平台的推出 ☐
	续费折扣的优惠券礼包产品 ☐
	客服平台的标准问答系统 (Frequently Asked Questions，简称 FAQ) 及客服咨询服务 ☐
作为城市区域的校区校长，本次月度会议结束后，你需要向下属传递哪些信息	为了更好地支持各大校区提升续费率，总部推出了多项举措 ☐
	教学质量提升是下个月运营工作的重点，教师教案审核的严格度将提升 ☐
	暂时性闭店政策有可能常态化，各大校区需要思考常态解决方案，有效果的方案可以得到更多的推广资源支持 ☐
	你还打算传递哪些信息，请补充 ______________

2. 推氛围促连接

会议组织者要在月度经营会中优化城市区域内和城市区域间的互动氛围（简称“推氛围”），以此增强参会人员的连接感。推氛围的方法有很多，我分享两种供大家借鉴。

（1）暖场

会议组织者可以在线上会议平台事先建立好以城市为单位的线上小组，在会议开始后的五分钟暖场环节中，在各个城市区域内进行五分钟的“闲聊”。“闲聊”的话题包括以下四类：

- 你最近比较关心的问题是什么？
- 教师节临近，你想对身边的同事说什么？
- 你最近的个人成长是什么？
- 你有哪些惊喜或有趣的事想分享给大家？

会议组织者在会议中设置暖场环节可以使参会人员逐步进入开会的状态。

（2）分享

为了使暖场环节的“闲聊”更好地提升会议氛围，各个城市区域的管理者可以将参会人员对以上话题的讨论结果，通过聊天框迅速分享给总部及其他城市区域。会议组织者在开会的过程中，也可以穿插小组分享。比如，设置这样的小组话题：“刚刚总部介绍的续费问题的安排，你还有哪些困惑或建议？”在线上人数较多的会议中，参会人员以城市为中心发言可以为个人发言建立安全感，用城市声音来代替个体声音。

会议组织者还可以设置城市间的互动环节。比如，相邻城市或者环境相差很大的城市可以作为“城市对子”进入同一个线上小组进行分享，这样的会议设置既可以加强城市间的连接，也可以使不同城市的参会人员相互学习。

3. 仪式感提效能

要使月度经营会具有高效能，会议组织者还要设计有趣多样的具有仪式感的活动，以此增强团队的凝聚力。研究发现，“90后”或“Z世代”[㊀]的员

㊀ Z世代，也称为“网生代”“互联网世代”“二次元世代”“数媒土著”，通常是指1995年至2009年出生的一代人，他们一出生就与网络信息时代无缝对接，受数字信息技术、即时通信设备、智能手机产品等影响比较大。

工或管理者，愿意为自己的兴趣爱好全身心投入，并崇尚冒险、探索精神。“90后”或“Z世代”的员工或管理者对同级以及上级的期待是平等和包容。企业中如有“90后”或“Z世代”的员工或管理者，会议组织者应在会议中设置“懂他们”的、充满仪式感的重要元素。会议组织者可以选择如下方式提升会议的仪式感。

- **给惊喜。**比如，会议组织者可以在每次月度会议中设置一个惊喜奖，为参会人员制造具有连续性的惊喜。惊喜不一定是物质奖励，也可以是奖励获奖者某一种特权，比如获得与自己心仪的企业内导师谈话的机会等。

- **带标签。**会议组织者可以请参会人员选择某种共同标签带入会议，比如“身上需要有蓝色”“身上需要体现某种艺术气质”“所在的视频画面里需要有企业特征”等小要求，使参会人员“有兴趣去期待不一样、有空间去创造不一样”。

经过以上三大策略的优化，A企业的会议组织者制定了8月的月度经营会会议程序，会议总时长为3小时。考虑到教师节临近，会议组织者特别策划了“迎接丰收九月，请你带着一抹金色来参会”的仪式。

A企业的月度经营会分为上半场和下半场。上半场的设计思路如下所述：

- **暖场（8分钟）。**主题会议以“教师节快到了，你想对身边的同事说些什么”为主题，以城市区域为单位进行小组分享。

- **CEO分享（15分钟）。**CEO分享的主题是“教师的成长”。

- **月度经营分析（1小时）。**月度经营分析分为教学、市场、运营三个主题模块。

- **月度经营分析小组讨论（10分钟）。**以“城市对子”为单位，参会人员讨论经营分析结果给城市业务带来的启发。

- **会议中第一次调研（5 分钟）**。会议组织者以“月度经营分析三个模块中你的收获是什么”为主题进行线上参会人员反馈调研。

A 企业的月度经营会的下半场的设计思路如下所述：

- **标杆城市教学质量提升专题分享（30 分钟）**。会议组织者请季度目标完成最好的两名城市管理者分别做主题分享。
- **会议中第二次调研（5 分钟）**。会议组织者以“复盘所在城市的教学提升，你的收获是什么”为主题进行线上参会人员反馈调研；会议组织者对专题分享者进行打分，打分结果参与年度月会精彩分享评选。
- **教学专题授课（30 分钟）**。总部教学专家针对“教育心理学在职业教育活动的应用”进行专题授课。
- **荣誉认可颁奖（10 分钟）**。颁奖并播放本季度教学奖前三名获得者的视频发言，每名发言者分享一条具体的成功经验。
- **惊喜环节（1 分钟）**。会议组织者利用线上会议 App 聊天框，请参会人员同时发出“教师节快乐”的文字，会议主持人随机截屏 5 个在聊天区出现的参会人员的姓名。这 5 名幸运获得者的特权是获得 10 分年度成长积分，该积分可用于兑换内部培训课程。

A 企业的月度经营会的会议目的是向城市区域强化教学质量提升的重要性和方法，并希望激发城市管理者的自我成长动力。因此，月度经营会的会议程序围绕着“教学质量提升”这一主线业务逻辑设计。会议组织者还在月度经营会的会议程序中有意识地设置了促进管理者领导力提升的挑战环节。比如，参会人员对分享者的打分评估用于年终评选，这种实践的核心效果是使分享者有压力感，从而提升发言质量。对分享者而言，获得发言机会，既是荣誉又是压力，更是锻炼自身影响力的绝佳机会。

一场目标定位明确、主线逻辑清晰、会议程序设计得当且巧妙的月度经营会，成为企业内部进行高效能对话的重要场域，发挥了沟通桥梁的重要作用。

5.4 周例会新玩法，促进业务与团队共成长

周例会是企业中常见的业务会议或团队会议，在企业目标管理中发挥着业务管理的执行跟进、资源协调、监督管理等作用。周例会往往可以展现出团队的执行力水平和管理效率。虽然在数字化程度高、管理效率高的企业，周例会可以被线上数据报表看板和线上互动决策的方式所取代，但当团队面对新的业务管理变化或团队能力需要加速进化时，设计得当的周例会也可以发挥更高的效能。接下来，我以两个案例来分享在企业业务和文化转型过程中发挥重要作用的周例会。

5.4.1 单周会：将企业文化做实

XD 企业是一家成立 5 年的电商平台。每周一的早上 8: 30，企业的高层核心管理者、部门负责人以及与用户体验有关的核心管理者近 20 人都要参加“果汁早会”。“果汁早会”除了例行的固定参会人员，还有一些单次加入的参会人员。由于“果汁早会”开始的时间较早，很多参会人员来不及吃早餐，所以会议组织者会在“果汁早会”开始后向参会人员提供果汁或咖啡，也允许参会人员带着早餐边吃边开会。

最初，“果汁早会”的典型会议程序分为三步：

- 参会人员同步过去一周级别最高的客诉事件并就处理决策达成共识。
- 参会人员针对典型的 2~3 起客诉事件进行复盘讨论。
- 参会人员就用户体验提升层面可以马上开展的行动达成共识。

XD 企业的 CEO 曾向我介绍，“果汁早会”是中高层管理者倾听一线用户声音、解决用户痛点的会议。“果汁早会”之所以在每周一早上召开，是因为企业年初启动了组织价值观升级的变革，管理层将“创造用户价值”定位为企业第一价值观。XD 企业的 CEO 希望管理者每周业务工作的出发点是创造用户价值和高度重视用户体验，在周例会中发现问题、反馈问题、解决问题，进而提升用户体验。

“果汁早会”在 XD 企业持续了至少三年的时间，会议的程序也被迭代了多次，会议主题逐渐从最初的客诉处理会演变成了客诉事件复盘会。随着用户体验数据看板的建立，“果汁早会”也从回顾和处理单一的高级别客诉事件，转向更加量化、规模化地分析和处理客诉事件，并推动企业建立用户体验体系。

无论会议主题如何演变，为了保持对用户体验反馈的敬畏感，“果汁早会”始终保留了向参会人员同步一线高级别客诉事件的传统。XD 企业后来还引入了高层管理者到一线客服中心接听客诉电话来真实感受和提升用户体验的机制。

“果汁早会”机制是 XD 企业文化价值观落地中的一瞥。随着企业用户体验体系建立的完善、企业业务规模和种类的发展，公司级“果汁早会”的必要性逐渐降低。公司级的“果汁早会”周例会逐步被产品或事业部级的“果汁早会”取代。公司级用户体验提升相关的会议更新为月度会议，成为各个业务团队沉淀和分享用户价值提升方法论和经验的学习交流会。这种学习交流会是企业在用户服务方面组织能力提升的重要方式。

尽管“果汁早会”是阶段性的管理工具，诞生初期可能存在着不够高效、参会人员过多等各种问题，但其在企业构建用户体验体系的初期做出了重要的贡献，成为建立企业用户体验体系管理和落地文化价值观的重要缩影。

很多企业 CEO 希望自己的企业能够拥有优秀的组织能力，即不依赖于某个人的、不容易被其他企业效仿复制的核心能力。实际上，企业某一种组织能力的沉淀意味着某一个或几个管理体系的落地。“果汁早会”这样的会议模式和会议演变过程，是企业通过业务周例会沉淀组织能力、建设平台体系的一种方法。周例会的内容往往是从事件出发，以点带线，以线带面，通过具体事件处理和案例复盘，逐步形成数据看板管理，建立数据体系，进而建设和改善管理机制，最终形成管理体系和组织能力。

企业需要注意的是，很多企业在升级文化价值观时容易出现将企业文化做虚、变成口号的现象。“果汁早会”是一个将企业文化做实的有效方式，即通过周例会将企业的价值观拆解落实到每一个管理场景中，并且使高层管理者身先士卒且高频地践行起来。

5.4.2 双周会：帮助团队实现自我进化

Annie 是一家科技企业（简称 C 企业）新到任的人力资源总监。加入 C 企业的初期，Annie 参加了很多周会来了解企业的管理现状，比如 HR 周会、业务部门周会、安全周会、战略项目周会等。Annie 发现 C 企业的周会目标分为三个：回顾上周进展、同步本周重要事项、讨论行动计划。

为了开好高效能的 HR 周会，Annie 重新明确了周会目标。

- **减少会议频次。**Annie 为了提升会议质量，使参会人员能够专注地沉浸 1.5~2 小时，决定减少会议频次，将单周会改为双周会。
- **确定核心目标。**Annie 将回顾上周进展、同步本周重要事项作为核心目标，推动实际工作的落地，并且通过信息沟通传递的准确性和有效性，使周会成为赋能团队成员成长的场域。
- **融入企业文化。**企业文化的建设需要管理者亲力亲为，将高频传递企业文化变成管理者的一种习惯。因此，Annie 在周会中融入企业文化，通过会议使企业文化在潜移默化中根植于参会人员的心中。

周会目标得到明确后，为了使周会更好地赋能团队成员的成长，Annie 设计了“优化周会的七步曲”。

第一步：做规划。管理者应做好自身的季度工作目标规划，明确自己的季度工作重点和关键里程碑。

第二步：排优先。管理者要为自己的团队打分，审视团队的能力优势和不足，并根据工作重点和关键里程碑，盘点哪些工作需要自己投入较多的时间带动团队成员提升能力。管理者应对这些工作按照时间先后排序。

第三步：识能力。管理者应思考年度目标，希望帮助团队打造什么样的中长期能力，如何才能提升整个团队的组织能力。此外，管理者在一定程度上可以让自己有更多的精力去为团队承接更多的业务。

第四步：找关联。管理者要找到季度关键能力和年度能力之间的关联，然后对季度工作进行排序。

第五步：筛场景。回到周会去筛选要解决的会议难点场景。这些会议难点场景是最好的“练兵场”。因此，管理者要通过这些场景来对团队成员进行双周成长会的培训和分享，确保团队成员每一次的双周成长会既有输入也有输出，这种模式相当于管理者把行动学习的模式拆解到了日常工作和会议中。

第六步：推文化。为了更好地推动文化落地，管理者可以思考团队文化提倡什么、不提倡什么，短期哪个目标重要，长期哪个目标重要，从而落实高频行为。比如，对运动科技企业来说，企业文化要倡导人们对体育、健康和生活的热爱，管理者就可以在双周成长会中引入与体育相关的高频行为，如每次的双周成长会要确保所有的团队成员至少有 15 分钟是在站立或者体能活动中完成培训与分享，最大化地让团队成员感受到这些行为对自己的好处，而非强制要求打分。对管理者而言，如果自己有要坚持推动的文化行为，那么一定要以身作则，身体力行，发自内心地觉得这些是文化行为有价值的。

第七步：五环节。基于上面六步，设计一个成长双周会模式的业务周例会就很容易了。常见周例会的会议日程一般可以包括以下五个环节：

- 管理者使用与文化行为相关的小仪式让参会人员进入暖场（在高效能会议中此环节为 Check In 环节）。
- 管理者分享最重要的业务动向并讲清楚“为什么”和下一步的工作计划。
- 管理者解决当下关键业务存在的问题，使培训和分享相结合。

- 管理者帮助参会人员练习和解决实际问题，或者沉淀可落地的方法。
- 管理者通过与文化行为相关的小仪式，使参会人员对会议内容进行总结，从而结束会议（在高效能会议中此环节为 Check Out 环节）。

在实践中，很多业务管理者认为培训员工需要占用额外的时间，所以，在业务繁忙时不愿意花时间培训员工。但是在业务开展期间一旦有了一定的空余时间，员工又缺少了实战战场。**发展业务就是发展人，发展人就是发展业务。**在实际的会议设计中，企业经营者需要思考的是如何让管理者觉得培训或者组织成长双周会是投资回报率最高的。站在员工的体验角度来看，成长最快的方式就是一边做业务一边学习如何做，让自己时刻感知到自己正在不断地变强大。

5.5　15 分钟站会，打造高执行力的团队

在对运营非常重视的行业里，或者企业内某些重点工作进行到特殊阶段时，日会是常见的管理手段。比如，销售、线下门店操作人员的日常管理、短期批量招聘等要求在短期内拿到挑战性结果的专业类工作等。企业里例行的日会通常是以早站会或晚站会的形式召开。企业要想开好站会，除了要确保会议时间短，还需要会议责任人激发参会人员的战斗力。站会就像前线战场上的动员会，冲锋陷阵之时大家就不要端坐在办公桌前了，而是需要时刻保持冲锋的状态。

在 Scrum 敏捷管理[⊖]中，站会是企业面对进度比较紧张的项目时，管理者督促进度、解决卡点的速战速决会议。站会的时长通常在 15 分钟以内，参会人员需要站立参加。站会的沟通内容简单直接，通常包括以下三大问题：

- 你昨天做了什么？
- 你今天准备做什么？
- 你遇到了什么困难？

站会是企业里一类短时高效的进度同步会。站会的目的不一定是解决某个具体问题，而是促进团队成员对事项推动进度的共识，找到问题及问题解决所需要的干系人并记录下来，至于复杂问题的解决，则需要管理者通过召开专项的解决问题会或其他方式。

企业开站会除了能够快速激发参会人员的战斗力，还有助于参会人员的身体健康。特别是对于久坐的白领人群而言，15 分钟的站会为他们提供了活动身体的机会，不仅有利于身体能量的恢复与转换，而且能够刺激脑神经活动，激发思考的活跃度。

高效能的站会该如何设计呢？表 5-2 的日程安排可以作为一个 15 分钟站会的参考。这样的每日 15 分钟站会日程安排直击目标，简单明确，与敏捷管理的站会相比，还可以实现“用及时反馈促进成长、用共同喝彩激发士

⊖ Scrum 敏捷管理中的 Scrum 是迭代式增量软件开发过程，是敏捷方法论中的重要框架之一，通常用于敏捷软件开发。Scrum 包括一系列实践和预定义角色的过程骨架。Scrum 中的主要角色包括负责维护过程和任务且同项目经理类似的 Scrum 主管角色、代表利益所有者产品负责人，以及包括所有开发人员的开发团队。虽然 Scrum 是为管理软件开发项目而开发的，但它同样可以用于运行软件维护团队，或者作为一种计划管理方法。

气”的高效能。

表 5-2　每日 15 分钟站会日程安排

日程主题	日程安排
昨日收获分享	请参会人员将昨日工作复盘中的一个具体收获分享给他人
同步昨日异常	昨日异常情况包括卡点、突破、疑问等
分享今日目标	今日工作重点包括目标、难点、需求等
明确重要行动	请参会人员基于当下的状态，快速明确需要当日马上采取的行动，包括资源分配调整、专项会议安排、明确责任主体等
调整团队士气	请参会人员根据当日团队成员状态，自发地喝彩助威或支持鼓励，激发团队战斗力

高效能的站会不仅对互联网科技企业的产品技术研发人员或零售线下团队有益，对管理咨询行业、有 To B 客户销售或商务活动的专业服务企业而言，也是很好的会议模式。专业服务企业通常有客户竞标场景，无论是竞标前还是竞标后，管理者都可以利用 15 分钟站会使团队成员快速对齐目标，并帮助团队成员实现成长与进步。

我曾经任职过的 Hay Group 就有 15 分钟站会。管理咨询顾问会在每场客户竞标会后的 15~30 分钟离开客户竞标现场并找到合适的地方，召开及时复盘竞标表现的站会。我常常看到 Hay Group 的管理咨询顾问在客户办公楼的大堂进行站会复盘。团队成员常常在这样的站会中再次激发战斗力和团队协作精神，并在相互反馈中不断学习与进步。

在新冠疫情管控期间，很多企业实行了远程办公制或混合办公制。尽管参会人员缺少了线下面对面沟通的场域，但站会不仅不应该被取消，反而应该成为一种必要的团队管理手段。在远程办公的模式中，管理者不仅需要密切关注员工与员工、员工与企业或团队的联结度，还需要及时帮助员工切换进入工作状态。15 分钟以内的每日站会就提供了这样一种“频道按钮”，能够瞬间接上团队成员间的“电路”，使团队进入工作预热状态。

管理者在团队成员远程办公期间召开站会，可以借鉴以下三个小技巧：

- **保持站立。**管理者召开线上站会时，主张使参会人员保持站立状态，避免大家坐在电脑前仿佛梳妆打扮，不利于进入工作状态。
- **早安问候。**管理者可以在日会中安排团队成员彼此进行早安问候，作为会议的签到环节，以此增强团队成员彼此的联结感和进入工作状态的仪式感。
- **增加工间操。**管理者可以尝试在站会中增加工间操模式。比如，请参会人员一起完成一段健身操或者有氧舞，从而可以减少团队成员久坐的危害并让团队能量活跃起来。

管理者通过时长短、频次高的站会，可以增强团队成员的执行力，使团队成员快速进入工作状态，以高昂的斗志开启一天的工作。

5.6 项目管理会，发展业务的同时发展人

在企业推动工作进度的柔性组织机制中，项目制是最为常见的一种。与项目管理有关的会议体系很早就已经形成了一套独立的、专业的会议管理体系，甚至发展成为专业的职业认证资格体系。项目管理专业人士资格认证（Project Management Professional，简称 PMP）就是由美国项目管理

协会（Project Management Institute，简称 PMI）发起的、严格评估项目管理人员知识技能是否具有高品质的资格认证考试。在 PMP 评估体系中，PMI 围绕项目的启动、规划、执行、监控和收尾等，详细定义了项目管理方面的最佳流程或技能标准，其中也包括了与项目管理有关的各类会议管理技能。

与项目相关的会议是从“项目”出发，所以参会成员甚至会议发起人常常认为项目会议是以“事”和“解决问题”作为核心议题的。各类关于项目管理的咨询或培训一般都主张强调项目中“人”和“沟通”的重要性。但在实际运作中，从建立项目、建立项目管理办公室的那一刻开始，“项目”就已经把所有人带入了“无人之境”，“事大于人”甚至会成为项目制运作中的第一管理要项。

管理咨询服务企业的核心运作机制是项目制，管理者需要通过项目来发现和培养中高端顾问人才。于是，基于实际运营沉淀，不少知名咨询企业就把项目制的运作发挥到了极致，努力在项目运作中同时关注“事”和“人”，真正在发展业务的同时发展人才。

在项目制管理方面尝试人才培养工作的企业中，给我留下深刻印象的，就是我任职过的 Hay Group。Hay Group 完全践行了“发展业务就是发展人，发展人就是发展业务”的管理理念，并将这条管理理念落实在了企业的项目管理会议中。我接下来分享的三类会议是典型的项目管理会议。

5.6.1　主进度计划（MasterPlan）讨论会

在每一个项目交付开始，企业的咨询项目组会召开内部成员的第一类会议——主进度计划讨论会。主进度计划讨论会往往也包含内部项目启动会的一般目标，但与常见的项目启动会不同，主进度计划讨论会主要是关于项目方案交付过程的专家设计讨论会。因此，在主进度计划讨论会上往往可以看到企业的最高水平顾问专家一起进行脑力激荡，这也是很多普通顾问向大师级顾问学习的训练场。

企业要开好高效能的主进度计划讨论会，往往需要做到以下三个方面：

1. 邀请最高专家

主进度计划讨论会通常会邀请与项目交付内容有关的企业内的所有可能领域的专家代表，尽管这些专家可能并不是项目的核心成员，甚至可能在之前的竞标过程中完全没有出现过，在未来的交付过程中也未必出现。有的时候，主进度计划讨论会也会邀请一些外部专家参与。

主进度计划讨论会邀请的所有专家的核心价值在于他们用过往的经验，在项目经理的引导下，一起帮助项目组制订出可落地的技术方案，详细到一个项目中所需要的一场研讨会的大致设计流程。在主进度计划讨论会中，专家也会根据自己的经验来帮助预判和演练项目中可能出现的客户反应和应对措施，尽可能地减少项目的实施风险。

2. 关注成长目标

很多企业在开展项目时会关注项目的目标。然而，在 Hay Group 的主进度计划讨论会中，参会人员往往一起讨论三个目标：客户相关利益人的目标、项目本身的目标、项目团队和团队成员的个人成长目标。项目团队和团队成员的个人成长目标，甚至会被参会人员作为最重要的目标来优先讨论。

因为企业的管理理念为：人才在项目中如果成长了，才能够给客户带来价值，人才成长得越快，给客户带来的价值也就越高。

我了解的咨询企业中，贝恩（Bain）也有这样的机制。Bain 在每个项目开始时，项目负责人都会做一个简短调研问卷形式的目标设定，设定每个人的成长目标，同时每个人在项目阶段里程碑和项目结束时，也要回顾自己的成长目标达成情况。

Hay Group 在关注成长目标这方面做得更加领先一步。Hay Group 会让项目成员思考：自己在这个项目中成长的技能能够为此项目带来什么，同时自己的专业技能能够为项目组的其他成员的成长带来什么。除此之外，项目团队为了团队成员的成长要讨论出可实施的行动计划。比如，项目中的能力互补成员的结对子机制等。由于主进度计划讨论会通常会邀请专家，所以项目成员也有机会接受专家对于他们个人成长目标的指导建议。

3. 塑造平等开放场域

主进度计划讨论会并非专家与专家之间的头脑碰撞会议。之所以说主进度计划讨论会能够培养人，恰恰是因为在这类会议上不分资历高低，参会人员的出发点是项目本身。因此，参会人员可以施展全部身手来参与到讨论中。在会议讨论中，“小白”顾问会尽自己所能提出自己的想法，与大师顾问进行对决。整个会议过程类似习武训练。

5.6.2　项目案例交流会

项目案例交流会是一个从人才培养和企业知识管理角度出发的会议。在我看来，项目案例交流会是咨询企业组织能力沉淀的重要机制。每个项目负责人都有义务在一个项目结案后，将项目的交付过程做好案例总结沉淀，包括项目使用的工具、方法和项目成员的成长，这些总结既是对自身项目的复盘，也会成为企业未来参与其他竞标的素材，同时也会成为内部培训和内部工具、方法研发的重要素材。

完成素材资料的梳理沉淀后，咨询企业会定期召开项目案例交流会。项目案例交流会的流程我在此不一一阐述了，但是以下三点关键内容可以分享给大家：

- **分享成长。**项目案例交流会要分享个人和项目团队的成长，这是必选项。
- **沉淀方法。**通常每一场项目都会沉淀一些工具和方法，这些工具和方法会结合咨询企业已有的知识进行“反哺”，参会人员按照专题内容做深度的专家分享或讨论，将项目成果内化为组织能力和进化能力。
- **阐述项目成果的影响力和价值。**企业通过让项目负责人阐述项目成果的影响力和价值来衡量项目负责人的营销能力、客户导向以及对企业贡献度、归属感。我深刻地感知到，在这个环节中，大部分顾问都遵循了关注价值贡献这一企业文化传承，而且这个环节也在一定程度上训练了参会人员的销售影响技能。

5.6.3 项目进度和顾问资源池盘点会

咨询顾问的团队负责人或业务合伙人，一般都会参与一类重要的企业级会议，即各个项目进度和顾问资源池盘点会。项目进度和顾问资源池盘点会在企业的项目制工作中就是项目管理办公室 PMO 的例行会议。这类会议一般两周一次。项目负责人会首先跟进项目的进度，然后对顾问资源在各个项目进行分配，确保顾问的时间可以被充分地最大化利用。

项目进度和顾问资源池盘点会通常有以下两个特点：

特点一：轮值主持制。项目进度和顾问资源池盘点会的决策需要轮值主持人对业务和顾问人才有充分的认知和统筹能力。这种能力不仅是技能，而且是管理者视角的选择。会议轮值主持人需要站在企业的视角来使用和分配资源。可以说，轮值主持人使用和分配资源的能力就是一个典型的业务负责人或小型企业 CEO 所需要的领导力。企业提供的轮值主持制，给了业务合伙人一个很好的机会去体验和提升这种领导力。

特点二：人才的盘点与发展建议。虽然项目进度和顾问资源池盘点会是以业务资源作为主要目标出发的会议，但是在盘点顾问资源的过程中，业务合伙人要尽量用统一的语言标准来描述当下人才的能力情况。有的时候为了妥善安排资源，业务合伙人也需要考虑到每个顾问的发展诉求。所以在项目进度和顾问资源池盘点会上，业务合伙人从人才发展视角每两周被训练一次。相比较很多企业半年做一次人才盘点，项目进度和顾问资源池盘点会的高频召开为企业的组织文化和管理者的领导力发展提供了很好的场景。

纵观咨询企业的项目制运作，我认为这更像是人才机制运作。在很多企业引入项目制的机制时，我常常推荐他们把 PMO 定位为 PTMO（Project Talent Management Office，简称项目人才管理办公室）。当然也有很多组织将这样的机构定位为变革管理办公室，这是从组织的视角出发。对生长型组织而言，PTMO 更加契合。

上面提到的三类对人才赋能的会议，不仅仅适用于管理咨询企业，同样也对企业里的项目管理办公室有同样的价值。这也是为什么在一些运转娴熟的企业，会把 PMO 作为人才培养的蓄水池，而把 PMO 主任作为业务管理者一号位助理的培养岗位。

有一些企业通过长周期的项目管理运作，将 PMO 逐步做实，这是组织架构由虚到实的一种常见做法。项目做成了，项目成员在做项目的过程中得到了锻炼和成长，组织能力也得到了沉淀，可谓一举三得。

为了方便读者系统地学习本书的高效能会议方法，我对本章做一个总结。开好日常管理会是团队管理者的基本功，往往是基层管理者或新任管理者的必修课，特别是开好周例会、日例会、项目会。随着管理层级的提升，管理者需要学会目标管理类的相关会议，特别是跨团队跨部门的目标管理会议。

需要特别指出的是，虽然我们本章分享的是日常管理会如何开，但是对管理者而言，开好日常管理会并不是管理者的全部职责。管理者依然要扮演重要的专业贡献者或在业务逻辑方面的专业设计者、提炼者的角色。因此，管理者需要身体力行，做一名真正懂业务而不是瞎指挥的管理者。基层管理者要从个人贡献者向管理者进行转型，既要做好专家辅导角色，也要发挥好管理决策角色，切莫将日常管理会变成官僚的形式主义会议。

Chapter Six

第6章 高效能会议魔方之第三面：如何开好评审决策会

6.1 评审决策会，人才观比投票机制更重要

在企业的各类会议中，有一类会议需要跨部门、跨团队召开，这类会议就是评审决策会。评审决策会是对企业里的产品、业务或人才进行评估和决策的会议。评审决策会的评委通常来自企业的不同部门，他们往往在某一领域具有专业能力或技术资格。

企业的评审决策会有多种类型，与人才评估相关的评审决策会包括绩效校准会、人才盘点会、晋升评审会等；与产品相关的评审决策会包括产品优先级评估会、技术评估决策会、风险等级评估决策会等。

与人才评估相关的评审决策会的参会人群包括企业管理者和资深的专业贡献者。企业在召开与人才评估相关的评审决策会时，会议组织者要制定科学的评审标准和会议流程，参会的评委要为企业提供强大的人才支持。在实践中，我们发现有的管理者将企业里与人才评估相关的评审决策会中决策过

程的设计简单地理解为投票机制的设计。事实上，在与人才评估相关的评审决策会设计上，投票机制的科学性仅仅是其中一部分内容，更重要的是对人才观、人才策略的深度理解和在决策过程中的有效应用。因为，企业召开与人才评估相关的评审决策会的目的是帮助管理者识别人才和判断人才，该会议是企业展现真实人才观的重要场域之一。在企业召开与人才评估相关的评审决策会的过程中，管理者关注的核心问题是如何识别人才、选拔人才和培养人才。

本章将以企业里与人才评估相关的评审决策会为核心，分享管理者如何开好高效能的评审决策会。

6.2 绩效校准会，科学而艺术地实现公平

绩效校准会是企业里与人才评估相关的一类评审决策会。绩效校准会通常是管理者在员工绩效考核阶段召开的会议。当员工的绩效等级评估工作初步完成后，员工的直接管理者会联合更高层级的管理者共同组成绩效校准委员会，对员工的绩效评估等级进行校准。

企业召开绩效校准会的显性目标是减少管理者对员工的绩效评估差异，确保员工的绩效评估结果公平、公正。为了让员工获得一致的绩效评估结果，有的企业规定管理者应确保员工的绩效评估结果符合企业制定的绩效分布比例，这样做有利于严格把控绩效标准。

除了上述显性目标，绩效校准会还有两大隐性目标：一是管理者要通过绩效校准会发掘出团队中的优秀员工，并通过绩效评价来确定团队的卓越人

才标准；二是管理者通过在绩效校准会上的讨论，对员工的绩效评估标准达成共识，并在对员工的绩效校准过程中不断完善企业的绩效评估体系。

召开绩效校准会对生长型组织的人才选拔、培养和发展具有更重要的价值。绩效校准会作为生长型组织培训中高层管理者的场域之一，有助于提高中高层管理者的沟通能力和人才识别能力，使他们在此场景中深化对企业绩效管理理念的理解，并将其应用到实际的管理工作中。从这个角度来看，企业的绩效校准会是生长型组织持续发展的关键场域之一，它不仅是对员工绩效评估等级结果进行校准的会议，更是提升管理者在绩效管理方面能力的重要途径之一。

6.2.1　绩效校准会的六大挑战和五大关键环节

一般来说，在成熟企业或者绩效管理体系比较成熟的组织中，管理者对绩效评估标准的认识较为一致，因此，这类企业不一定非得借助特定会议来进行绩效校准。在新兴组织或绩效体系尚处于建立阶段的组织中，绩效校准会是非常有必要召开的一类会议。

在新兴组织或绩效体系尚处于建立阶段的组织中，绩效校准会常常会面临以下六大挑战：

挑战一：管理者对绩效等级标准的理解有差异。尽管企业对绩效等级标准已有详细的文字说明，但在实际操作中，绩效等级标准仍可能因管理者的理解不同而产生差异。

挑战二：管理者的评价尺度有差异。管理者过去的管理经验、情感因素、专业素养和团队成员的能力等，都可能导致不同的管理者对同一员工的工作表现给出不同的评价，换言之就是管理者在评价员工工作表现时的宽严标准有所区别。

挑战三：企业内部管理开放程度有差异。在一些企业中，跨部门进行人才讨论会受到阻碍。有的管理者一方面期望拥有更多优秀的绩效标兵，另一方面却不愿意公开承认本部门员工的能力不如其他部门的员工。

挑战四：管理者沟通表达能力有差异。有的管理者不擅长表达，在绩效校准会中难以为自己认为表现优秀的员工辩护，或者准确地阐述员工的优缺点，从而导致员工最终的绩效评价不公平。

挑战五：会议时长不可控。由于缺乏有效的规划和引导，绩效校准会的会议时长往往难以掌控。有时，参会人员为了解决个别棘手的问题而争执不下，导致整个绩效校准会进程缓慢。迫于时间压力，管理者只能对未充分讨论的问题匆忙做出决定，从而引发另一种形式的不公平。

挑战六：会议氛围不友善。从人性角度考虑，管理者为维护自己团队的利益坚持己见，试图争取更多的优秀员工名额，实属正常。正因如此，很多管理者每次参加绩效校准会如同参加激烈的战斗或辩论赛一样，会议现场气氛紧张，甚至充满了火药味，这样的会议氛围会导致不和谐的人际关系。

管理者要想做好绩效管理这项基础管理工作，并不是一件容易的事，因为对员工的绩效评估总体上是管理者基于客观信息的主观判断。绩效管理不易，召开一场高效能的绩效校准会更是难上加难。会议组织者想要设计和主持好一场绩效校准会，既要具备会议引导经验，又要深入理解企业的绩效管理体系。为了开好绩效校准会，会议组织者需要重点关注以下五大关键环节：

环节一：绩效评价结果数据化和可视化。企业召开绩效校准会的关键在于确保员工的绩效评估结果公平。为此，会议组织者需要从多个维度对员工的绩效评价结果数据进行分析，以便迅速发现异常情况并将其纳入重点讨论范围。为了使员工的绩效评价结果数据化和可视化，会议组织者在召开绩效校准会前，要提前准备好相关的资料，为参会人员提供讨论的依据。

环节二：遵循绩效校准的基本原则。许多企业在召开绩效校准会时，往往忽视对绩效校准基本原则的讨论和共识。会议组织者在召开绩效校准会前，需要明确绩效校准会的目的和底线，以免会议过程中参会人员陷入仅关注工具和规则的误区。

环节三：精心安排参会人员的出场顺序。企业在召开绩效校准会的过程中，第一名和最后一名出场的参会人员往往会获得较高的关注度。参会人员得到较高的关注度是一件有利有弊的事，既可能成为万众瞩目的“宠儿”，也可能成为绩效校准尺度确立过程中的“牺牲品”。因此，会议组织者需要精心安排参会人员的出场顺序，确保每名参会人员都能得到公平对待。

环节四：对所有管理者公平、友好。绩效校准会要想为员工提供公平评估绩效的机会，首先应确保参加绩效校准会的管理者在管理判断、陈述表达等方面的能力是相对一致的。因此，企业需要为所有参会的管理者提供公平、友好的环境，同时也为管理者提供提升管理能力的机会。企业在设计绩效校准会时，应通过不同的会议程序使不同管理者有机会在会议中表达出自己的意见。比如，管理者可以书面提交绩效校准理由、在固定时间进行现场发言等。企业应对管理者展开针对性的绩效校准培训，并安排真正了解管理者表达能力差异和善于进行现场互动的会议引导人来引导绩效校准会。

环节五：妥善保存绩效校准会上的信息。绩效校准会上的讨论涉及大量信息，包括个人的业绩和能力、企业的管理理念和政策等。会议组织者需要将绩效校准会上的信息进行妥善保存，并在日后用于改进和指导管理者提升管理能力。

抓住关键环节，实现重点突破。以上就是企业在召开绩效校准会时会面临的六大挑战，以及在召开高效能绩效校准会时会议组织者需要重点关注的五大关键环节。企业要想召开一场高效能绩效校准会，就要紧紧抓住关键环节，在实践中不断突破会议瓶颈。

6.2.2 召开绩效校准会的五大步骤

接下来，我将通过实战案例来分享绩效校准会应该如何设计和召开。

一家大型互联网企业（以下简称 W 企业）拥有约 10000 名员工，分别在多个事业部、事业群和职能部门，绩效等级分为 S、A、B、C 和 D 五个级别。各事业部和职能部门在首次绩效评估之后，已经在部门内部进行了初步的绩效校准。之后，各部门负责人及人力资源业务合作伙伴（Human Resource Business Partner，简称 HRBP）负责人将与企业 CEO 召开绩效校准会，共同对各部门员工的绩效评估流程进行评估。此次绩效校准会的参会人数约为 40 人。

W 企业的绩效校准会主要对以下两个关键目标进行校准：

- 集团管理者（近 200 人）的个人绩效结果。
- 各事业部和职能部门绩效评估流程的公平性和客观性。

为了召开一场高效能绩效校准会，W 企业的会议组织者结合上述两个关键目标，设计了会议的五大步骤。

步骤一：基于目标明确要求

CEO 在绩效校准会开始后，介绍绩效校准会的召开背景，并向与会的高层管理者提出绩效校准要求。企业的人力资源部在绩效校准会上公布管理者绩效评估的初评结果，并明确本次校准会讨论的具体内容。

步骤二：统一绩效评估原则和绩效等级标准

绩效校准会的参会人员通过对企业绩效管理的讨论，对企业的绩效评估原则达成一致意见。一场高效能的绩效校准会应遵守以下六大绩效评估原则：

- **透明原则。**在绩效校准会上，参会人员应确保信息的透明度，包括被评估对象各方面的信息和评价，做到信息共享、知无不言。
- **客观原则。**绩效评估具有主观性，被评价对象的上级管理者拥有最终的主观决策权。拥有主观决策权的管理者应尽可能客观，并进行量化评估，保证被评价对象的绩效评估结果相对公平。值得一提的是，绩效校准会既不能追求绝对的客观，也不能完全规避主观。
- **角色认同原则。**管理者应作为绩效校准委员会的成员发言，而不是作为部门负责人代表发言。管理者要站在企业的视角为企业的人才管理与发展提出评估建议。
- **发现与发展人才的初心原则。**参会人员应抱着发现人才和发展人才的初心，对被评估对象及其上级管理者的陈述保持好奇心，全面了解员工的绩效情况，并提供建议。
- **当期绩效导向原则。**参会人员应始终关注员工当年的绩效评价，专注于员工个人的表现对当期绩效的影响，避免被员工过去的光环所左右。

- **公平、公正原则。**为减少绩效评估主观性可能带来的偏见，参会人员在绩效校准过程中需定期复盘检查自己是否存在主观偏见，并在必要时进行调整，确保被评价对象的绩效评估结果公平、公正。

以上六大原则可以作为企业召开绩效校准会的参考标准。但在实际的绩效校准会中，我建议企业根据自身实际情况，与参会人员共同探讨适合企业的绩效评估原则，这样有助于营造良好的会议氛围。

为了更好地进行绩效校准，参会人员应回顾并深入理解企业绩效体系中五个绩效等级的具体含义。企业的人力资源部可以通过研讨和培训的方式来帮助参会人员深入理解绩效五个等级的含义。参会人员可以通过以下三大动作加深对五个绩效等级的理解。

- **动作一：写。**企业的人力资源部可以邀请参会人员写下他们对五个绩效等级的理解。
- **动作二：说。**参会人员可以将自己对绩效等级的理解与身边的同事进行交流。企业的人力资源部可以选取参会人员代表在绩效校准会上作现场发言。
- **动作三：纠。**企业的人力资源部对参会人员的发言进行纠正和解释，并树立出五个绩效等级的典型标杆员工代表，以便参会人员进一步理解绩效等级的含义。

步骤三：校准管理者的绩效结果

校准管理者的绩效结果主要是参会人员分别对企业中绩效等级为 S 级和 A 级的管理者的绩效结果进行评估和质询。

校准绩效等级为 S 级的管理者绩效结果的流程如下所述：

- **公示名单。**企业的人力资源部公示绩效结果为 S 级的人员名单，使参会人员初步了解绩效校准对象。
- **介绍人员情况与评委会质询。**各部门的上级管理者分别介绍本部门绩效结果为 S 级人员的情况。介绍内容应包括 S 级人员的基本信息、年度目标实现情况及绩效评估结果为 S 级的核心依据。在此过程中，参会人员如有问题或疑虑，可向 S 级人员所在部门的上级管理者进行提问。
- **第一轮无记名投票与评委会质询。**现场公布投票结果。在这一轮投票之后，参会人员可以针对已有的投票结果提出进一步的质询。所有的质询环节结束后，上级管理者需一次性回答所有问题，总用时不得超过 3 分钟。
- **第二轮无记名投票。**第二轮投票结果不公开。
- **公示校准结果。**现场公示所有经过绩效校准的绩效结果为 S 级人员的结果，邀请各位参会人员在此基础上回顾自己在之前的绩效评估与现场质询过程中的不当之处，并进行相应修改。
- **审议讨论。**对在绩效校准中获得最多反对票的 S 级人员的情况，参会人员要进行审议讨论。

（注：完成 S 级人员绩效校准后，参会人员再按照上述流程，对 A 级人员的绩效结果进行校准。A 级人员绩效校准后完成后，再继续开展以下环节。）

- **回顾校准结果。**回顾所有绩效结果为 S 级和 A 级人员的绩效校准结果，为参会人员提供公平开放的发言机会。
- **总结。**企业的人力资源部对 S 级和 A 级人员的绩效校准结果进行简要总结。

在此特别说明一点，在绩效校准过程中，参会人员具有双重身份，既是各部门的上级管理者，又是绩效校准的评委。在绩效校准过程中，为了使质询过程更加客观公正和充分，在进行第一次质询时，评委的发言总次数不低于 5 次。在这 5 次发言中，评委不得表达自己对该人员的绩效结果被评为 S 级和 A 级的态度是支持还是否定，目的是尽量在信息得到充分公开前，给予各位评委独立判断的空间。在进行第二次质询时，评委可以提出反对意见，并给出理由。

如今有很多在线绩效管理系统可以帮助企业进行绩效校准，如果条件有限，企业可以尝试使用一种有趣的方法来代替在线绩效管理系统。比如，企业可以进行一场类似“天黑请闭眼”的游戏。在投票环节，企业的人力资源部请所有人把眼睛闭上，反对的参会人员在大家闭眼后用右手示意，人力资源部现场统计结果。绩效校准会上设置类似“天黑请闭眼”的游戏环节，既提高了会议效率，又增添了会议的趣味性，让整场会议变得生动起来。

同时，从 ORSC 组织关系系统教练理论的角度来看，“天黑请闭眼”的现场互动方式有助于提高绩效校准会系统的运行效果。因为有趣的会议元素可以让绩效校准会场域的能量活跃起来，同时让参会人员感到自己的投票是代表企业的声音，而不是代表自己所在部门的声音，从而更好地激发参会人员的参与状态。

步骤四：事业部或职能部门内校准流程的公平性和客观性

企业的人力资源部要对企业各事业部和职能部门内的绩效评估流程的公平性和客观性进行校准。在绩效校准会开始之前，企业的人力资源部应当收集并分析一系列问题，做好充分的准备工作。企业的人力资源部收集的问题清单见表 6-1。

表 6-1　校准流程的公平性和客观性的问题清单

序号	问题清单内容
1	你所在的部门是否已经举行过绩效校准会？
2	你所在的部门进行部门校准前后，绩效分布比例有何具体变化？
3	部门管理者认为这些变化的原因是什么？
4	部门内部绩效校准会的基本流程是什么？共花费多少时间？有哪些人员参与？
5	在部门内部的绩效校准过程中，你认为哪些地方值得其他部门借鉴？
6	在部门内部的绩效校准过程中，你认为哪些地方需要改进？
7	你对本部门绩效校准会在公平、公正的流程（注意是流程而不是结果）方面打多少分？

人力资源部通过收集各部门会前对部门自身校准流程的公平性和客观性的问题清单，对各部门的校准流程进行总结和分析，并在此基础上对管理者进行抽查问询，从而检验各部门绩效校准过程的公平性和公正性。此外，企业的人力资源部还可以挑选一些部门的绩效校准会进行旁听。

企业人力资源部完成对部门校准流程的公平性和客观性的问题收集之后，在集团层面的绩效校准会应按照以下流程设计：

- 人力资源部对集团绩效校准会前的调研成果进行概述。
- 人力资源部请评委对集团绩效校准会的公平性和公正性进行评估和复盘，重点关注最初设定的绩效校准会议原则。
- 人力资源部请评委对集团绩效校准会中可能存在的不足之处提出改进措施，旨在弥补集团绩效校准会的疏漏，而非针对未来的集团绩效校准会。
- 评委将角色转换为管理者，分享在集团绩效校准会中的成长心得。

如果时间充足，企业可以在绩效校准会后进行绩效校准会满意度调查，但是我仍建议在会议现场进行这一环节。企业在绩效校准会现场进行绩效校准会满意度调查，除了可以使绩效校准会的透明原则得以贯彻，还有助于管理者在真实的管理场景中建立透明文化和及时反馈文化，这对成为一个可持续发展的生长型组织十分关键。

步骤五：总结复盘与行动安排

绩效校准委员会的成员复盘本次绩效校准带来的管理启示，针对公司绩效管理体系的改善收集各位参会人的建议，并明确绩效校准会后的安排和行动计划。

值得注意的是，绩效校准会并未立即确定最终的校准结果，因为并非所有管理者都能够在现场快速做出判断，大家需要有深入思考的时间。同时，绩效校准会的召开过程可能使管理者对绩效评估等级标准产生新的认识，其他管理者在评估过程中的召开观点和方法也会对管理者本人的评估体系产生影响。比如，有的管理者原本评价尺度较为宽松，但在参加了绩效校准会并了解到其他管理者的绩效评估标准后，会相应地调整自己的绩效评价尺度。管理者经历的这一过程被称为“绩效校准会后的发酵过程”。因此，企业要给管理者一天的时间，使他们能够重新调整所负责部门的绩效评估结果并进行上报。在所有结果经过第二次上报后，企业 CEO 和人力资源部会在综合分析的基础上做出最终决策。

除了对企业绩效校准范围内的人员的评估结果进行调整，管理者还需要在自己的部门内召集下一层级的评委，对部门内的所有员工进行再次绩效校准和调整。这一过程有时会被分解成一对一沟通或最高管理者直接决策后与下属管理者交换意见等方式。虽然这一过程看似烦琐，但能够确保每一层级的评价标准保持一致。

以上就是 W 企业召开集团绩效校准会的五大步骤，企业可以根据自身的规模、部门层级和管理风格等因素，对企业的绩效校准会流程进行简化或创新。无论绩效校准会的形式如何变化，管理者始终要牢记的是，绩效管理是企业中最基本但也最具挑战性的管理工具。绩效管理的核心是过程管理，特别是评估过程中的过程管理，这往往容易被管理者忽视。

绩效管理，尤其是绩效校准会，能够培养和发展管理者的领导能力，这也是绩效校准会实际的目标。在绩效校准会上，管理者尤其需要培养的能力包括倾听能力、识人能力、决策能力及沟通与表达能力。管理者只有在绩效校准会中不断修炼、提升这些能力，才能科学而艺术地实现绩效评估和校准的公平性。

6.3 人才盘点会，盘业务、盘组织、盘人才

人才盘点是人才管理的基础。不同发展阶段的企业、不同类型的人才序列、不同成熟度的管理者（即盘点评估人）以及不同的盘点目的，都会导致人才盘点的方法和工具有所差异。总的来说，企业的人才盘点是一个系统工程，从设定标准、评估实施到结果应用，都需要管理者精心设计。人才盘点会是企业人才盘点系统工程中的关键环节，也是企业里重要的一类评审决策会。

传统的人才盘点会通常没有明确的投票决策机制，因此大部分企业在会议上采用的决策方式为议决而非票决。原因是企业人才盘点往往不像针对特定个体的人才盘点那样更加关注各层级管理者对人才主观判断的标准是否能够达成一致。企业进行人才盘点的对象不仅仅局限于个体，还会关注整个组织内部的人才厚度和人才分布情况。

企业的人才盘点会通常会注重会议中的互动讨论和同步对齐环节的设计。企业的人才盘点会并不是全部依赖管理者的主观判断而无法进行量化处理。实际上，企业在召开人才盘点会之前，需要对相关的人才数据进行细致的量化整理。这些数据包括人才的绩效表现、360 度或 180 度的反馈评价报告，以及对人才在各项能力表现方面的量化评分等。

在人才盘点会的实践中，我们发现有的企业召开人才盘点会的效果不尽如人意，主要有以下五大原因：

- **原因一：人才标准模糊不清。**当企业人才标准设置的合理性、清晰度和易用性较差时，就会导致人才盘点过程变得异常困难，甚至可能出现误导性的结果。
- **原因二：人才盘点方法复杂。**当企业的人才评估方法和盘点方法过于复杂时，就会增加人才盘点会前及会中的工作量，从而增加人才盘点会的实施难度。
- **原因三：本位主义。**在人才盘点会的过程中，如果缺乏有效的引导，那么评委可能会受到自身立场的影响，导致人才评估结果失真。
- **原因四：没有结合业务和组织需求。**如果人才盘点会仅对人才进行盘点，而不将人才盘点与业务和组织需求相结合，那么就会导致人才盘点结果模糊不清。
- **原因五：管理者对人才标准的理解差异给共识带来挑战。**如果企业各管理者对人才标准的理解产生差异，就会导致管理者在人才盘点会的议决过程中难以达成共识。

那么，企业要如何召开高效能的人才盘点会呢？下面，我将通过实战案例来分享人才盘点会应该如何设计和实施。

一家快速发展的企业（以下简称 D 企业）在人员规模迅速增长的情况下，面临着职级管理机制不完善、管理者对企业人才标准的理解不足等问题。因此，D 企业急需召开一场人才盘点会来解决目前的管理困境。人才盘点会发起的动因与企业在业务、组织等方面的优化密切相关，D 企业希望通过人才盘点会在提升组织效能的同时，还能确保企业的人才厚度。人才盘点会召开的时间定在年底，企业希望在盘点人才的过程中了解各个部门的管理情况，为新一年的资源分配做好充分准备。

基于上述背景，在人才盘点会中，D 企业采取了以下四大改进举措：

举措一："三盘"

D 企业将人才盘点会升级为"业务—组织—人才"的三位一体会议，内容包括"三盘"，即盘业务、盘组织和盘人才。在人才盘点会前，会议组织者需要准备一系列关于业务、组织和人才的有关问题，以便在会议过程中进行深入探讨。会议组织者可以参考人才盘点会关于业务、组织和人才的问题清单，见表 6-2。

表 6-2 人才盘点会关于业务、组织和人才的问题清单

业务	组织的使命、愿景和定位是什么？
	企业整体的业务逻辑是什么？和各部门之间是什么关系？
	企业的核心业务流程和权责关系是什么？
	企业的业务或部门的战略方向和核心目标分别是什么？
	企业的战略目标是否有明确的路径来实现？关键的抓手是什么？
	企业当前的重点项目有哪些？
	为实现战略目标，企业的业务需要怎样的资源、预算和编制？
	企业有哪些跟踪机制能够确保战略目标的实现？
组织	什么样的组织架构能够与企业的战略方向保持一致，并且有助于战略目标的实现？
	企业组织设计的出发点和原则是什么？如何进行分工和协作？
	企业中各组织的定位、分工和职责是否明确？
	企业如何确保组织之间的有效协同？有哪些相应的机制？

（续）

组织	企业的关键管理岗位有哪些？这些岗位是否已经有了合适的人选？目前的管理人员状态如何？
	在团队融合的过程中，企业对组织架构或者岗位设置进行了哪些调整？为什么要进行这些调整？这些调整给组织带来了哪些挑战？最大的风险是什么？有什么好处？
	为了满足业务发展需求，企业需要多少人力（编制目标）？
人才	企业组织内部的人员结构是否合适？各类人员的比例是否合理？
	企业组织团队成员的能力、绩效和潜力如何？他们在各自岗位上的表现如何？
	企业是否存在较大的人员空缺或冗余现象？如何解决这些问题？
	对于未来的人才配置，企业有什么规划和安排？

举措二：提效率

为了简化人才盘点所使用的工具和提高人才盘点会的效率，会议组织者可以鼓励参会人员根据自己的需求和实际情况，自主选择人才盘点工具来回答上述“三盘”的问题，并规定所提交的人才盘点汇报材料的页数应控制在 10 页纸以内。这样做既降低了参会人员的学习成本，也调动了参会人员的主观能动性，使参会人员能够提前思考和分析问题本身，而不是将时间浪费在如何“按照模板交作业”上。

举措三：“标杆法”

人才盘点会的重头戏在“议”而非“决”上。企业召开人才盘点会的目的是通过“讨论”促使管理者对企业的人才标准达成共识。由于这是 D 企业第一次举行人才盘点会，会议组织者在会议中特别引入了“标杆法”，即通过对标杆员工的人才特点进行讨论，使参会人员逐渐对企业的人才标准达成共识。尽管在人才盘点会的过程中，参会人员会对每名标杆员工进行详细讨论，但最终的用人决策将在会后进行，以确保人才决策的严谨性和客观性。

举措四：重培训

企业不应将人才盘点会视为一次会议，而应将人才盘点会纳入管理者培训体系，使其成为管理者学习和实践的重要场域之一。在人才盘点会召开之前，会议组织者要对参会人员进行人才盘点的相关培训，帮助他们掌握正确的人才盘点方法和工具。在人才盘点会召开过程中，参会人员可以通过实际操作来巩固会议召开前学到的相关培训知识，实现知行合一，为会议的顺利召开打下坚实的基础。

以上就是企业召开高效能人才盘点会的四大举措，企业可以借鉴这些举措，并通过实践迭代出适合自己企业的人才盘点会的流程和方案。需要注意的是，无论什么形式的人才盘点会，都必须包含“三盘”，即盘业务、盘组织和盘人才。

6.4 晋升评审会，评委的成长阵地

如今，许多企业都在寻找能够有效提升管理者管理能力的培训方式和方法。殊不知，企业的晋升评审会就是管理者修炼管理能力的重要场域之一。管理者可以通过晋升评审会这一场域进行群体学习和相互激发，在真实的情境中不断创造机会，从而提高对人和事的判断力和影响力。此外，一场高效能的晋升评审会为企业的人力资源部提供了巨大的创新空间，使其能够充分发挥出专业影响力，而不是仅仅局限于日常的宣传和沟通工作。

接下来，我将通过实战案例来分享企业的晋升评审会应该如何设计和实施。

Q 企业迎来了每两年一次的晋升窗口期，办公室里到处都是关于晋升的标语，比如“获得奥斯卡提名也很光荣”等。这些标语使员工感受到晋升评审会就像企业里一场缓缓拉开的晋升大戏。在这一时期，HR 拥有很强的存在感，员工们纷纷向他们咨询有关晋升的问题，比如如何准备面试、晋升评审会的评委风格等。同时，HR 正在忙于进行各种晋升宣传活动，并为可能在晋升评审会结束后出现的员工投诉做好充分准备。在大企业中，晋升评审过程似乎比晋升评审结果更加受到员工的重视，有时候，员工甚至达到了类似于高考前紧张状态的程度。

在过去的两年里，Q 企业的许多业务部门开始关注“沟通透明度”，认为晋升标准的制定、晋升评审流程的执行及晋升评审过程都应进行公开沟通。为此，他们甚至产生了直播晋升评审过程的想法。为了让晋升评审过程更有趣，HR 甚至将原本严肃的“高考”氛围转变为类似于“脱口秀”或“奇葩说”的现场。因此，各种表演所需的道具（比如手卡、头饰等）也被引入到了晋升评审会中。

企业召开晋升评审会的目的是对晋升候选人进行评审，那么，晋升候选人对晋升评审会的体验就显得尤为重要。对晋升候选人而言，他们心中理想的晋升评审会是什么样子？晋升评审会的主要目标是什么？晋升候选人在整个过程中最担忧的问题又是什么？

晋升候选人对心中理想的晋升评审会是什么样子的答案是：“理想的晋升

评审会应该是评审过程公平、公正。”“评委能够真正了解晋升候选人，包括了解晋升候选人的实际工作挑战与工作内容。”“评委真正能够听到并看到晋升候选人过去有哪些成就，获得了哪些成长。”晋升候选人对晋升评审会最大的担忧则是：“评委来自其他专业领域，不了解自己所在专业领域的情况。”“评委自身的专业能力和表达水平欠佳，无法识别晋升候选人工作中真正的亮点。”“拥有较大话语权和表达能力强的评委在评审过程中依据个人主观感情‘带节奏’，通过个人影响力左右其他评委的判断。”

上述问题和答案指向三个方面：一是评委的资质和能力；二是评委之间的互动情况；三是评审环节是否真正有助于员工被看到和被了解。

毫不夸张地说，晋升评审会犹如评委的成长阵地。企业举办晋升评审会的关键在于评委的能力、评委之间的互动及“评审”二字所带来的实际效果。为了使晋升评审过程更加务实，企业的人力资源部可以从改进评委选拔和评委互动等方面入手，将晋升作为一种手段，帮助管理者实现个人成长。只有当参会人员（无论是评委还是候选人）都能从中受益时，晋升评审会才能取得成功。

为此，Q 企业采取了一种新的晋升评审会召开方案，即人力资源部设计了一个名为“沉浸式体验”的评委训战营，将评审过程转化为管理者学习和成长的真实场域，让管理者边学边干。

“沉浸式体验”的晋升评审会议应该如何组织呢？会议组织者可以关注以下三个关键要素：

要素一：设立观察员角色。晋升评审会里观察员的职责是观察评委的行为、言语及评委之间的互动模式。观察员需要在晋升评审会结束后提交观察报告，并向评委提供书面反馈。观察员角色可以由企业的人力资源部或组织发展部的员工担任。

要素二：采用“剧本杀”式的任务分配方法。比如，在晋升评审会开始之前，会议组织者可以采用任务卡的形式，提前为评委分配合适的角色和任务。评委组长的角色可以由评委自主选择，也可以由会议组织者指定。评委组长需要确保每名评委都有机会发表意见，并在评委之间出现意见分歧时起到调停的作用。

要素三：为评委提供相互反馈和学习的时间。会议组织者可以在一场时长约 3 个小时的晋升评审会之后，请评委花费大约 20 分钟的时间，对评审会的过程进行相互反馈。这是一种同侪学习的机制，是成年人学习的重要途径之一。同时，反馈也有助于培养评委的观察力，树立尊重他人、倾听他人观点的意识。

以下是 Q 企业的晋升评审会的观察员在晋升评审会结束后向评委发出的一封观察反馈函。

×××评委：

晋升评审会是大家互相“照镜子”的过程，希望每一名参会人员都能有所收获。我们在晋升评审过程中对您也有一些观察，观察不一定全面深入，甚至不一定客观，仅作为一种观察视角供您参考，希望对您有所帮助！

首先，感谢您为晋升评审所做的努力和贡献，以及对企业晋升机制提的建议。

其次，我们看到您能够很快担当起评委组长的角色，指定、调动其他评委给予候选人反馈。不过，我们观察到您在分配反馈角色时，语气有点强势。如果您能改变语气，使评委有更多的参与感，晋升评审会的氛围将更加融洽。

再次，您具有敏锐的洞察力，能够提出与众不同的意见，善于捕捉评委反馈的共性特点，同时，能够敏锐地抓到候选人的情绪点，问出触动他人内心的深刻问题，启发候选人进行深度思考。但是，我们不知道是否由于职位本身属性的关系，您在提问中比较关注晋升的风险点，对晋升候选人获得晋升后有一些担心。

最后，您作为组长，在进行复盘时，认真、坦诚地对每名评委进行了反馈，引发了评委的反思。但是，我们建议您未来可以考虑以更加柔性的方式进行反馈。此外，您在反馈中，有一定的定性评价成分，评价较为简短，您可以考虑增加对事实的描述，提供更为具体的发展建议，提升对人才成长的关注度。

晋升评审会观察小组

试想一下，当评委收到这样一份细致入微的观察反馈函后，自己是否也会有被关注、被尊重的感觉呢？

最后总结一下，晋升评审会的组织方式强调自主驱动。会议组织者可以通过设定合适的游戏规则和角色，让每名评委亲身体验如何有效地进行讨论和反馈，从而培养他们的管理技能。在晋升评审会的过程中，HR 的角色可以定位为会议设计者和观察者，主要作用是为管理者营造有益的学习氛围。

6.5　四种述职会，事半功倍实现不同目标

企业里与人才评估相关的评审决策会少不了述职会这一类会议。述职会是企业发掘人才、选拔人才和培养人才的重要场域之一。那么，企业如何召开高效能的述职会呢？我将通过下面的实战案例来分享述职会的设计与实施。

M 企业业务二部的新任总经理即将正式上任，为了帮助他更好地融入企业环境，企业的人力资源部决定为他安排一系列高层管理者入职仪式，比如高层管理者见面会、企业基本情况介绍和午餐会等。然而，这名新任总经理的入职时间恰逢是企业半年一次的绩效回顾阶段。在这一特殊时期，企业是否可以通过管理者述职会来加速新任总经理融入企业呢？

答案是：完全可以通过管理者述职会来加速新任总经理融入企业。原因是企业的述职会可以根据企业不同的需求进行设计，一般与团队成员的熟悉度、团队文化氛围及具体的述职目标不同有关。

6.5.1　企业的四种述职会

在企业里，一般有以下四种典型的述职会议类型：

1. 闭门个人述职会

闭门个人述职会是由管理者单独向其直接上级和其他相关人员（如企业的战略管理部门、企划经营部门或人力资源部门）进行述职的会议。闭门个人述职会的主要目的是管理者对所带领的团队绩效进行回顾和评估，或者管理者对团队人才进行深度盘点。在闭门个人述职会中，管理者述职可能涉及团队建设、人才盘点等方面。闭门个人述职会也被视为绩效反馈评价型述职会。

2. 开门个人述职会

开门个人述职会是全员参与的述职会议，即所有需要述职的员工和他们的上级管理者一同参加全部述职过程，述职员工之间是透明开放的。开门个人述职会的主要目的是让各团队或下级之间的工作进度、目标得到同步，同时也方便大家对述职内容进行反馈和提出建议。开门个人述职会也被视为开放进取型述职会。

3. 闭门团队述职会

闭门团队述职会是由管理者带领核心团队成员向上级管理者进行述职的会议。闭门团队述职会的主要目的是让上级管理者更好地了解各级核心成员的工作状态和能力表现，同时也能给予各级下属更多的成长指导。当然，闭门团队述职会同样也可以用来盘点下属管理者和他的团队情况，因此也被用作团队能力情况盘点。闭门团队述职会也被视为团队展示和反馈会。

4. 开门团队述职会

开门团队述职会是一种全员参与的述职会议，即由所有的管理者带领自己的核心团队成员向上级管理者述职，述职团队之间是透明开放的。开门团队述职会与开门个人述职会类似，其好处在于能够让跨团队的员工做好工作进度的协调，并相互学习。在开门团队述职会中，会议组织者可以安排一些核心议题进行讨论，提高会议的学习价值和共创解决问题的价值。

6.5.2 企业选择述职会类型需关注的五个方面

那么，企业应该选择哪种类型的述职会呢？这需要企业根据述职的内容和目标来决定。企业在选择述职会的类型时，需要重点关注以下五个方面的问题：

问题一：述职深度与保密性之间的平衡。述职要有深度，往往需要在一个相对私密且能够深入交流的环境中进行。因此，述职者可能更倾向于选择闭门个人述职会，并在这种场合分享他们在工作中遇到的问题、挑战及个人思考。

问题二：述职能力与述职绩效之间的选择。大多数企业将述职会视为绩效评估的一部分，关注的是管理者过去的业绩表现。然而，上级管理者可能更希望通过述职会了解下属管理者的能力，包括个人能力和团队组织能力。如果是以未来发展为主导的述职会，会议组织者则应该在回顾管理者过去绩效的同时，加入更多关于未来能力的考察，并对影响未来的关键问题展开探讨，这样做可以将述职的重点从关注管理者的绩效转移到关注管理者的能力上来，从而更好地了解管理者的需求和能力。

问题三：业务发展与人才培养之间的权衡。尽管从 AGE 组织建设的理念来看，企业的业务发展与人才培养是相辅相成的，理论上，述职会也可以做到同时关注企业的业务与人才。但在实际操作中，有时一场述职会很可能最终演变为参会人员针对具体业务问题的讨论。关注人才的述职会，其内容与流程设计往往更注重参会人员的反思及对具体业务问题进行的深层次原因分析，同时也更强调个人的成长和变化。

问题四：述职结果的实际应用。如果企业不清楚述职会的成果应如何应用，就会导致述职过程流于形式，缺乏针对性。比如，述职后的评分是否与绩效挂钩或与晋升决策有关，或者仅仅作为一个参考信息。以终为始，述职结果的实际应用，应当成为会议组织者设计述职会的重要目的之一。

问题五：团队文化氛围的影响。一个开放、坦诚、不断自我改进的团队，需要上级管理者在日常工作中有意识地营造开放的组织氛围。比如，为员工提供公开反馈、批评和自我批评的机会等。团队氛围的营造功夫是管理者在平时的工作中锻造的，如果团队不具备开放、坦诚的基础条件，那么一个开门团队述职会很容易被开成“功劳秀”大会。

确定了述职会的类型及可能会遇到的五大问题后，企业可以根据自身情况选择合适的述职会。

6.5.3 召开闭门个人述职会的四大关键要素

让我们把时间的镜头拉回到前面的实践案例中，对于 M 企业面临的情况，新任总经理需要尽快熟悉岗位并融入团队，这时述职会有三大目标：一是新任总经理刚入职，需要深入了解团队的实际情况，并对每名下属的个人能力进行初步盘点；二是由于新任总经理并不熟悉原有的团队文化，所以采取闭门盘点的形式可能更为稳妥；三是新任总经理刚入职就恰逢企业对团队进行半年绩效回顾，因此召开述职会的过程要有助于新任总经理处理半年绩效回顾这一“烫手山芋”，同时打消员工对他“半路接盘”企业产生的不信任感。

基于上述三个目标，M 企业选择了召开闭门个人述职会。那么，企业要如何召开一场高效能的闭门个人述职会呢？

企业召开闭门个人述职会需要重点关注以下四大关键要素：

要素一：参会人员。闭门个人述职会的参会人员包括企业新任总经理、人力资源部负责人及向该总经理汇报的所有核心管理者。

要素二：述职时间。闭门个人述职会的每名述职者的发言时间预计为 1 小时。

要素三：述职内容。闭门个人述职会的述职内容主要包括业务、组织、人才、目标完成情况、个人面临的挑战和未来的设想，以及个人的成长经历、对同级团队的观察和评价及对整个业务团队的综合反馈。

要素四：述职过程。闭门个人述职会的述职过程需要述职者进行自我评价，并与同事之间进行互相评价，通过自评和互评的方式来检验团队文化，并帮助新任总经理了解每一名直接下属的具体情况。在评价过程中，新任总经理需要兼顾考虑员工的能力和绩效；在反馈沟通的过程中，新任总经理需要关注人才能力缺口，并通过讨论建立起与下属之间的信任关系，避免陷入业务的具体讨论中。

实际上，对众多企业的“一把手”而言，他们在参加下属的述职会时，需要多花些精力来“关注人”的部分。因为大部分企业“一把手”都是从业务领域成长起来的，他们对业务有着极高的敏感度，其下属往往也是在与他们的业务讨论过程中受益良多，因此往往容易出现将述职会现场变成业务讨论会现场的现象。作为大型企业的“一把手”，他们需要更加注重对管理人才的发掘、选拔和培养。述职会正是企业“一把手”和下属进行一次探讨个人及团队成长和企业文化建设的难得机会。

此外，为了让企业未来的管理者更好地理解企业所需的人才特质，以及如何在团队内部建立良好的合作关系，企业在召开四种述职会时可以设计一些开放的环节，从而事半功倍地实现不同的会议目标。

6.6 日常工作会场是真正的人才测评与发展中心

在本章前面的内容中，我详细介绍了企业里中与人才评估相关的评审决策会的设计和引导方法。“大道相通，一通百通”，企业在召开其他类型的评审决策会时，也可以借鉴本章分享的会议设计和引导方法。

一般来说，企业的评审决策会有以下五大共同之处：

- **公平、公正的流程设计是至关重要的。**毫无疑问，企业评审决策会的目标是通过公平、公正的过程来避免个别决策者的主观臆断。因此，当企业为多人组成的评审决策会设计会议流程时，规则和流程就显得尤为重要，并且这些规则和流程需要得到评委的一致认同以确保会议的公正性和透明度。

在此，我要重点讲一下评审决策会为了公平、公正应遵守的一项基本原则，那就是“主观的客观原则”。“主观的客观原则”指的是管理者对绩效特别是人的评价永远都是主观的，因为评估本身是评委的主观评价，但是在做出主观评价之前，评委需要尽可能了解所有客观信息，在拥有充足的信息量的基础上做出正确的决策。从另一个角度来看，员工也需要明白，这个世界没有绝对的公平和客观，只要涉及对人的决策，就带有主观性。

- **投票或举手表决等票选机制应根据内容和管理成熟度的不同进行适当应用。**并非所有的评审决策会都必须采用票决制。比如，有些企业的产品技术委员会在进行评审决策时，非常喜欢采用量化的票决制，从而确保决策的公正性和透明度。然而，越是量化的票决制就越容易受到操控。因此，如果企业不能在评选机制上进行完善，防止评审决策过程被操控，那么还不如采用评议制。评议制在评审决策会刚建立的初期尤为重要，因为任何一个主观标准的建立都需要一定的时间和实践来达成一致。

- **在流程化和氛围营造之间寻求平衡。**在企业管理中，管理决策并非总是客观和绝对的，很多时候是“灰度”的，能够处理好这部分并做出正确的决策是管理者领导力的重要体现。因此，企业在设计评审决策会时，需要注意会议流程和规则是否过于限制了个人的主观能动性，同时也要关注“人的大脑是会疲劳的”这一事实。评审决策会虽应确保严肃性，但同时也需要通过活跃的氛围来激发评委的积极性。总的来说，“严肃、活泼、团结、紧张”这八个字是对评审决策会会议氛围的最恰当描述。

- **管理者应在评委角色和管理者角色之间进行切换。**一般来说，管理者在评审决策会中扮演着双重角色，既可能是某个事项或被评估候选人的直接上级，同时也可以担任评委角色。会议主持人需要通过引导词帮助评委进行角色切换。比如，“接下来，请 XXX 的上级、XX 部门的负责人 XXX，作为隔级上级陈述。”“在评议阶段，请大家放下作为隔级上级的身份，作为评委，给出您的评估建议。”同时，管理者需要时刻牢记两个角色的职责：评委的职责是站在评审决策会整体角度进行评估；管理者的职责是提供被评估对象的相关信息，并有责任将更多信息呈现给评委。

- **会议主持人不仅要具备会议引导技能，还要掌握会议内容的专业知识。**评审决策会的评委会是基于一定的专业判断成立的，所以评委很可能在某一领域内具有专家水平或深度应用能力，评价的内容也具有专业性。如果会议主持人不能很好地理解专业和与其匹配的机制，那么评审决策会就是在走过场。企业可以考虑聘请一名会议主持人助手，或者也可以称为“书记”。在《罗伯特议事规则》[㊀]中“书记”被称为会议主持人的顾问，负责发挥会议主持人的专业监督和支持作用。当然，一些企业也会选择让 HR 担任会议主持人。

除以上五大共同之处外，评审决策会的会前准备工作、会后整理、消化和反馈工作比其他类型会议更加细致和扎实，这里不再赘述。

值得一提的是，评审决策会的成功之处在于评审和评议过程是公平、公正且透明的。因此，无论是在会议过程中还是在会议结束后，对流程的透明报道都是有必要的。我曾经见过一家企业，通过视频的方式记录了评审会过程中的花絮，并将那些无须保密的信息制作成会议花絮小视频进行公开发布。有些企业还会邀请员工旁听评审决策会，尽管我并不完全支持这种做法，但我认为会议组织者可以通过设置“剧本杀”的体验活动，让员工亲身体验评审过程，从而更好地理解什么是“主观的客观原则”等，这有助于召开高效能的评审决策会。

企业开好评审决策会，不仅有助于管理者发现人才、选拔人才和培养人才，还是管理者提升管理能力的重要场域之一。因此，管理者要充分利用好评审决策会这一道场，在“干中学”“练中学”和“教中学”的过程中不断修炼自己的领导力，成为一名卓越的管理者。

㊀《罗伯特议事规则》由亨利·M.罗伯特编写，内容包罗万象，有专门讲主持会议的主席的规则，有针对会议秘书的规则，当然大量是有关普通与会者的规则，比如，有针对不同意见的提出和表达的规则，有辩论的规则，还有非常重要的且在不同情况下的表决规则。

Chapter Seven 第 7 章

高效能会议魔方之第四面：如何开好专项研讨会

7.1　专项研讨会，解决问题的“法宝会议”

在企业的高效能会议中，有一类会议以解决具体问题为主要目标，这类会议就是专项研讨会。

企业的专项研讨会包括三种常见的会议类型：座谈会、共创会和复盘会。这三类会议也被称为企业解决问题的三大“法宝会议”，如图 7-1。

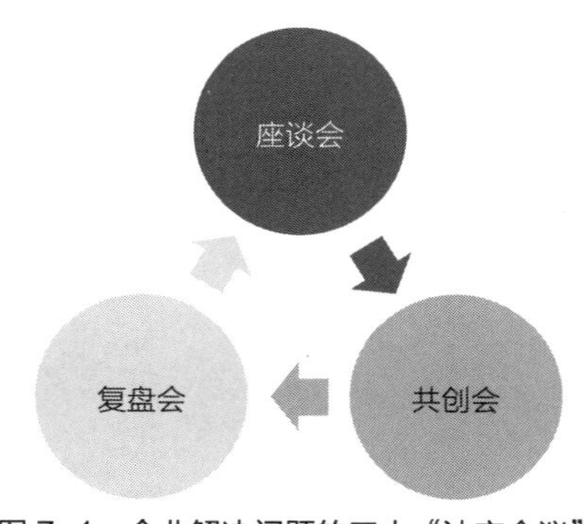

图 7-1　企业解决问题的三大“法宝会议”

座谈会、共创会和复盘会虽然都属于企业的专项研讨会，但由于各自的核心内容和侧重点不同，其目标和会议设计也各不相同。在企业里，解决问题一般有三个核心流程：发现关键问题、拓宽解决思路、聚焦解决问题。

企业的座谈会主要是用来发现问题的会议。“没有调查就没有发言权”，座谈会就是企业进行调研和调查的方式之一。

企业共创会的核心价值在于拓展参会人员解决问题的思路。企业召集参会人员通过共创会这一方式来解决问题的一个重要原因，是希望更多的参会人员能够站在不同的视角看待问题，从而打开企业解决问题的思路。在共创会过程中，参会人员不断地对问题进行聚焦和发散，产生更多可行的解决方案。

企业的复盘会是围绕解决问题进行目标管理的重要会议，能够帮助企业萃取成功经验，为下一次遇到同类型的问题带来更多的解决思路，同时它也是沉淀组织能力的利器。

座谈会、共创会和复盘会各有特点，企业在实际的会议设计中，可以根据特定主题的需求，将三类会议的特点进行融合。座谈会、共创会和复盘会都具备成为高效能会议的基础，能够使企业实现共创、共舞。会议组织者通过精心策划解决问题的三大“法宝会议”，可以使参会人员相互激发、共同决策、共同成长，达到同频交流的效果，同时也能提升整个团队或组织自我进化的能力。

本章我将以专项研讨会为核心，分享企业如何开好高效能的专项研讨会。

7.2　座谈会，推动企业新政策落地

座谈会也被称为焦点小组（Focus Group）访谈，它是企业中的一种可以传递能量的会议。高效率的座谈会能够让企业在会议上向员工收集有效信息，发现企业里的各种经营和管理问题，从而助力企业在变革阶段推动新政策落地，成为变革实施的“催化会”。

7.2.1　座谈会的六大要点

会议组织者在设计和实施座谈会时应注意以下六大要点：

要点一：选择参会人员。为了保证座谈会的有效性，会议组织者应将参会人数控制在 5~8 人。会议组织者如果需要收集更多的信息，可以将参会人员分为多个小组进行讨论。在选择参会人员时，会议组织者可以采用“对照组”的方式，即每组按照一定的特征选择参会人员，比如参会人员的司龄、工作年限、职位序列、年龄和绩效等。会议组织者需要注意的是，虽然参会人员的特征各有不同，但在座谈会中讨论的问题要相同，这样方便会议组织者对比不同类型群体之间的观点差异。

要点二：采用结构化的座谈方式。为了避免座谈会陷入漫无边际的讨论，会议组织者可以采用结构化的座谈方式，即在每个具体的会议议题中加入 1~2 个量化或选择题类型的调查问题，以便会议组织者在现场收集数据。根据收集到的数据，会议组织者可以引导参会人员进一步解释、澄清和讨论彼此的观点。比如，在参会人员讨论“如何充分发挥老员工的潜力”这一议题时，会议组织者可以设置这样一个量化问题：您认为目前您的能力和潜力得

到了多大程度的发挥？请给出一个数值。

要点三：将座谈会的过程和结论显性化。为了激发参会人员的思考，会议组织者可以通过创造真诚、轻松、透明的讨论氛围等多种方式将座谈会的过程和结论显性化。比如，会议组织者可以在座谈会中使用投票牌、白板绘画、应用程序投票等方式。如果条件允许，会议组织者还可以设置专门摆放投票牌的空间，或者利用室内空间绘制分值区域，让参会人员站在相应的区域表达自己的观点。

要点四：激发参会人员对关键问题的探讨。为了深入挖掘问题背后的根因，会议组织者可以设计一些让参会人员之间产生交锋的对话环节。比如，会议组织者提出正反观点，让参会人员依次发表看法；或者会议组织者采用“汉堡包”对话模式，即第一轮为个人简短发言，第二轮为个人深度发言，第三轮为集体表态。

要点五：座谈会要设置有效时间。一般来说，一场座谈会的时长应在2小时内以确保参会人员讨论的深度和效率。在设计座谈会时，会议组织者可以围绕一个具体话题展开讨论，也可以将一个具体话题分解为若干子议题。比如，在讨论“如何充分发挥老员工潜力”的过程中，会议组织者可以从以下三个方面进行探讨：

- 您目前的潜力发挥程度如何？
- 您希望如何发挥自己的潜力？
- 您认为其他组织的或本组织的老员工是如何成功发挥其潜力的？

要点六：创建一个信息充分共享的环境。座谈会的类型虽然不同，但目标是相同的，就是创建一个信息充分共享的环境，让每名参会人员都能在分享的过程中获得力量与成长，这对生长型组织尤其重要，同时也是座谈会的隐形价值。因此，在设计座谈会的过程中，会议组织者应通过各种流程和工具来激发参会人员的表达欲和分享欲，从而激发他们对解决问题的积极性和创造力。

7.2.2　座谈会的两大类型

根据参会人员的不同，座谈会分为两类：一类是由高层管理者与部分员工进行的面对面深度座谈会；一类是人力资源部门主导的专业人员与员工进行的面对面深度座谈会。

1. 由高层管理者与部分员工进行的面对面深度座谈会

由高层管理者与部分员工进行的面对面深度座谈会的主要目的是促进高层管理者与一线员工之间的紧密联系，让高层管理者能够深入地倾听一线员工的声音，同时也让员工对企业的管理层和文化有更深刻的认识。

由高层管理者与部分员工进行的面对面深度座谈会可以向下共识企业的倾听文化，使一线员工感受到被企业关注和重视。有些企业为这类座谈会赋予了特殊意义，比如针对老员工的座谈会，旨在认可他们对企业的忠诚度并对他们表示关心；针对关键团队的基层管理者或骨干员工的座谈会和针对获得荣誉的员工群体的座谈会，除了听取参会人员的意见，还体现了企业对他们的认可和关注，让他们感受到自己对企业的重要性。

接下来，我将通过实战案例来分享高层管理者与部分员工进行的面对面深度座谈会应该如何设计和实施。

一家科技企业（以下简称为E企业）的首席技术官（Chief Technology Officer，简称CTO）与基层产品技术人员进行了一次面对面的深度座谈。在科技企业的产品技术工作者中，“专家领导专家”（Experts Leading Experts）是一个重要的管理理念。因此，在设计这类高层管理者与基层员工的座谈会时，企业需要特别强调高层管理者应尽可能关注自身作为专家对员工在技术专业成长方面的影响，以及尽可能施展自己的技术影响力而非管理职位的职权影响力。

这场为CTO与部分员工召开的面对面深度座谈会，是E企业组织变革后一个月的例行面对面深度座谈会。此次会议有三大目的：一是企业高层管理者向员工传达本次组织变革对员工的意义；二是企业回应员工在组织变革后面临的新的成长诉求点；三是企业对快速成长和积极推动组织变革的基层员工进行表彰。本次座谈会共有8人参加，会议议程被会议组织者设计成以下五大环节：

环节一：破冰暖场。在座谈会的破冰暖场环节，参会人员轮流快速分享他们在产品技术领域的最新收获，随后由CTO进行专业分享。这样的会议设计可以让参会人员直接切入会议主题，与CTO快速建立信任感。如有条件，会议组织者可以在会议现场设置点赞牌，方便参会人员对别人的分享给予即时反馈。

环节二：快速量化调研。会议组织者请参会人员为过去一个季度的自我成长速度打分，打分范围为1~10分。在座谈会的快速量化调研环节，CTO

也需分享自己的成长，并强调组织变革对他个人成长的意义。

环节三：第一轮主观讨论。第一轮主观讨论的主题是参会人员的成长故事。会议组织者可以采用“汉堡包”式讨论法，请参会人员按照自我成长速度感知（自我成长速度的快与慢取决于自己的主观感知，与自己设定的目标或期望有关）的分值发言，发言顺序是先中分后低分再高分。“汉堡包”式讨论法的顺序安排有助于营造温暖的会议氛围。

环节四：第二轮主观讨论。第二轮主观讨论的主题是：面对变革，你有哪些顾虑和建议？这一轮主观讨论较为简单，因为产品技术人员通常更倾向于务实的讨论。会议组织者可以请参会人员依次说出一条意见。若时间允许，会议组织者可组织参会人员再进行一轮讨论。

环节五：会议结束时设计一个轻量级的仪式感。一般来说，座谈会不适合设计过于隆重的仪式，当然这也取决于 CEO 或高层管理者的个人风格。E 企业的 CTO 是一位平易近人且富有专业素养的专家型 CTO，他在谈论技术问题时总能侃侃而谈。因此，会议组织者为他设计了一个更为务实的具有仪式感的结束环节：请 CTO 为每名参会人员送上一条简短而有针对性的成长建议，要求建议具体、明确且真诚、走心。这一轻量级的仪式感设计使 CTO 的建议得到了参会人员的高度赞赏和感激。

会议组织者在设计高层管理者与基层员工的面对面座谈会时，应充分考虑高层管理者的性格特点。为了使座谈会能够获得员工的认同并积极参与，同时让高层管理者能够在一个舒适的环境中真诚地与员工沟通，会议组织者需要创建一种符合其人设的定制化方法。此外，每名高层管理者都应有意识地构建自己独特的座谈会模式，对提升自己的领导力大有助益。

2. 人力资源部门主导的专业人员与员工进行的面对面深度座谈会

人力资源部门主导的专业人员与员工进行的面对面深度座谈会的目的通常为解决具体问题。比如，企业在政策发布之前，通过座谈会提前征求员工意见；企业在调查了员工的敬业度之后，通过座谈会深入挖掘组织内部的问题，并找出根本原因；有的企业会在面临高绩效员工流失率较高等问题时，通过召开座谈会寻找根因或解决方案。

总的来说，人力资源部门主导的专业人员与员工进行的面对面深度座谈会的目标是解决问题或传递特定信息，从而为后续的管理变革提供支持。

接下来，我将通过实战案例来分享人力资源部门主导的专业人员与员工进行的面对面深度座谈会应该如何设计和实施。

尽管某科技服务企业（以下简称为 Q 企业）的重要新业务子公司（以下简称为 X 公司）在三年前已建立了集团范围内的职级体系，但由于 X 公司的业务模式与集团业务差异较大，集团统一的职级体系并不适用于现有的新业务组织管理。因此，集团人力资源部启动了新职级序列体系优化项目，并在项目初期设计了新的适应 X 公司的职级体系。为了广泛收集员工对新职级序列体系的意见，Q 企业召开了座谈会。

Q 企业共进行了三场座谈会，每一场都有特定的主题和目的。三场座谈会的特征标签以职级序列来划分，核心是为了区分不同员工对职级序列、自身工作和成长发展需要的差异，确保征求意见的收集过程具有广泛的代表性。此外，会议组织者在座谈会中使用了“点赞”和“吐槽”两种投票卡片，以便每名参会人员都能更方便地表达出自己的观点。

Q 企业的座谈会的具体会议议程包括以下六大环节：

环节一：破冰暖场。会议组织者请每名参会人员用一句话简短介绍自己，并对座谈会提出期望。

环节二：第一轮快速量化调研。会议组织者要求参会人员为自己的成长速度打分（1~10 分），并通过举手的方式观察哪些参会人员的分数较高或较低，从而找出其中的规律。第一轮快速量化调研环节有助于会议组织者更好地了解所有参会人员的自我成长状况，并向他们传达两个重要的成长观念：一是“成长是自己的感知，是相对的，而不是绝对的”；二是“人才标准的确定往往具有一定程度的主观性”。

环节三：第二轮快速量化调研。参会人员需要回答一个选择题：你认为个人成长的责任人是谁？选项为：A（个人）、B（上级管理者）和 C（企业）。参会人员在会议现场给出了不同的答案，这使会议组织者得以传达另一个关于成长的理念：个人、上级管理者和企业都在某种程度上对个人成长负责，然而，成长首先是自己的感知，成长的第一责任人是自己。通过两轮快速量化调研，会议组织者成功地营造了一个有利于职级体系建设和员工成长导向的氛围。

环节四：主观讨论。会议组织者向参会人员展示职级序列方案的草案，请参会人员在阅读草案的同时思考三个问题：你如何理解各等级的差异？你认为最重要的能力要素是什么？你有哪些经历可用于证明你认为最重要的能力要素？随后，会议组织者请参会人员开展三轮“汉堡包”式讨论。

环节五：第三轮快速量化调研。会议组织者询问参会人员关于职级序列与个人成长之间的紧密性程度，在 1~5 分范围内进行打分，并解释原因。会议组织者设置这一问题旨在引发参会人员间的相互影响，让他们认识到每个人对职级序列与个人成长之间密切关系理解的差异性。这种差异性能够使参会人员打开新思路：职级与成长有关，但成长还有更多维度的诠释。在这种引导下，参会人员开始主动分享各自的成长经验和方法，这种分享能使他们彼此获得更多的能量。

环节六：第四轮快速量化调研。会议组织者请参会人员回答一个问题：在新职级体系推广过程中，你能够多大程度地帮助新职级体系落地？这一问题有助于会议组织者预测未来在体系落地方面的推广难度，并提前发现和培养一批愿意支持职级推广工作的种子员工。

Q 企业通过以上六大环节的座谈会，实现了会议的三大核心目标：一是请员工为新职级框架方案提供反馈，广泛收集意见；二是引导员工树立正确的成长观念，为职级推广过程中的变革沟通做好准备；三是促进参会人员之间的分享和学习。

企业座谈会成功与否的核心在于会议的设计与实施。以上是我分享的企业座谈会的设计要点，以作抛砖引玉之用，希望企业在使用时有更多精彩的会议设计。需要注意的是，无论是哪一类座谈会，都应从追求效率向追求效能转变，只有高效能的座谈会才能发挥出助力企业变革、推动政策落地的作用。

7.3　专家共创会，专注于解决问题

企业的共创会是一种典型的解决问题的会议，其形式丰富多样。比如，“世界咖啡会议”㊀（World Cafe）适用于培训和引导领域。全球知名企业通用电气（GE）曾成功地通过“世界咖啡会议”的形式召开群策群力的民主共创会。

如今，市场上有关共创会设计与引导的书籍数不胜数，对此感兴趣的读者可以阅读相关书籍来进一步提升自己的会议能力和会议领导力。在此，我强烈推荐大家阅读《引导：团队群策群力的实践指南》和《SPOT 团队引导》这两本工具书，书中包含了许多关于共创会和研讨会的设计与引导方法，可以作为大家提升会议能力和会议领导力的指导手册和案头工具书。

7.3.1　召开高效能共创会，管理者要经历的三项修炼

为了举办一场高效能的共创会，管理者必须先修炼自己的会议基本功。管理者要召开一场高效能的共创会，先要经历以下三项修炼。学习并掌握它们对管理者自行设计和组织共创会将大有裨益。

第一项修炼：思维的发散与聚焦。会议组织者设计共创会的会议流程的核心在于会议流程要能够激发参会人员在思维上的发散与聚焦。在会议过程中，会议组织者需要不断激发参会人员的发散思维和聚焦思维，从而使参会人员在发散思维与聚焦思维之间进行转换，产生更多的智慧。发散思维是共

㊀ “世界咖啡会议”的主要特点是打破了会议的枷锁，让所有参会人员都“动”起来。在会议中，不同专业背景、不同职务、不同部门的一群人，针对数个主题，发表各自的见解，贡献自己的智慧，实现高效的“跨界”沟通。

创会的精髓所在，会议组织者应为参会人员尽量创造多种形式的发散思维的机会或相对宽松的环境；聚焦思维则是共创会的结果所在，会议组织者应采用收拢、聚焦的方式将参会人员通过发散思维思考出来的结果进行归纳、提炼、总结。

第二项修炼：积极思维与批判思维。参会人员在用发散思维思考问题的过程中，需要兼具积极思维与批判思维。具有积极思维的人大多会采用“Yes And 沟通模式”[㊀]，即在接受观点 A 的前提下，通过添加内容和创新来强化观点 B，从而使创意更丰富并得以拓展。具有批判思维的人通常会在认可某个观点的同时保持怀疑和批判精神，或从多个角度来审视问题。批判思维有助于参会人员提高共创方案的思考深度和可行性。

第三项修炼：共情与“共舞”。会议组织者设计共创会流程时要注重参会人员在发散思维与聚焦思维之间的灵活转换。要达到这一目的，会议组织者可以通过营造能够让参会人员共情与“共舞”的会议氛围来实现。要知道，人类是有情感需求的，许多优秀的创意往往是在轻松愉快的氛围中诞生的。因此，会议组织者可以通过在共创会中增加音乐、绘画、肢体动作等多种元素来激发参会人员的情感共鸣，达到共情效果。会议组织者若想在共创会上达到“共舞”的效果，需要努力营造一个可以让参会人员共同参与游戏的会议氛围。实际上，如今很多企业的共创会为参会人员提供了各种各样的情绪价值，包括参会的热情、创造的快乐和分享的满足感等。

㊀ “Yes And 沟通模式”中的 Yes 代表肯定，即沟通中的一方对另一方的任何观点首先表示赞同，并且接纳对方的想法，然后再通过 And 延伸自己的想法。这种沟通法则不仅可以使沟通双方充分交流想法，还能让对方接受自己的观点，产生心与心之间的共振，从而共同聚焦问题并付诸行动。

7.3.2　召开高效能专家共创会的四大要素和四大举措

接下来，我将通过实战案例来分享专家共创会应该如何设计和实施。

Anna 是某大型企业财务经营管理部的高级经理，她的工作职责是负责财务体系的建设和管理。她之前的岗位是在业务一线，现在被企业调回总部，面临如何处理总部财务平台与各业务部门之间的关系，以及如何建立有效的财务管控和赋能体系等问题。

Anna 的团队由四个专业的专家组成，分别是财务规划专家、资金管理专家、税务专家和财务运营管理共享中心负责人。他们每个人都有自己的想法和策略，但作为一个整体，他们需要明确团队的目标和职责。

Anna 意识到，为了实现企业的目标，她需要组织一场共创会，以便让团队成员更好地沟通、协作和创新。召开共创会的目的不仅是制订出切实可行的财务体系建设计划，还要建立起健康的工作文化和价值观。

举办一场针对专家型人员的共创会并不像想象中的那么简单。一般来说，专家共创会有以下四大关键因素需要注意：

- **要素一：内容深度。**专家共创会的内容必须具有深度，同时参会人员也要站在新的高度去审视问题，而不仅仅是达成共识。
- **要素二：个体表达。**在专家共创会上，会议组织者应让参会人员独立思考和表达，让他们有机会展示自己在专业领域的权威性。
- **要素三：问题聚焦。**会议组织者应适时引导参会人员对问题进行深入讨论，营造批判性思维的文化氛围。
- **要素四：提升效能。**参会人员对时间的敏感度通常很高，对专业的诉求也比其他人要高，所以专家共创会需要高产出、高效率且高效能。

那么，会议组织者应如何策划并成功举办一场专家共创会呢？Anna 在会前做了充分的准备，她在提升会议内容的深度方面采取了以下四大举措：

举措一：课题准备。Anna 提前为专家准备好了相关课题，并整理了相关资料，要求专家在提交参会材料时，详细阐述自己关心的议题和希望共同探讨的问题。比如，Anna 在专家共创会召开前为专家布置了一项作业，请他们列出当前工作的主要定位及相应的权重，按管控、赋能和服务三个方面进行分类。

举措二：一线案例。Anna 决定使用一线案例来吸引专家的注意力，因为这种方式更容易引起他们的共鸣。比如，Anna 邀请专家分别从管控、赋能、服务的角度分享一个具体的案例以说明各自团队的作用。

举措三：时间安排。Anna 预先设定了大致的会议时间，使参会专家了解有关会议的时间效率要求，同时也表明会对专家之间的讨论时间给予一定的弹性。很多时候，专家共创会的讨论时长不太好控制，经常超出预先设定的时间。因此，为了更好地聚焦重要问题并对此进行必要的延伸，会议组织者应允许实际会议时长超出预定时长这种现象发生，保持对时间弹性的容忍度。

举措四：找寻共鸣。在共创会过程中，Anna 重点解决了专家关注的焦点问题，比如，财务体系建设中心的规划与定位，并将其列为会议的主线。因为财务体系建设中心的规划与定位同专家未来的工作重点有莫大的关系，所以更容易引起专家的共鸣。

7.3.3　专家共创会的七大环节

为了开好高效能的专家共创会，Anna 设计了以下七大环节：

环节一：共创重要的会议准则。在这一环节，Anna 希望通过共创的方式，鼓励参会人员讨论如何才能在共创会中体现积极思维和批判思维，并把这些思考纳入会议准则里，成为团队共创会的会议准则。

环节二：引入话题，激发好奇心。在这一环节，首先，Anna 邀请专家将各自对管控、赋能、服务三大定位的权重分配写在白板上，让所有参会人员都能看到各自的定位。其次，Anna 请每名专家向其他参会人员解释自己的定位权重，以此揭示个人观点与他人看法之间的差异，激起参会人员的好奇心。

环节三：通过案例分享消化情绪。在这一环节，Anna 请专家围绕已准备好的案例，讲述自己在三大定位上的表现，以及在此案例中遇到的问题和取得的成果。参会人员需要对专家的讲述发表意见。案例分享环节是一种用吐槽来消化情绪的手段，目的是让参会人员在会议开始阶段就消化掉不满情绪。

环节四：寻找共鸣点。在这一环节，Anna 引导专家基于上一环节的发现展开讨论，挖掘彼此的共同之处，找到共鸣点。在本场共创会中，参会人员一致认为“想要实现总部管控治理，应具备开放的心态和专业精神”。

环节五：制定团队准则。依据环节四的讨论结果，全体参会人员共同商讨出财务体系建设中心的团队行为准则，用以规范未来的团队管理。

环节六：具体展开战略规划的讨论。在团队行为准则的约束下，Anna

要引导参会人员进一步讨论如何进行财务体系战略规划，明确做什么、不做什么及实现什么样的目标。

环节七：通过仪式感增强团队归属感和凝聚力。为了提升团队凝聚力，Anna 建议设立一个小仪式——共同创作一句反映财务体系建设中心特点的口号。参会人员共同确定的口号是："该管的管，该放的放，财务体系建设中心，雄起！"会议结束后，参会人员一起喊着口号进行拍照留念。

以上就是 Anna 针对自己团队情况设计的共创会的七大环节，企业管理者可以结合自己团队的实际情况借鉴使用。

7.3.4 管理专家团队需要注意的四大要点

如何组织专家召开高效能共创会，是许多企业都会面临的挑战。这是因为，有的专家会从个人的专业角度出发，捍卫自己的观点。当专家在一起讨论管理或规划方面的问题时，观点的不同会使讨论变得更加困难。此外，管理专家团队对大多数管理者来说，存在一定的挑战。苹果曾提出一种理念，叫作"专家领导专家"，其核心理念是依靠专业影响力来影响他人以推动工作。这种方法确实适用于管理专家团队，但实践起来却并不容易。原因在于，"专家领导专家"这种方法往往会导致专家过于关注技术影响力，而忽视了对开放心态、专家间对话氛围的营造及专家落地文化的建设。

因此，管理专家团队或知识型团队时，企业需要注意以下四大要点：

要点一：鼓励批判式思维。企业应营造开放和具有批判性思维的氛围，并且建立相应的机制。比如，定期举办辩论赛或学术研讨活动，鼓励团队成员进行自主讨论和学术交流。

要点二：鼓励专家深入一线。企业应建立务实、注重解决实际问题的文化，比如，派专家定期深入一线，收集第一手资料，建立案例库等。

要点三：鼓励专家领导专家。作为专家团队的管理者，要多与专家进行专业层面的交流，共同探讨具体问题，这比空洞的说教更能获得专家的认同。

要点四：鼓励专家强化专业形象。专家团队的管理者应树立专家的权威形象。无论是在会议中还是日常沟通中，管理者要有意识地提高专家团队的专业地位（前提是专家具备真正的权威性），提升他们在团队中的个人品牌影响力。

7.4　线上创新共创会，营造共情共舞的氛围

新冠疫情不仅改变了人们的生活方式，而且在很大程度上影响了企业的管理模式，尤其是会议模式。不知从何时起，线上 Zoom 会议成为很多企业开会的默认选择。从每周例会到每日会议，从战略研讨会到复盘会，企业里各种各样的会议已经由线下转为线上召开。

线上召开的以创新创意为主的共创会是企业由线下转为线上召开的一类共创会。创新共创会在线下举行时，通常情况下，有趣的环境、多样化的引导策略和特定的引导工具能够激发参会人员的创新能力，确保会议整体具有较高效能。然而，受到线上固定环境的影响，线上创新共创会在参会人员的情感共鸣和思想共舞上仍然面临诸多挑战。

接下来，我将通过实战案例来分享线上创新共创会应该如何设计和实施。

一家拥有线上和线下业务的科技服务企业（以下简称为 D 企业），已经建立了企业的文化价值观体系。为了推动这一体系的落地，D 企业在第二季度即将到来之际决定推出一套企业文创产品，以此提高全体员工对企业文化的理解。为此，D 企业的宣传部计划召开一次线上创新共创会，商讨如何策划和实施文创产品的推广活动。同时，D 企业希望通过线上创新共创会使企业各部门及各类专业人员群策群力，借此会议机会推广企业文化。

为了开好线上创新共创会，会议组织者在明确会议目标的基础上，将重点放在如何应对线上创新共创会带来的诸多挑战，以及如何运用现有工具和资源解决问题上。

通常来说，企业召开线上创新共创会往往会面临以下四大挑战：

挑战一：会议过程难以记录。参会人员在线上共创过程中难以实时记录和分享想法。为了应对这一挑战，会议组织者可以使用与会人员的九宫格视频作为简易引导画布[㊀]，并利用视频会议 App 的文字讨论区来实时记录参会人员在线上共创的过程。

挑战二：会议形式有限。文创产品的视觉效果非常重要，仅凭言语互动可能无法满足创意需求。因此，会议组织者将参会人员的讨论转化为图像形式来进行引导。

挑战三：会议时间长。长时间的线上会议（如超过 2 个小时）往往难以使参会人员保持参与度，尤其是需要进行头脑风暴的会议所需时间更长，可能需要持续一天。会议组织者可以将线上创新共创会分为两个部分，每部分

㊀ 引导画布指的是企业用于召开研讨会引导会议流程的一种墙面画布，参会人员可以在画布上进行自由贴纸，是会议中常用的一种表达观点、围绕观点进行发散和归纳观点的引导工具。

时长 4 小时，并在会议中添加趣味性强的元素，减少参会人员的疲劳感，使参会人员产生看趣味连续剧的共创体验。

挑战四：参会人群单一。线上创新共创会需要激发参会人员的创新意识，如果参会人群单一，则会专注于日常工作，无法充分激发灵感。会议组织者应使参会人员来自不同的部门，这样在会议中才会产生更多的碰撞，从而产生灵感。线上创新共创会不需要专业的意见，而是需要出人意料的想法。

为了应对以上四大挑战，D 企业的宣传部在线上创新共创会的环节中采取了以下五大措施：

措施一：通过跨部门、多场次的形式限制参会人数和丰富参会人员视角。在线上创新共创会召开之前，会议组织者将会议分为三场，每场时长为 2~3 小时，且每场参会人员限制在 8 人以内，其中两场的参会人员来自不同部门，比如设计部、市场部、人力资源部、技术部和产品部等。第一场的参会人员是具有一定的艺术创造力且对线上创新共创会的讨论主题比较感兴趣的普通员工；第二场的参会人员由文创产品项目的核心工作人员组成。

措施二：提前准备创意素材增强会议中的视觉感受。在线上创新共创会召开之前，文创产品项目工作小组已准备了丰富的创意素材，收集了其他企业的文创形象的图片和视频，以及对企业文化理解的访谈内容的汇总，并将相关信息图片化或视频化。

措施三：引入有趣的元素提升会议的创意、创新氛围。为了使线上创新共创会更具趣味性，营造出轻松的会议氛围，会议组织者要求每名参会人员在参加线上创新共创会时穿着自己认为最具创意的服装，并携带一些能激发创意的物品，比如有的参会人员将机器猫玩偶带入会议视频镜头内。此外，会议组织者还准备了一些轻松活泼的音乐和一部动画短片，营造出参会人员“沉浸式看剧”的氛围。

措施四：通过分解简化问题以及寻找“激发物”激发参会人员想象力。会议组织者将会议讨论的话题分解、细化，发现会议中需要讨论的话题大约有 50% 的内容可以通过简单的问题和选项快速表达个人观点。比如，会议组织者询问参会人员心目中的人物着装色彩是什么？人物形象是胖还是瘦？同时，会议组织者也要鼓励参会人员发挥想象力，充分利用身边的一些“激发物”来引发脑洞大开的想象。比如，一名参会人员身边刚好有魔方，会议组织者就让大家随机讨论看到魔方会想到什么？心情如何？最后再思考魔方对企业文创形象有什么新的启发等。

措施五：开放评论，记录并收集碎片创意。会议组织者将一场会议像电视连续剧那样分为四集，每集时长为 45 分钟，并允许参会人员在文字讨论区随时发表评论，使之如同观众在观看电视连续剧般随时发表弹幕。此外，会议组织者还安排专人负责记录讨论区内的有趣创意。

以上就是线上创新共创会的设计要点，创新的会议设计理念与方法不仅仅适用于线上创新共创会，还适用于企业的各类线上会议，它们能使企业的线上会议变得更加有趣和富有创意。本章所分享的方法不仅有助于提高线上创新共创会的会议质量，还能提升参会人员对线上会议的参与度。

7.5 复盘会，建立持续改进与成长的文化

大多数企业都会召开复盘会或宣传复盘文化，市场上，有关复盘的方法

论、工具、培训或书籍繁多。实践证明，复盘是一种有效的企业管理工具，曾被联想列为全员必学的方法，帮助联想解决了一个又一个管理中的难题。

复盘的方法很多，复盘会的类型也很多，有基于独立项目或事件的复盘，有基于战略规划执行的战略复盘或组织复盘，有基于安全事故或客诉事件的复盘，也有基于团队成员发展的以个人反思为目的的成长复盘等。复盘会既有短到 15 分钟的即时复盘会，也有长到两天的大型复盘会。本书很难穷举完所有复盘会，这里仅列举三类复盘会的案例，希望可以帮助读者体验到不同时长、目标和形式的复盘会的设计、实施方法与复盘会对企业的价值。

7.5.1　第一类复盘会：团队教练式的深度复盘会

面向冲突的及时复盘能力，是管理者处理具体工作问题的一个重要技能。下面的案例描述的就是管理者处理具体工作问题的场景。

案例发生在某大型企业的人才晋升盘点会之前，业务管理者和人力资源工作人员之间发生了针对棘手问题如何解决的冲突。在这种情况下，业务管理者迅速采取行动，利用及时深度复盘的技巧来解决冲突。

1. 五大步骤

及时深度复盘非常依赖管理者的对话能力。因此，下面我用对话的形式向大家呈现团队教练式的深度复盘会要如何召开。

“Andy，我必须立即去找人力资源部的同事讨论这个问题，因为我觉得现在非常有必要让人力资源部尽快与我们的团队成员进行解释。”业务管理者欧阳显得有些激动和不满，似乎觉得情况已经到了紧要关头。

此时，人力资源部的人才管理专家 Jessica 显得有些委屈，一时间不知道该如何回应。HRBP 的 Sophia 则冷脸旁观，等待事情进一步发展。

“欧阳，我们一起来了解一下到底发生了什么。”人力资源副总裁 Andy 邀请欧阳、Jessica 和 Sophia 一同来到他的办公室，大家围坐在沙发区域开始探讨。欧阳仍然忙于回复微信中的各种询问：“为什么 L8 级别的人员无法参加本次晋升评审会？”微信群里，团队成员的质疑声不绝于耳。

面对这种情况，如果你是 Andy 会怎么处理呢？安抚情绪、回复质问还是讨论解决方案？Andy 采取了一种快速深入复盘的方法来解决问题。快速深入复盘的方法旨在平息人员情绪、解答疑问并寻找解决方案。以下是 Andy 召开深度复盘会的五大步骤：

第一步：提出复盘请求

Andy：“欧阳，我知道你现在很想给团队成员一个回复，我能感觉到你的压力。”

欧阳：“可不是嘛。”

Andy：“那么，我们得给团队成员一个靠谱的回复，对吗？”

欧阳：“是，如果这一次再不靠谱，我不知道该怎么交代了。您看，这是团队成员在微信群里问的问题。”欧阳一边说，一边让 **Andy** 看微信群里的信息。

Andy：“欧阳，我们一会儿要认真看一下微信群里的信息，这是我们发现问题的重要来源和渠道。不过现在，欧阳，你能不能在微信群里快速回复一下团队成员，告诉他们，你正在和人力资源部的同事协商沟通，需要一些时间，晚点给大家回复。”

欧阳的心情似乎比刚才平静了一些，立刻按照 Andy 的要求在微信里回复了。

Andy：“现在，我们所有人一起复盘事情的真相，好吗？”

第二步：为复盘做准备

在提出了复盘请求后，Andy 与参会人员进行了这样一段对话，帮助参会人员做好复盘的准备。

Andy：“接下来，我希望大家一起遵守对话的规则，这样能够帮助我们用最快的速度接近真相，好吗？规则一，正能量。在复盘过程中如果需要反馈，我们应该坚持提供建设性意见，大家在收到建议或批评后要持感恩的心态。规则二，向内看。我们要尽量找自己的问题，要找到自己可控的因素，看看哪些做得不够好。规则三，多视角。我们一会儿要听每个人的复盘，因为站在不同的视角看待一件事，结论是不同的。大家同意这几条规则吗？”

Andy 牵引着大家，继续进入到复盘的状态里，为大家介绍复盘的步骤。

Andy：“我继续介绍我们接下来的步骤。一会儿我先请第一当事人讲他看到的故事，然后再请各位给出你们的观察和补充。但有一个原则，每个人在讲的时候，其他人都不要轻易否定和打断。我知道对你们来说这是一件很难做到的事，但是我们一起尝试一下。开始之前，我问一下大家目前的心情如何？”

欧阳：“我的心情是着急。我担心我的下属受到委屈。”

Jessica：“我很困惑，我其实不太清楚发生了什么，有点意外，我想知道真相。”

Sophia：“我能做的都做了，我是按照人力资源总部制定的 L8 晋升规则处理的，但是我觉得这件事的发生不太让我感到意外。”

这是 Andy 召开复盘会的第二步——正式复盘开始前请参会人员了解规则，同时了解自己的情绪状态和他人的情绪状态，这一过程能够帮助参会人员快速进入复盘的状态。通过这一轮的情绪状态表达，每个人都释放了一些情绪，也观察到了一些别人做事的出发点。

第三步：多角度还原故事真相

Andy：“好的。接下来请欧阳讲一下故事的经过。我有几个小小的要求。第一是欧阳要尽量讲得细致一些，说清楚人物、行为、当时的对话和心情。第二是欧阳在陈述时要避免责备，虽然是主观陈述但要尽量保持客观。第三是其他参会人员不要打断别人的陈述，不要进行评判。如果当事人对细节讲得不清楚，你们可以提问，这不算打断。但是大家要切记，不可以用评判来打断别人的陈述。”

在欧阳还原故事的过程中，Andy 不断提出问题，如：“当时发生了什么？其他人有什么反应？你那时是怎么考虑的？”这些问题从多个角度展开，我们可以使用 FACT 法则[㊀]来帮助记忆。

- **F（Feeling，感受）**：你的感受是什么？你的情绪状态是什么？
- **A（Action，行动）**：你当时做了什么？你具体采取了哪些行动？

㊀ FACT 法则指的是感受（Feeling）、行动（Action）、背景（Context）和思考（Thinking）；该法则由 HayGroup 公司在行为事件访谈方法中提出。

- **C（Context，背景）**：故事的背景和情节是什么？故事的来龙去脉是什么？
- **T（Thinking，思考）**：你是怎么考虑的？你当时想到了什么？

通过 FACT 法则，欧阳逐渐适应了这种陈述方式，有了表达的欲望，并且能够更深入地回顾和分析事件。

在会议过程中，欧阳突然说道：“Andy，我现在明白了这件事的原因了，是因为我自己太着急了，我没有充分理解 L8 晋升规则的内涵，所以我直接在微信群里表达了我的观点，导致团队成员产生了误解。”

Andy：“欧阳，你的反思很好。不过我很好奇，是什么让你当时那么着急地想要在微信群里公布晋升规则呢？”

欧阳：“因为大家等得太久了。晋升规则涉及个人利益，因此新规一发布，我就迫不及待地想让团队成员知道。”

Andy：“你想让团队成员知道什么？”

欧阳：“我想让他们知道我为他们着想……”

Andy：“我知道了。你可能是太着急表现自己了，属于好心办了坏事。”

复盘会进行到这里，几名当事人之间的气氛与之前已经大为不同了。Andy 请参会人员帮助欧阳再继续还原故事的来龙去脉，做一些补充。Sophia 和 Jessica 对欧阳的行为有了新的理解。她们在补充的过程中，进入到反思自己的状态。Jessica 意识到应该将晋升规则讲得再通俗易懂一些，这样可以减少误解。

在复盘真相的过程中，作为会议引导者，要避免使参会人员长时间地陷入解决问题的状态中，而要不断引导参会人员回到问题真相本身，找到更多 FACT，做到刨根问底。

复盘真相的过程持续了 20 分钟左右，Andy 确认参会人员了解了所有的事实，不再存在信息的不对称情况，确保自己已经还原了真相。在这个基础上，Andy 才带领大家进入到第四步。

第四步：挖掘背后的根因

Andy："接下来，大家一起谈谈这件事情发生的根因吧。到底是什么促成了今天这样的结果？这一环节我希望大家向内看，多找自己的可控原因。大家要尽可能地回忆一下刚才你们找到的 **FACT**，特别是 **F** 和 **T**，想想背后的动机是什么。"

欧阳："我确实脾气急，我的动机是为了大家着想。但是我反思自己这样做背后的根因是，我只是想让大家知道我为他们着想，而不是真的解决了他们的问题。"

Andy："大家可以给欧阳一些鼓励和掌声吗？同时大家也可以给他提供一些具体建议。"

在挖掘背后根因的过程中，参会人员都积极参与复盘会中的讨论，逐步营造出正向循环的会议氛围。不知不觉，参会人员进入了结论共识与行动计划阶段。

第五步：结论共识与行动计划

在结论共识与行动计划阶段，参会人员一起讨论了解决方案，明确了问题的根本原因，并对如何改进及如何更好地实现共同目标达成了共识。此外，Andy 重申了晋升规则；Jessica 简化了晋升规则的解释，使其更容易理解；Sophia 也承认自己在整个过程中没有充分发挥作用，未能充分理解和支持管理者的需求。

2. 团队教练式深度复盘法

以上是一个典型的团队教练式深度复盘会的“快照”，复盘过程整体上大约持续了 45~60 分钟。复盘过程通常包括四个步骤，见表 7-1。

表 7-1 团队教练式深度复盘四步法

步骤	内容	时间分配（2小时复盘为例）
1. 目标回顾	会议引导者回顾事件背景和目标，呈现会前准备的会议素材，现场收集参会人员的认同或反对意见	20 分钟
2. 结果评估	基于目标，会议引导者请每名参会人员对事件的结果进行打分，评估事件的具体情况及其背后的原因（事件主责人最后提交自我评估结果）	20 分钟
3. 根因挖掘	基于目标与结果的差距，会议引导者不断刨根问底、提问 5 次“为什么”、更换视角，使参会人员互相反馈、互相激发	60 分钟
4. 结论共识	会议引导者与参会人员共识结论与行动清单、学习经验、沉淀机制，对复盘报告的主要内容达成一致	20 分钟

步骤一：目标回顾。会议引导者应回顾事件背景和目标，呈现会前准备素材。在这一阶段，会议引导者应在现场收集每名参会人员的认同或反对意见。

步骤二：结果评估。会议引导者请每名参会人员基于原本的目标对事件的实现结果进行打分，评估结果实现的情况及其背后的原因（即为什么实现了或未实现目标）。最终，由事件的当事人公布自己对事件的评估结果。

步骤三：根因挖掘。在结果评估的基础上，会议引导者应深入探讨导致结果与目标之间存在差距的原因。会议引导者可以通过不断地刨根问底、提问 5 次“为什么”、更换多个视角等，找出问题的根本原因。

步骤四：结论共识。会议引导者在参会人员充分讨论的基础上，引导大家共同得出结论，进而制定下一步行动计划。此外，参会人员还要总结此次复盘的学习经验和沉淀机制，以便为未来的类似活动提供参考。

3. 高层管理者召开深度复盘会的四大原则

如果高层管理者希望引导一场更为大型且深入的复盘会，通常还需要进行更为细致的会前准备工作。但这些努力都是值得的，因为在会前准备过程中，高层管理者可以引导所有的参会人员将复盘会视为一种自我提升和团队提升的工具。

高层管理者在引导深度复盘会时，应遵守以下四大原则：

原则一：保持正确的复盘心态。无论是在会前的规则明确还是会中的过程引导上，高层管理者都要重视深度复盘会。高层管理者只有重视且保持正确的复盘心态，才能使深度复盘会进行得相对顺畅，甚至可以使参会人员自主完成后续的真相复盘。

管理者应确保自己在复盘中保持正能量、向内看、多换视角和刨根问底四种心态，并在过程中引导参会人员也保持这四种心态。复盘时应保持的四种心态如图 7-2 所示。

在这里，我着重说一下“向内看”这种心态。因为“向内看”是一个经常被误解的话题。有些人认为，“向内看”意味着一味地责备自己；有些人则认为，虽然“向内看”可能让自己感到痛苦，但它是实现个人成长的关键。

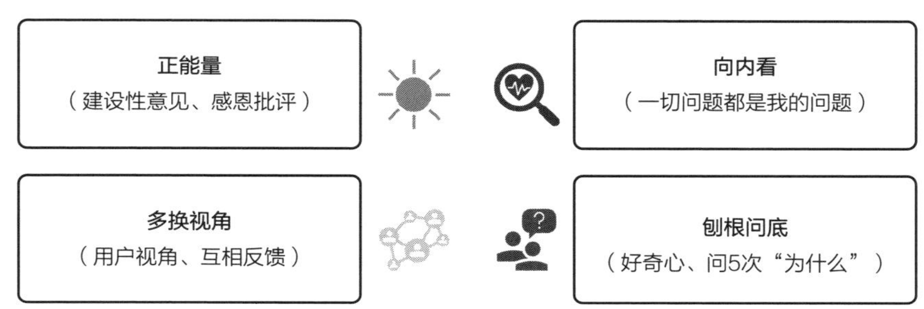

图 7-2　复盘时应保持的四种心态

那么，什么是“向内看”的正确解读呢？我们可以将其理解为：我们应深入了解自己和周围环境的关系，以便在分析问题时能够客观地看待内归因和外归因。无论是在个人还是在环境方面，我们都应寻求改进和调整的机会。

所以，当我们谈论“向内看”时，并不是要一味地自我批评，而是要全面地认识自己，包括自己的优点和缺点，以及在面对问题时的应对策略。同时，我们要学会在内归因和外归因之间做出权衡，找出那些可以通过个人努力和环境改善来解决的问题。

原则二：始终关注目标。高层管理者不仅要关注深度复盘会的目标，还要关注参会人员达成共识的事件目标。高层管理者只有从目标出发，再回到目标的实现过程，才能找到真正的问题所在。

原则三：合理运用复盘工具。高层管理者应将 FACT 法则中复盘引导语的练习视为客观分析和陈述事实的关键工具。FACT 法则是每名管理者和人力资源专业人员都需要学习的实用技巧，有助于大家在面对问题时保持冷静，从而更好地解决问题。

原则四：不要浪费复盘的成果。优秀的复盘成果通常可以作为企业内部宣传刊物、内部培训的高价值素材。高层管理者将复盘成果进行再次挖掘和利用，是企业推动自我进化和贯彻复盘文化的有效途径。

7.5.2 第二类复盘会：业务中的沉浸式体验复盘

许多企业的业务都是线下的，拥有许多天然的应用场景，尤其是在企业举办团建和复盘类会议时。主营线下业务的企业的业务复盘会需要在实际操作环境中进行，我们也称之为业务中的沉浸式体验复盘会。

接下来，我将通过实战案例来介绍业务中的沉浸式体验复盘会应该如何设计和实施。

一家从事体育培训教育的初创企业（以下简称为 L 企业）正在研发自己的最新篮球课程。此时，正值企业每季度的核心经营者和管理者会议期间，此次会议有两大目标：一是优化升级线下篮球教学体验课，实现创新迭代；二是通过组织团建活动来增强参会管理者的团队凝聚力。

参加季度会议的管理者为 20 名城市校长，他们将成为新版体验课程推广的主要推动者。这些城市校长平时主要在各自所在的城市工作，很少有机会和一线业务员进行面对面交流和互动。尽管他们中的大多数人曾是一线的篮球课程教练，但在晋升为管理职位后，他们的教学机会反而减少了，甚至自己练习打篮球的时间也不多了。L 企业的 CEO 也表示，他已经很长时间没有打过篮球了。

在转型素质教育的过程中，一家企业自身的文化是否能够适应素质升级并建立真正的运动文化和健康文化，本身就是企业文化深刻影响业务的表现。基于这一背景，一场以篮球场地为主战场的沉浸式体验复盘会应运而生。

总的来说，沉浸式体验复盘会包括以下三大环节，每个环节都有独特的设计亮点。

1. 篮球教学体验课的核心亮点

为了让所有参会人员都能体验到小朋友们上课时的感受，会议设计者安排所有校长都扮演成学生，并让两名具有丰富教学经验的校长担任教学教练，以便完整地模拟现实情境，再现真实的体验课流程。

此外，会议设计者还要求扮演学生的校长完全投入到孩子的角色中，真正去体会用户的心态和体验效果。这种身临其境的方式使整堂体验课充满了欢乐气氛，既让大家在角色扮演中找回了童年的乐趣，又在运动过程中充分调动起了身体的积极性。

2. 体验课复盘会的核心亮点

会议设计者并未将体验课复盘会安排在会议室内进行，而是选择在篮球场地上席地而坐，形成了一个无中心的圆形空间布局。圆形空间布局不仅有利于参会人员沟通交流，还能使参会人员更加自然地分享彼此的想法和观点。至于复盘的内容，在此不再赘述。

值得一提的是，会议设计者还在复盘过程中引入了篮球元素，如每名发言人在发表完意见后都需要将球传递给下一个人，这样一来，不仅活跃了现场氛围，还有助于提高参会人员对篮球教学的理解和掌握。

3. 篮球赛团建的核心亮点

篮球赛团建将传统的竞技比赛与领导力培养相结合。活动中，先由全体人员投票推选出队长，然后根据个人特长和兴趣分配队伍成员，接着共同讨论比赛策略及如何激励队员保持高昂斗志。这些环节正是日常管理工作中的关键要素，体现了人才管理、业务策略和士气激发等多方面的基础领导能力。

会议设计者巧妙地将这些元素融入每一轮比赛中，并在每次比赛结束后，邀请领导力专家为大家解析相关知识点，从而使这项活动不仅仅是一种普通的户外拓展训练，更是一种集身、心、智于一体的领导力培养活动。

L 企业设计的这场沉浸式体验复盘会，充分体现了“发展业务即发展人，发展人即发展业务”的管理理念。实际上，类似 L 企业这样的活动安排对于许多拥有特殊场景的线下业务企业都具有借鉴意义。参会人员在沉浸式体验复盘会中感受到了关注一线、解决实际问题的重要性，从而推动了企业文化的落地。

沉浸式体验复盘会通常需要会议设计者和参会人员保持创新和参与的热情。会议设计者甚至可以让参会人员共同参与会议的设计和实施过程。这就如同许多真人秀节目一样，整个表演和结果都是导演和演员共同创造的，而在这样的真人秀过程中，每个人都会有新的收获和成长。

7.5.3　第三类复盘会：“三点一刻”及时快速复盘站会

“三点一刻”及时快速复盘站会是一种针对特定场景的快速复盘会。之所以称为“三点一刻”，是因为其核心内容仅包括三个方面，且通常一次会议仅需要约 15 分钟的时间。因此，“三点一刻”及时快速复盘会更适合采用站立的形式进行。

“三点一刻”及时快速复盘站会可以在各种业务活动之后立即展开。比如，相关人员参加完客户的竞标会后。以客户竞标会结束后的复盘会为例，以下是在此类复盘会需要关注的三个主要流程：

- **流程一：回顾与分析。**会议组织者请参会人员找出与客户相关的三个关键观察结果。
- **流程二：总结与改进。**在本次竞标过程中，会议组织者总结团队表现得较好的三个方面，以及仍需改进的三个方面。
- **流程三：行动措施。**根据当前情况，参会人员共同探讨可以立即采取的三个行动措施。

“三点一刻”及时快速复盘站会应遵守以下三项原则：

原则一：发言顺序由远及近。会议发言人的发言顺序从与此次活动关联度较低的人员开始，直至竞标活动的负责人。比如，第一个发言人可以是竞标会记录会议纪要的成员。

原则二：发言人无遗漏。所有参与过竞标活动的人员都应发表意见，不论其职位高低或职责所在。

原则三：及时立刻。“三点一刻”及时快速复盘站会应在竞标活动结束后 15 分钟内进行，以便及时获取第一手信息并进行深入探讨。此外，参会人员务必确保达成共识的三个行动措施能够立即付诸实践，而非详尽的计划或行动方案。

“三点一刻”及时快速复盘站会的三项原则旨在建设有益于团队成长、倡导平等尊重及实现高效执行的企业文化。同时，企业通过践行以上三项原则，有助于培养员工自主复盘的习惯，从而形成一种积极主动关注他人发展的精神。

“三点一刻”的复盘方法起源于我在Hay Group工作期间所学到的经验，并在之后的工作和生活中一直沿用至今。即使在离开 Hay Group 多年后，我依然经常向我的客户推荐这一复盘法，因为它确实是一种具有极高投资回报率的管理实践。当然，方法再好，不实践也没用。管理者一定要坚持实践这一方法，持之以恒，必有回响。

复盘会是生长型组织的组织文化的表现，它体现了“发展业务就是发展人，发展人就是发展业务”的理念。企业复盘文化的实施程度，也是衡量其组织进化能力和管理者领导力修炼水平的标准。

在复盘会中，我建议企业将 AGE 元技能（互助成长、自我进化、多元开放和好奇探索等）融入其中。为了使 AGE 元技能在会议中得到充分体现，我建议企业在每次复盘会议开始之前，先就 AGE 元技能进行讨论和铺垫。这样，参与复盘会的人员就能更好地理解如何在 AGE 元技能的基础上进行深入反思和交流。

实际上，企业还可以尝试将 AGE 元技能的使用作为会议中一个快速热身的环节，引导参会人员在复盘会中思考如何运用 AGE 元技能来推动个人和组织持续进步，让每个人都能成为复盘会的主体和创造者，而不仅仅是被动接受信息的对象。

7.6　别让高效率、低效能的会议抹杀创新

高效能的座谈会、共创会和复盘会，是助力企业提升效率、持续成长和实现创新的关键会议。无论是管理者还是员工，了解并掌握这三类会议的基本流程和引导技巧，对自己领导力的修炼和个人成长是大有裨益的。

然而，许多追求高效率的企业倾向于减少开会频率甚至不开会，但在召开会议时却又过分强调效率。这种高压的会议氛围可能会逐渐渗透到上述三类会议中，从而导致会议高效率但低效能，进而阻碍组织的进步和创新。因为创新需要激发人们的智力、体力和心灵，而且人们需要在一个相对轻松的会议环境中进行共创共舞。

除了寻求创新的初创企业，许多大型企业也在努力探索业务的第二增长曲线和转型之路。初创企业及探索业务的第二增长曲线和转型之路的企业往往面临以下四个困境：

- 企业可能有了新的业务雏形，但尚不明确商业模式。
- 企业可能认为当前的主营业务已经为第二曲线的探索奠定了基础，但却因犹豫不决而无法付诸实践。
- 企业可能陷入惯性思维，难以找到第二曲线的突破口。
- 企业可能在商业模式方面取得了初步成果，但企业的管理机制无法适应第二曲线的需求，反应滞后。

新业务的探索往往需要一个小而精的工作团队，快速尝试和迭代出优秀产品理念，迅速拓展市场用户，以及最重要的是这一团队要具有乐观、无畏

和勇于承担风险的创业精神。这些在初创企业中非常自然的天然基因，在大企业中却难以立足，其中一个重要原因是大企业内部形成了较为固定甚至僵化的管理文化，这往往表现在会议形式和运营策略上。比如，大企业中的业务会议通常侧重于提高产品或服务质量的效率，这不是从 0 到 1 的创新，而是从 99 到 100 的改进。

此外，大企业的业务会议更加注重目标的量化设定，会议运营也更加规律，比如，定期举行的月度例会制度。新业务的发展则需要具有里程碑意义的管理和与之相关的会议运营。因此，不定期举办高效能的座谈会、共创会和复盘会，对新业务的孵化而言，或许并不是决定性因素，但它无疑是一个加速提高企业创新效率的重要工具。

Chapter Eight

第 8 章 高效能会议魔方之第五面：如何开好表彰庆祝会

8.1 表彰庆祝会，管理者要成为有温度的“导演”

表彰庆祝会是企业文化建设的重要组成部分。在许多企业里，筹备表彰庆祝会是人力资源部的关键工作之一。通常在年末、季末时，企业的人力资源部如同导演，精心策划着企业的每一场表彰庆祝会。而管理者和受表彰者就是人力资源部选定的角色，在企业的表彰庆祝会中承担不同的“表演任务”。

由于企业的表彰庆祝会几乎每个季度、每年都在召开，企业所有人对此都已司空见惯。于是，企业的表彰庆祝会经常出现这样的现象：管理者认为是在浪费时间；员工认为自己只是在欣赏一场表演；台上的获奖者面临社交恐惧的尴尬和不适；作为表彰庆祝会的策划者和执行者的人力资源部，因为自己对表彰庆祝会付出了很多而陷入自我感动。

为了避免企业的表彰庆祝会陷入“谁也不满意”的形式主义状态，企业要学会召开高效能的表彰庆祝会。

企业中高效能的表彰庆祝会的召开时间不应局限于年度、季度。当企业迎来业务的关键里程碑时，或者在员工成长的重要时刻时，企业都可以召开表彰庆祝会。企业的表彰庆祝会不是一次性的会议，而是持续的且能够激发出员工成长和组织成长所需的正能量，以及提升员工士气和促进业务增长的“催化剂”。

在企业召开的高效能表彰庆祝会上，管理者不能扮演机械的、重复的颁奖角色，人力资源部门或企业文化部门也不能自编自导企业的表彰庆祝会。管理者、人力资源部门或企业文化部门要承担企业表彰庆祝会的“导演”一职，成为有温度的“导演”，向全体员工传递关爱和认可的力量，引导全体员工共同参与企业的发展并共创辉煌。作为一个“作品”，表彰庆祝会的影响力不仅体现在管理者的创作过程之中，更体现在呈现给观众的过程之中。

本章将聚焦企业如何召开高效能表彰庆祝会，使表彰庆祝会成为企业传递温暖与关爱的场域之一。

8.2 庆功会不仅要开好，还要放大效能

在很多企业里，当团队取得一些小的里程碑业绩时，企业会发送庆祝团队获得阶段性胜利的捷报；当团队业务取得重大成就时，企业会为团队举行庆功会。企业的庆功会无处不在，无论是年度目标的达成，还是一个产品功能的实现，及时召开庆功会可以充分激发团队成员的士气。

接下来，我将通过实战案例来分享企业的庆功会应该如何设计和召开。

某科技服务企业（以下简称为 G 企业）国际业务事业部成立一年后，在

海外成功开设了第一个办事处。G 企业的国际业务 CEO 希望人力资源部能够协助他策划一场庆祝“海外第一城”这一重要历史时刻的庆功会。作为一个创业型团队的负责人，国际业务 CEO 希望这场庆功会能够既简洁又高效，同时还能最大限度地激发团队成员的士气。

为了达到此次庆功会的目的，人力资源部（会议组织者）在策划庆功会时应关注以下七大要素：

要素一：仪式感的塑造。会议组织者需要深刻理解 G 企业国际业务事业部目前迎来的里程碑事件与企业实现更伟大、更长远的愿景之间的联系，并在庆功会中强调这一点。比如，G 企业召开“海外第一城”的庆功会，人力资源部要使参会人员联想到企业从“一城”到“百城”的美好蓝图，进而联想到企业从一国到多国的发展愿景。为此，人力资源部可以通过使用“地球”等具有仪式感的元素来增强参会人员的联想。

要素二：目标实现者的舞台。庆功会应当让实现目标的人得到认可，同时激发他们再度创造辉煌的积极性，并激发团队中更多成员的士气。庆功会就是目标实现者的舞台。会议组织者需要在庆功会中为目标实现者提供充分表达的机会，让他们讲述自己是如何实现目标的，以及他们在实现目标的过程中遇到的挑战和得到的收获。比如，人力资源部可以在“海外第一城”庆功会上安排一个核心团队成员访谈的环节，对目标实现者进行深度访谈，使他们感受到企业对他们的重视、关注和认可。

要素三：学习的场域。庆功会还有一个重要的价值，就是目标实现者将目标实现过程中的经验分享给企业更多的人，从而营造出一个学习的场域。

会议组织者需要注意的是，在召开庆功会（特别是有关阶段性里程碑的庆功会）之前，提醒目标实现者在会议分享中避免过度夸大目标实现的过程，使庆功会成为“吹牛会”。会议组织者可以通过在庆功会中设置提问环节，让目标实现者分享目标实现过程中最困难的部分，以及他们是如何克服这些困难的，从而使参会人员在庆功会这一场域中能够学习和成长。

要素四：庆祝的延续性。庆功会的形式可以多变，但作为一种激励团队和凝聚人心的场域之一，会议组织者可以尝试让庆功会变得更有延续性。每当企业的业务发展迎来一个新的里程碑时，会议组织者可以通过一个固定的环节或者仪式来使庆功会具有内在连贯性。比如，人力资源部可以在“海外第一城”的庆功会上设立一面文化墙以记录主要城市的业务情况，攻下一城，便在该城市的所在位置插上旗帜，这样一来，庆功会就以文化墙的形式得以延续。

要素五：管理者发言的技巧。庆功会是一次展示管理者愿景型领导力和故事力的绝佳机会。管理者可以通过演讲来强化企业的战略愿景，阐述里程碑的意义及企业未来面临的挑战、难点。此外，管理者还可以在庆功会上利用鼓励的语言，激励团队继续努力，朝着下一个里程碑迈进。管理者在庆功会上的发言方式因管理者的个性而有所不同，为了达到激励团队继续创造辉煌的效果，管理者可以在团队每名主要成员面前说一句鼓励的话，表达出企业对他们的认可和支持。

要素六：营造会议的氛围感。营造庆功会氛围感的方法有很多，具体如何营造氛围感取决于庆功会的大小。我在这里可以分享一个营造庆功会氛围感的小窍门——会议组织者提前准备一些适合当前情境的背景音乐。音乐是最容易调动会议氛围的元素，庆功会上的背景音乐可以选择那些能够激发斗志、体现艰难历程或者充满喜悦的曲目。

要素七：庆功会后的报道。为了让企业的更多员工了解庆功会的内容，会议组织者需要在庆功会结束后撰写新闻稿或者制作宣传材料。

掌握了策划庆功会的七大要素后，让我们将视线聚焦在 G 企业的庆功会上，看一下他们是如何落地高效能庆功会的。G 企业的庆功会的核心流程包括以下五个环节：

- **环节一：开场有仪式感。**G 企业以温馨的工作过程照片拉开了庆功会的序幕。
- **环节二：会中启动文化墙。**会议主持人宣布启动国际业务文化墙，并邀请 CEO 及团队五位核心成员共同为海外开辟的第一个城市插上象征荣誉的小旗子。
- **环节三：会中有现场访谈。**由 CEO 主持一场核心成员小组现场访谈，让大家畅谈在实现国际业务目标的过程中所面临的挑战和收获。
- **环节四：CEO 讲话有技巧。**在庆功会上，CEO 发表了鼓舞人心的演讲，强调了企业全球化的愿景和决心。
- **环节五：尾声有共情。**在庆功会结尾，人力资源部将一款印有地球图案的蛋糕推上舞台，伴随着欢快的音乐，参会人员进行了切蛋糕和开香槟的仪式。所有参会人员纷纷拍照留念，开始自由交流，整场庆功会充满了激情与欢乐。

庆功会的流程设计并不复杂，但企业要想开好一场高效能庆功会并不是一件易事。“于细微处见精神，于细微处见品德”，企业成功召开高效能庆功会的核心在于企业是否重视庆功会，并在细节之处做到用心。

8.3 表彰会不是“一言堂”，要让平凡的员工走上星光大道

企业的表彰会以全体员工为主体，其设计理念与企业的日常管理会议或小型团体会议截然不同。在表彰会上，大部分参会人员是观众和聆听者，而不是被表彰者。因此，在企业的表彰会上，大部分员工会认为表彰会更像是一部电影或一场表演，而自己只是观众。

如果企业从看电影或看演出的角度来看待表彰会，可能会产生一些新的想法。观众为什么要花钱看电影呢？因为他们在看电影的过程中与电影情节产生了情感上的共鸣。在两个小时的观影过程中，观众会因为电影情节而触动，无论这一触动是激动的还是放松的。越是精彩的电影，观众越会觉得时间飞快。

观众为何愿意花钱看演唱会呢？演唱会与电影之间有一个显著的区别：看演唱会的观众不仅是欣赏者或旁观者，还是参与者，可以与台上的演员一起唱、一起跳，成为演唱会氛围营造的一部分，甚至是部分表演的合作者。观众离开演唱会后，可能会继续播放自己喜欢的歌曲，让自己沉浸在兴奋和愉悦的情绪中。

企业召开表彰会的目的应该是让观众受到触动，而获奖者在一定程度上扮演着“演员”的角色。有的管理者可能对这一观点持怀疑态度，认为获奖者为什么是“演员”呢？这需要从获奖者的角度来思考。

如果你作为获奖者，在获得某项荣誉时，哪个时刻最让你激动呢？是得知自己获得荣誉的那一刻，还是登台领奖的那一刻？可能大多数人都会选择前者。获奖者会反复提醒自己："我值得这份荣誉，这一切都是值得的。"即使性格内向的获奖者不好意思告诉别人自己获得荣誉这一好消息，他们也会在心中不断重复："企业和管理者看到了我的努力，我的付出得到了回报。"

既然获奖者最真实、最大的喜悦来自得知自己获得荣誉的一刹那，那么对获奖者而言，他们在表彰会上扮演的角色更像是"演员"而不是观众。成功的企业表彰会应当努力使"演员"在表演过程中再次获得观众的支持和鼓励，让他们再次感受到自己的努力"被看见"，并得到了所有人的认可，而"演员"在表彰会中只需要用最真实、最真诚的表现才能打动人心。

接下来，我将通过实战案例来分享企业的表彰会应该如何设计和实施。

一家科技服务企业（以下简称为 F 企业）的企业级表彰会是由经验丰富的企业文化团队负责人 Crystal 负责组织的，她已经成功举办过企业里十多次表彰会。然而，这次 F 企业的 CEO 对表彰会提出了一个新的要求：希望这次表彰会能够有所创新，不再局限于传统的三个环节——管理者公布表彰名单并发言、播放获奖者光荣事迹的视频和获奖者上台领奖并发表感言。

作为 F 企业表彰会的设计者和组织者，Crystal 深知，每次表彰会中，大概率会有超过一半的参会人员在两个多小时的颁奖过程中逐渐感到无聊或失望。因为表彰会对大多数人而言，与他们的日常工作并没有直接的关系。那么问题来了，这样的表彰会是企业真正需要的表彰会吗？企业召开表彰会的目标是什么？

一般来说，企业召开表彰会看起来有以下三大目标，但如果具体挖掘起来，这些目标其实又很模糊。

目标一：好像是在表彰先进者。如果企业召开表彰会的目标是表彰先进者，那么，企业表彰先进者的目的是什么？目的是展示企业的成就，还是提升员工的士气？

目标二：好像只为获奖者提供奖励。如果企业召开表彰会的目标是为了让获奖者获得荣誉并受到激励，那么企业花费大量时间和精力筹备表彰会是否值得？获奖者是否真正通过表彰会感受到企业对他们的重视？企业对表彰会的投入是否带来了相应的回报，投入产出比如何？

目标三：好像是激发和激励所有人。企业召开表彰会的主要目标应该是激发所有人的积极性和创造力，包括获奖者和未获奖者。然而，许多企业往往更注重对获奖者的关注和激励，而忽略了对未获奖者的激发和激励。

作为读者的你，是否深入思考过上述问题，并有明确的答案？根据你的答案，你是否曾经尝试过设计企业的表彰大会？我猜想你在设计企业的表彰大会时会对上述问题感到困惑，也许你在某一时刻考虑过这些问题，但从未深入思考过。现在，我们一起来进行深入思考。

F 企业召开表彰会的目标明确且具有针对性：让所有员工，尤其是未获奖者感受到被重视、被认可，激发他们内心的渴望和追求，从而明确未来的努力方向。当会议组织者 Crystal 明确了表彰会的目标后，她就找到了召开一场高效能表彰会的方向。

在设计表彰会时，会议组织者应关注一些具有启发性的会议模式。比如，奥斯卡颁奖晚会、NBA 全明星赛、年度十大经济人物评选和 TED 演讲等的哪些环节最能打动人心，同时也最值得引入到企业的表彰会中？

会议组织者可以参考以下形式来设计企业的表彰会。

- **奥斯卡颁奖礼的红毯仪式。**表彰会上只有获奖者才有资格走红毯，这种特殊待遇的设计可以让其他参会人员更加期待获奖。
- **和明星的合影机会。**会议组织者可以在表彰会上让获奖者成为闪亮的明星，不仅仅是让他们有和 CEO 或企业高层管理者合影的机会，更重要的是要让部分未获奖的观众拥有与获奖者合影的稀有权利。这一环节将使获奖者感到自己成为了明星，得到了认可，同时也能提升表彰会的吸引力和影响力。
- **NBA 全明星赛的颁奖环节。**在 NBA 全明星赛上，会议组织者会让最有价值的球员展示其技艺，并在舞台上接受赞誉。企业的表彰会也要成为获奖者展示才艺的舞台。
- **TED 演讲。**会议组织者可以让获奖者在表彰会的舞台上讲述自己的故事，从而让获奖者被关注、被看见。
- **奥斯卡提名公布机制。**企业的表彰会可以效仿奥斯卡颁奖礼，在公布获奖者之前，公布获奖者提名名单，这样的颁奖过程充满悬念，使参会人员充满期待。
- **邀请获奖者的家属出席颁奖典礼。**会议组织者可以让获奖者的家属坐在前排，表达企业对员工家属的尊重和感谢。
- **体育赛事的颁奖典礼。**企业的表彰会可以效仿体育赛事的颁奖典礼，设立冠军领奖台，在让获奖者感受荣耀的同时，激励他们在未来的工作中继续努力。

- **广泛宣传。**企业的表彰会结束后，会议组织者可以鼓励获奖者利用各种自媒体平台进行宣传，扩大自己的影响力。
- **组织小型粉丝见面会。**企业的表彰会可以效仿粉丝见面会的模式，将获奖者的“忠实粉丝”召集起来，通过小型的座谈会来加强获奖者与其他未获奖者之间的情感联系。

企业召开表彰会的形式有很多，以上抛砖引玉，企业只要把设计思路打开，就能让平凡的员工走上“星光大道”。

让我们把视角拉回到 F 企业的表彰大会中，看该企业是如何设计高效能表彰会的。为了开好这场表彰会，Crystal 与 CEO 共同合作，成立了企业表彰会筹备组委会，基于 CEO 倡导的“关爱家庭”的企业文化，为年度表彰大会和季度表彰大会进行了以下四大创新：

创新一：现场铺设红毯。在表彰会开始时，表彰会筹备组委会让获奖者沿着长长的红毯走向颁奖台。此时，台下的员工向获奖者投去了羡慕的目光。

创新二：请获奖者进行 5 分钟演讲。表彰会筹备组委会邀请 10 名经过海选产生的“成长之星”，在聚光灯下进行 5 分钟演讲。获奖者在演讲过程中，不仅用自己的故事打动了台下的观众，而且强化了自己的专业演讲技巧。

创新三：邀请获奖者家属到现场。表彰会筹备组委会邀请获奖者的家属来到表彰会现场，并为他们安排了最佳位置。当获奖者上台领奖时，他们的家属也将一同上台，这对提倡“关爱家庭”的 F 企业来说，也起到了建设企业文化的作用。另外，在表彰会召开之前，企业 CEO 还亲自撰写了感谢信寄给了获奖者的家属，表达出企业对获奖者家属的感谢。

创新四：故事分享会。表彰会筹备组委会将季度荣誉选拔会改为故事分享会，效仿“海选模式”，邀请员工在故事分享会中讲述自己的成长历程，由高层管理者担任评委。在初选阶段，高层管理者给予员工直接、近距离的反馈。这样一来，即使员工未能获得季度荣誉，他们也能在故事分享会中感到被企业关注和认可。同时，高层管理者也能借此机会深入了解基层员工的实际情况，有助于高层管理者自身的成长。

荣誉认可作为企业文化建设的重要组成部分，绝不能仅仅流于形式。无论是认可的行为，还是认可的形式，会议组织者都需要经过深思熟虑和精心设计。更重要的是，越来越多的研究表明，针对年轻员工，自下而上的认可往往比自上而下的认可更有力量、更具传播性。因此，企业的表彰会不是“一言堂”，它不仅仅是一种“表演”，更是展现“呈现”的力量、“被看见”的力量和“自传播”的力量的场域之一。

8.4　年会要“暖心”，离不开创新和用心

每逢岁末年初，企业的人力资源部最为忙碌的事情之一便是筹备年会，而辛勤工作了一年的员工也期待着在年会上赢得大奖。对企业而言，年会不仅是对过去一年的总结，也是对未来的展望。正如中国人除夕总会守在电视机前等待春晚一样，企业全体员工也都期待着年会的召开。

企业的年会通常是一场集年度总结会、战略沟通会、荣誉表彰会和文艺演出会等多种会议为一体的大型会议。参会人员通常包括全体员工，但也有些大型企业的参会人员仅为部分员工。过去几年，受到新冠疫情的影响，一

些企业采用了线上与线下相结合的方式来举办云年会。

企业要策划一场完美的年会，需要考虑诸多因素，除了常规会议所需考虑的内容、形式，还要对会议场地、会议氛围、会议安全、参会人员的进出流程、抽奖奖品等进行精细化设计。企业要成功地策划并顺利召开一场高效能的年会并不容易，需要会议组织者具备强大的项目管理能力、对参会人员深入理解的能力、内容创作能力和应对突发状况的能力等。

接下来，我将通过一个实例来探讨如何设计一场充满温馨感的年会。

一家成立已有五年的创业企业（以下简称为 S 企业），其业务领域涉及连锁线下服务行业，员工总数达 4000 人。为了庆祝企业五周年以及迎接新春佳节，企业希望举办一场全体员工汇聚一堂的会议，让员工知道企业的发展方向、未来的战略规划、企业的精神风貌和产品价值。S 企业这一年会定位堪比一场产品发布会，或者类似逻辑思维的年度大课。

S 企业的年会组织者是企业文化部门。该部门决定从主线目标出发来策划这场会议。考虑到年会的参会人数众多，并且活动时长约为 4~6 小时，会议组织者认为要想让年会给每名员工留下深刻印象，就必须将整场年会的重点放在展示企业过去五年来在产品打磨和用户体验方面所取得的成果上。作为一家创业企业，企业的成长过程应当在年会中被所有员工看到和亲身感受到。

为了达到上述会议目的，会议组织者遵循了以下四大原则：

原则一：共同打造年会。会议组织者使筹备年会的过程成为宣传企业文化的重要组成部分，将原本 4~6 小时的年会转化为持续一个月的“企业文化月”。这样一来，全体员工都能充分参与到筹备年会的过程中，使年会成为一场由 4000 名员工共同打造的盛会。

原则二：强调用户体验。S 企业的年会以展现业务和产品的用户体验为主要目的，会议组织者将这一目的贯穿在年会的所有环节中，在年会中强调企业在用户体验上面的用心，突显员工的工作被企业看到和认可。

原则三：体现“成长”元素。会议组织者在年会的筹备和实施中，始终将“成长”元素融合在年会的各个环节。目的是让每名员工都能真切地感受到企业和自身的成长、进步。会议组织者将年会的筹备过程看成企业助力员工自我提升的“养成类综艺节目”，初心是通过各种形式让员工感受到自己在成长。要知道，对每个人来说，成长就是自己的一种主观感知。

原则四：制造惊喜。会议组织者在年会的筹备和召开过程中不断地制造惊喜，鼓励员工积极参与其中，并乐在其中。

基于上述四大原则，S 企业成立了年会筹备小组，对年会如何设计与实施进行了热烈的讨论，做足了年会的准备。下面是S企业的年会的七大亮点：

亮点一：年会宣传月。S 企业的年会筹备小组成立了一个名为“倒计时 7 天线上活动”的项目，在距离年会倒计时的 7 天里，每天都会有新的活动等待员工解锁。比如，拍摄一张展示员工价值的个人大头照并上传至企业系统。此外，年会筹备小组还围绕年会要表演的节目开展了为期一个月的“炫技达人评选”活动，旨在强调企业文化——“不一样的你，一样的我们”。

亮点二：年会筹备小组成员设定目标。S 企业的年会筹备小组的成员经过了严格的选拔，并进行了详细的任务分配。在筹备年会的过程中，年会筹备小组成员要为自己设定一个成长目标和一个快乐目标，并在年会结束后检验是否实现了这两个目标。年会筹备小组成员设定目标不仅有利于年会的顺利推进，也有利于小组成员自身的成长。一名仅有三年工作经验的员工作为S企业年会的年会筹备小组成员，在成长目标与快乐目标达成的过程中获得了巨大的成就感。

亮点三：成长达人评选。与往年年会的颁奖不同，S企业在这次年会中新增了“成长达人奖”环节，该奖项由自我申报和管理者提名组成。在“成长达人奖”颁奖环节中，年会筹备小组没有采用传统的获奖者发表获奖感言形式，而是为每名获奖者安排了一个类似于TED演讲环节，并聘请专业演讲培训导师对获奖者的3分钟个人表达进行指导。最终，8名获奖者在聚光灯下和4000名观众面前，通过3分钟的演讲分享了自己的成长故事。这些生动的经历使获奖者再次感受到了自己的成长和进步。

亮点四：线下体验打卡。年会当天，来自五湖四海的4000名员工齐聚一堂，年会筹备小组希望他们感受到企业不同业务线的服务，增进彼此之间的了解。同时，考虑到员工抵达年会现场的时间不同，年会筹备小组安排了自由且集中的线下门店打卡活动，要求员工前往不同的门店拍照并完成指定任务。年会上增加这一环节的目的是尊重每名员工的时间和需求，同时也让员工更深入地了解企业的产品和服务。

亮点五：歌曲创作比赛。价值观是S企业过去一年中企业文化的核心要素之一，为了让员工更好地理解和接受企业价值观，年会筹备小组举办了一场歌曲创作比赛。3~4首原创歌曲的歌词由员工围绕企业的使命、愿景与核心价值观而创作，在年会现场演绎时还配以舞蹈表演。原创歌曲不仅展现了员工的才华和创意，还使员工更加深刻地体会到了企业的价值观和业务战略思路。在年会结束后，管理者还发现了员工在品牌代言方面的能力和价值，不少事业部开始请员工为自己的服务与产品做各种形式的代言。

亮点六：高层管理者走秀。通常情况下，企业的年会都会由高层管理者来压轴表演。如何让高层管理者的表演既能传达企业的价值观，又能保持高层管理者的真实和自然呢？因为高层管理者时间有限，压轴表演还需要高层管理者方便排练。考虑到以上因素，年会筹备小组采用了高层管理者走秀的方式作为压轴表演。S 企业是一家注重线下业务的企业，所以年会筹备小组请每名高层管理者穿上线下门店的工作服在台上走秀。这场别开生面的高层管理者身穿工服走秀，与全场身着蓝色工服的 4000 名员工相互辉映，营造出了一个充满活力和激情的会议氛围，也让高层管理者走秀成为全场的“高光时刻”。

亮点七：惊喜大抽奖。抽奖是年会不可或缺的环节，员工对奖品充满期待。S 企业的年会筹备小组在年会召开前夕收集了员工的愿望。有些员工的愿望是希望能“解决脱发问题”，有些员工则希望“在海边举行一次小型团建活动”……收集完员工的愿望后，会议主持人在年会现场随机抽奖并承诺在三个月内兑现获奖者的愿望。尽管年会筹备小组起初曾担忧员工的愿望是否难以满足，但在实际操作过程中，年会筹备小组发现大多数员工的愿望都是非常朴实和真诚的。

在筹备整个年会时，S 企业的年会筹备小组关注了很多细节，比如活动的调性和座位安排等，致力于为员工营造一个回家的氛围，让他们感受到企业对他们的关怀与认可。

S 企业的年会筹备小组将对员工的关怀与认可体现在许多暖心的小细节中，下面选取两个细节着重分享。

细节一：座位安排。在年会现场，S 企业的年会筹备小组将三年以上的老员工，以及所有荣誉奖章获得者的座位安排在年会的最佳观赏位置。因为企业认为这些员工是值得赞扬和鼓励的，安排最佳的观赏位置能体现出企业对他们的认可，同时也能够激发其他员工的敬仰之情，引导他们朝着更高的目标努力。

细节二：礼遇家属。对于荣誉标兵，S 企业邀请了他们的家属参加年会。年会筹备小组设置了一个特别的环节，即 CEO 亲笔写一封信表达对荣誉标兵家属的感激和敬意，同时邀请荣誉标兵的家属上台分享他们的感受。此外，年会筹备小组还为每名荣誉标兵的家属送上一条温暖的围巾。年会筹备小组之所以有这些礼遇家属的设计，目的是家属与获奖员工共同体验这份荣誉。S 企业希望每名员工的家属都能为自己的亲人感到骄傲，同时也为他们在企业的工作而感到自豪。

筹办一场成功的年会确实具有挑战性，但却是一个能让人从中得到锻炼和成长的好机会。企业的每名管理者都应该去体验一下如何成功筹办一场年会，从中修炼自己的场域影响力、系统观察力等诸多领导力。

8.5　用好 SEE 模型，让员工得到“真正的认可”

无论是企业的庆功会、表彰会还是年会，其核心目的都是为了让员工感受到被看见的高光时刻，这也是企业在设计荣誉奖励制度时需要重点考虑的目的之一。在此，我推荐大家使用“SEE 模型”来优化企业的荣誉认可体系和表彰庆祝会类会议，如图 8-1 所示。

图 8-1　“SEE 模型”

“SEE 模型”适用于企业在策划任何一种需要激发、认可员工行为的活动，比如企业的庆祝会、庆功会、表彰会、年会等。企业在使用“SEE 模型”设计表彰庆祝类会议时，需要重点思考以下三个方面：

第一，激励导向。会议组织者需要理解企业的价值观，明确企业鼓励员工做什么，从而使企业的表彰庆祝类会议能够发挥出激励导向的作用。

第二，激励形式。被认可的员工希望得到什么样的奖励？他们希望在会议中获得怎样的体验？这需要会议组织者站在用户的角度去思考，了解他们的需求和期望。比如，在一些技术团队中，“走红毯”这种形式并不是所有员工都喜欢的，一些内向的员工可能会对此感到尴尬。

第三，宣传形式。企业的全体员工如何看待荣誉？会议组织者需要从广大员工的角度去思考，了解他们所珍视的价值观，以便更好地激发他们的积极性。比如，在 Z 世代看来，“平等地交流”“认可他们的兴趣”“懂得尊重”和“渴望得到陌生人的认可”可能比传统的荣誉奖励更为重要。

总的来说，企业的设计表彰庆祝类会议应该是一个让员工感受到被企业重视和认可的活动。企业要创造一个充满荣誉感和回忆的活动，使员工感到被看见，并感受到企业对自己的“真正认可”。

Chapter Nine 第9章

高效能会议魔方之第六面：如何开好团队临时会

9.1 管理不是处理确定性，而是处理不确定性

高效能会议魔方的第六面是团队临时会，这也是会议魔方的最后一面。企业的团队临时会是管理者根据团队需要临时召开的会议。一般来说，团队临时会从会议发起人产生发起会议的想法，到实际开始召开会议，准备时间通常不超过半个小时。团队临时会的召开频次和质量是衡量管理团队效能的重要参数，有以下两个观察经验可供管理者参考：

经验一：团队临时会频率过高，说明团队缺乏目标感。如果一个团队将大部分会议时间用于召开团队临时会，那么意味着该团队在目标管理和计划管理方面存在不足，团队执行力可能存在挑战。从团队的长期发展来看，如果团队缺乏目标感，那么团队自我进化的能力可能不足。

经验二：团队几乎没有临时会，说明团队的应变力可能不足。如果一个团队几乎没有召开过临时会，那么很可能该团队面临变化、不确定性的挑战

场景较少，团队在应对变化、灵活性方面可能不具优势。当然，在某些对流程管理要求比较严格的行业，比如企业的生产线管理，遵循固定程序并不一定是坏事。

管理并非解决确定性问题，而是应对不确定性挑战。过去二十年，“VUCA”这一概念在管理学领域非常流行，它描述了一个不确定性、复杂性和模糊性的环境。新冠疫情暴发期间，人们对 VUCA 的体验愈发真切。美国人类学家、作家和未来学家贾梅斯·卡西欧提出了“BANI”㊀概念，用以描述人们在面对 VUCA 环境时的真实感受和观点：

- 看似稳固的系统实际上可能极度脆弱，容易崩溃。
- 人们在感受到不确定性后，往往会产生焦虑情绪。此时，增加焦虑感的信息很可能导致他们偏离正轨。
- 事件之间的因果关系不再是简单的线性关系，而是呈现出非线性的特点，变得难以预测。
- 过去模棱两可的事物可能变得更加难以理解，甚至出现不合逻辑或荒谬的情况，而人们收集更多信息或试图解释这些现象只会让情况变得更加混乱。

无论是 VUCA 时代，还是 BANI 时代，都是管理者在未来需要重点关注的领域之一，也是组织进化和管理者修炼领导力的关键点之一。为了应对不确定的挑战，管理者需要具备以下能力和心态：

㊀ BANI 取自英文单词 Brittle（脆弱的）、Anxious（焦虑的）、Nonlinear（非线性的）和 Incomprehensible（费解的）四个英文单词的首字母。

- 管理者应增强自身的恢复力，从而更好地应对脆弱的局面。
- 面对焦虑，管理者应拥有更强的同理心，保持冷静，专注于当下。
- 管理者应提高思维敏捷性和调适力，以便更好地应对非线性事物。
- 面对难以理解的事物，管理者需要保持开放的心态，多元包容、玩乐有趣，拥有想象力和创造力。

开好高效能的团队临时会不仅有助于管理者做好临时决策和激发团队活力，还有助于使管理者的领导力更加坚韧。本章将聚焦管理者如何召开高效能的团队临时会议，帮助管理者更好地在 BANI 时代不断成长和进步。

9.2　提升决策质量是团队临时会成功的关键

提升决策质量是管理者开好会（尤其是团队临时会）的关键。管理者要在短时间内和充满不确定性的环境下做出相对高质量的决策，的确是一件不容易的事情。那么，管理者如何提高会议的决策质量呢？我在这里引入了一个决策质量公式与决策飞轮模型加以说明，如图 9-1 所示。

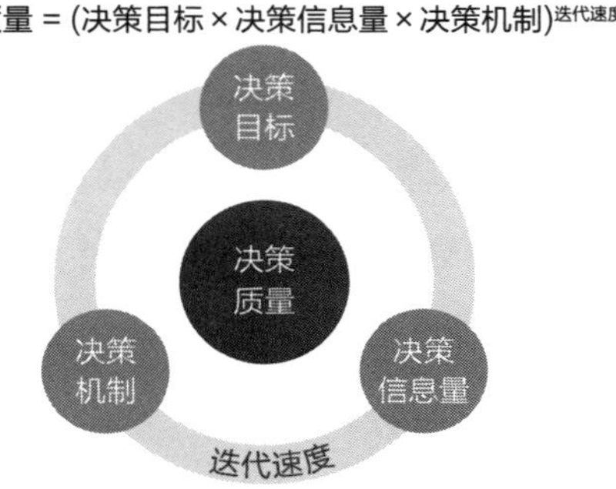

图 9-1　决策质量公式与决策飞轮模型

会议的决策质量取决于三个根本因素：决策目标、决策信息量和决策机制。

1. 决策目标

决策目标指的是管理者要明确会议需要决策的关键目标，以及决策目标背后的基本假设。决策目标具体包含以下三个要点：

要点一：认知假设与价值观决定决策目标的高度。牛顿曾经说过："没有大胆的猜测就没有伟大的发明。"决策目标的高度往往依赖管理者的认知假设与价值观。因此，管理者需要持续不断地反思自己的站位与假设，做到"大胆假设，小心求证"。

要点二：时间往往是决策的限制条件。决策目标的确立需要关注时间的两个角度：一是关注决策过程本身的时间长短；二是关注决策目标设定的时间周期。管理者通常可以用"10-10-10 原则"来提升决策目标的质量。这一原则指的是：10 分钟后这一决策的影响是什么？ 10 个月后这一决策的影响是什么？ 10 年后这一决策的影响是什么？越是决策时间短的重大决策，越需要管理者思考中长期的决策影响。

要点三："透过问题看本质"是根本。决策目标的确立，需要管理者尽可能快速抓住问题的本质或要害，找到公理级（即不需要被证明的事实）的根本原因，而不是定理级（即需要被推理、验证的事实）的表面原因，确定会议召开的必要性及会议的目标。

2. 决策信息量

决策信息量指的是管理者在进行决策的过程中需要充足的信息量。管理者要能够洞察出有效信息，并将其转变为解决问题的有效依据。决策信息量具体包括以下三个要点：

要点一：多视角的足够信息量。管理者掌握足够的信息量是决策质量的根基，拍脑袋决策是管理者一定要避免的。会议将为管理者提供从不同视角洞察有效信息的场域。

要点二："聚焦 – 发散"过程提升信息质量。庞大的信息量如果不加以消化利用，会让管理者陷入很多无效信息中。管理者在会议中设计好"聚焦 – 发散"的过程，能够对信息进行有效的加工处理，提高信息质量。在团队临时会中，管理者可以通过聚焦牵引决策速度，通过发散降低决策风险。

要点三：用经典的决策模型提升信息使用效率。已经被市场验证过的决策模型是可以提升管理者的信息使用效率的。比如，简单的决策模型有"重要 – 紧急"矩阵模型[㊀]，复杂的决策模型有各类商业模型、组织模型等。对团队临时会而言，3W-CAR 上车议程模型是一个提升团队临时会决策质量的有效工具，我在 9.4 节内容中会对这一模型进行详细分享，在此不再赘述。

3. 决策机制

本书前面的章节中，我曾经介绍过会议的议事规则，决策机制与会议的议事规则相似。需要注意的是，决策机制强调的是管理者在议题讨论后，需要做出决策过程的具体规则，主要体现在以下三个要点：

㊀ 史蒂芬·柯维在《高效能人士的七种习惯》一书中，以"轻重"为一维，"缓急"为另一维，构建了一个二维四象限图——时间管理矩阵。他将事情分为四种情况：紧急但不重要、不紧急但重要、重要且紧急和不重要也不紧急，这四种情况基本涵盖了人们生活中对时间的使用方式。

要点一：权责对等。管理者需要确保自己的决策权力与决策责任对等，这样才能充分调动自己的主观能动性，做出正确的决策和判断。

要点二：提升决策效率。投票与议决是提升决策效率的重要方法，特别是在团队临时会中，投票与议决可以帮助管理者快速识别可能的风险盲点。

要点三：决断力。在最终决策时，管理者的决断力是建立在对决策目标的高度明确和决策信息量的有效使用之上的。管理者做出一个成功的决策需要 90% 的信息加上 10% 的直觉。有的时候，管理者会认为自己的决策来源于直觉。准确的直觉洞察力是建立在管理者的经验与能力上的，同时也取决于管理者对风险评估的把握。

决策质量受到决策目标、决策信息量和决策机制的高度影响，但决策终归是由决策人做出的。因此，决策人能否提升自己在短期决策与长期决策之间的迭代速度，是影响决策质量的关键，这一过程最终会形成“决策飞轮”。迭代速度主要包含以下两个方面：

迭代一：决策过程中的快速迭代。没有任何一名管理者可以保证自己所有的决策都正确，但是管理者可以通过不断补充更为有效的决策信息量和迭代决策机制，甚至重新制定决策目标来使自己的每一次决策正确。

迭代二：个人、集体、机制的能力复盘与迭代。管理者应当对个人、集体及决策机制方面的能力进行及时、有效的复盘，加速管理者自身领导力的进化速度。

大部分团队临时会的发起人、决策人和主持人可能是同一个人（管理者）。决策人在团队临时会的会前、会中和会后的表现，可以在很大程度上展示自身的决策质量及决策质量的迭代速度。在团队临时会中，决策人需要高质、快速地确定会议目标，借助简短而有效的会议决策模型提升决策信息量的使用效率。针对重大危机事件的处置会议，决策人还需要设置风险评估与风险预案讨论环节来提升决策质量。

9.3　通过会议治理打造敏捷型自组织

在谈到团队临时会议时，不得不提一下自组织的会议治理。“自组织”这一概念对很多组织工作者而言并不陌生，不少组织也在积极探索自组织的应用。自组织理论将组织视为具有生命力的有机体，强调组织应受到使命驱动，简化管理，去中心化、扁平化，并通过角色划分和决策治理机制自主运行、成长和发展。合弄制就是自组织管理中的典型代表。

合弄制（Holacracy）是一种基于角色的管理工作系统。在合弄制组织中，每项工作都被视为一个“角色”，每个人可以同时扮演不同的角色，与其他人协作完成任务。合弄制摒弃了传统的管理模式，将组织架构去中心化，通过角色分配权力和责任。

合弄制被认为是一种“无领导管理方式”，旨在解决现代组织的管理问题。合弄制的创始人布赖恩 · 罗伯逊曾表示：“合弄制就像是一个全新的组织‘操作系统’，它彻底改变了一个组织的结构设计、团队决策和权力分配的方式。”

合弄制的核心观念是工作至上，而不是以人为本。企业在创建一个圈子之后，需要明确该圈子中角色的职责和权利。在合弄制组织中，角色的重要性类似于组织的细胞，每个圈子由一系列相关角色的组合构成。每个角色都有明确的职责和权利，这些信息会被记录在角色说明书中，并在必要时进行更新。在合弄制组织中，一个人可以扮演多个角色。据说合弄制的创始人布赖恩 · 罗伯逊在他的企业里扮演了大约 30 个角色。

合弄制是一种以会议治理为基础的临时组织模式，它是通过章程和会议治理规则来管理每一次工作决策过程的。合弄制可以使组织更加灵活和敏捷，虽然它不一定能提高组织的效率。

对生长型组织而言，借鉴合弄制的管理方法可以在很大程度上帮助自己在面对 VUCA 和 BANI 的环境时保持韧性。此外，生长型组织在日常工作中引入合弄制式的会议模式，还可以挖掘组织的潜能，从而提高整个组织的效能。

合弄制组织有两种类型的会议：治理会议和战术会议，如图 9-2 所示。

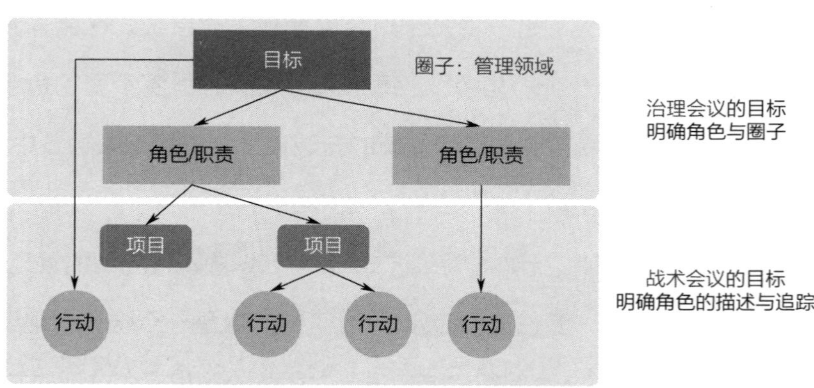

图 9-2 合弄制组织的两种会议基本流程

在合弄制组织中，治理会议负责设定目标、分配角色；战术会议负责任务或项目的行动计划与落实推进。在合弄制组织中，治理会议召开的频次较低，通常每月召开一次；战术会议则可能每周或每天召开，与我们之前提到的管理者会议魔方中的日常管理会议相似。在合弄制组织中，会议引导师会严格按照治理会议和战术会议的基本流程模板来引导会议。

那么，生长型组织可以从合弄制中学到哪些东西，并将它们应用到团队临时会中呢？主要有以下三大要点：

- **所有人都要掌握会议规则。**所有可能成为团队临时会议发起人的人都要具备主持和引导团队临时会议的专业能力。合弄制作为一个自组织，实现自主的关键在于严格遵循简单的会议规则。实际上，自主和自由的背后是自律。
- **聚焦目标与角色。**企业在召开团队临时会时，应将重点放在治理会议上，这样可以确保每次会议都能聚焦于解决紧急的目标与角色分配问题，而不是陷入复杂的解决方案型的讨论。因此，选择合适的人员参与决策过程及明确每个人的角色变得尤为重要。
- **决策方式简单明了。**合弄制会议在征求意见和共同探讨的过程中，往往会遵循一套清晰的标准和判断依据。此外，线上投票等方式也可能会被使用，尽管这样的过程可能显得有些机械化，但在处理紧急事务方面却能提供较为周全和严谨的解决方案。

生长型组织可以通过借鉴合弄制组织的会议原则，打造敏捷组织，提高组织面对不确定性环境的快速反应能力。

9.4　善用 3W-CAR 上车议程，开好团队临时会

企业的团队临时会虽然是一种临时性会议，但企业如果能够建立起固定的会议规则，将极大地提高会议效率。3W-CAR 上车议程为团队临时会的召开提供了指导。团队临时会的 3W-CAR 上车议程如图 9-3 所示。

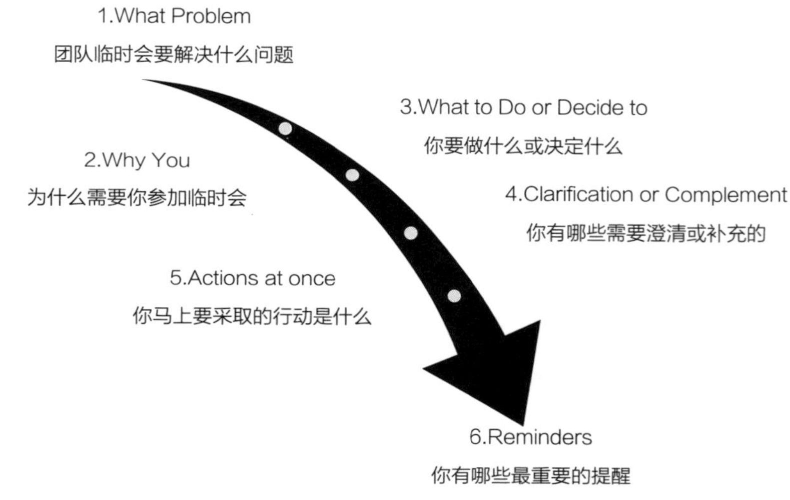

图 9-3　团队临时会的 3W-CAR 上车议程

在团队临时会中，会议发起人和会议决策人、会议主持人通常是同一个人，为了方便大家理解，下面我统一用管理者来指代。

管理者如何运用 3W-CAR 上车议程开好团队临时会呢？管理者需要掌握以下三大技巧：

9.4.1　会议前，正念专注 5 分钟

管理者在召开团队临时会前，可以进行 5 分钟的正念，目的是保持专注

力，将注意力集中在会议的目标上，以便更好地理解和传达会议精神，提高会议的效率。需要注意的是，正念专注 5 分钟不是要求所有参会人员都要做，仅管理者自己即可。

除了正念专注，在召开团队临时会前，管理者还要通过制定会议日程和确定尽可能少的参会人员，确保会议内容简洁明了。

9.4.2　会议中，遵循 3W-CAR 的上车议程

由于团队临时会是临时紧急召开的，管理者要向参会人员解释为何在这一特定时间召开团队临时会，并强调团队临时会希望参会人员发挥什么作用。通常，参会人员要为需要紧急决策的问题提供重要意见。

此外，某些团队临时会可能是管理者为了发布重要通知而召开的，这类团队临时会同样需要管理者解释会议目的和参会人员参加会议的必要性。

在团队临时会开始时，管理者通常要做四件事。第一，管理者要使参会人员迅速了解会议的主题；第二，管理者要征求参会人员的意见，进一步澄清问题或提出建议；第三，当团队临时会进入制订行动计划阶段时，管理者要明确哪些行动是需要立即执行的；第四，在会议结束时，管理者应再次强调会议的重要事项，比如行动时间、保密原则和反馈机制等。

3W-CAR 上车议程的核心思想是确保所有参会人员能够快速了解会议重点，并在短时间内积极参与到会议进程里。3W-CAR 上车议程的过程就像一辆行进中的汽车，管理者如果希望邀请路上的人上路，一起开启下一段旅程，那么开启旅程的前提就是让路上的人在短时间内上车，知道汽车开向哪里，以及自己可以为这段旅程带来什么。

9.4.3 会议后，快速回顾信息和跟进行动

团队临时会的决策和行动通常涉及紧急且重要的问题。为了提高团队临时会的效果和执行力，管理者需要在会议结束后立即进行以下两项工作：

首先，管理者应回顾从团队临时会议中获取的新信息，以及这些信息如何影响其他非临时会议的决策。

其次，管理者应密切关注会议制订的行动计划，确保其得到有效执行。

管理者做好以上两项工作，不仅可以提高团队临时会的质量，而且有助于打造团队的执行文化。

9.5 三招搞定突发事件应急处置会议

企业的突发事件应急处置会议是一类特殊的团队临时会议，比如，危机公关突发事件处置会议、安全事件应急处置会议和员工关系舆情事件处理会议等。突发事件应急处置会议是企业临时召开的会议，往往事关重大，涉及企业里多层次人员的共同参与。

突发事件应急处置会议之所以特殊，主要表现在以下四个方面：

- 突发事件应急处置会议需要根据事件的重大程度进行分级处理。
- 突发事件应急处置会议不仅要解决问题，而且要遵循应急处置规则或制度办法。
- 突发事件应急处置会议主要解决的是应急处置或预案商议，需要参会人员具备丰富的应急处置经验。然而，由于每次突发事件的情况有

所不同，企业里的突发事件应急处置会议就像是医院里救治急诊病患的专家会诊会议，需要专家和一线处置人员共同参与。

- 突发事件应急处置会议是企业所有人都不希望召开的一类会议。实际上，预防措施比处置措施更为重要。企业在每次应急处置突发事件之后，还需要召开复盘会议，探讨如何防止类似事件的发生。

从理论上讲，企业应针对一些专业职能进行冲突处理和危机处理的专业培训和模拟演练，突发事件应急处置会议的成功召开也是其中关键环节之一。然而，实际情况是，许多非传统企业虽然面临诸多突发事件，但在危机处理流程和机制建设方面仍存在不足，往往需要依靠突发事件应急处置会议来制定应对策略。

在我亲身经历和组织发起的突发事件应急处置会议中，除了业务层面涉及的安全管理、品牌管理等突发事件，对企业内部而言，最常见的突发事件处理场景就是与员工关系相关的纠纷。比如，人力资源部门可能会遇到因员工离职赔偿引发的纠纷，以及这些纠纷在企业内外部网络上进行传播；管理者遭遇的投诉事件处理；员工对政策规定的不理解或对考核结果的不满导致的绩效结果投诉事件等。

企业在面对突发事件的应急处置会议时，除了通常的 3W-CAR 上车议程外，还有三招可以有效提高会议效能。

9.5.1　第一招："1+1"目标策略

突发事件应急处置会议要设定"1+1"目标策略，即企业要关注两个主要目标：一是解决突发事件的当前问题；二是探究突发事件背后深层次的根因。

企业如果仅仅关注当前问题而忽略其背后的原因，那么可能导致突发事件应急处置会议无法真正解决问题，反而加剧冲突。相反，企业如果仅仅关注原因而忽略当前问题，则可能导致突发事件应急处置会议无法及时控制局势和当事人的情绪，在没有找到根本原因之前，扩大突发事件的不良影响。

9.5.2 第二招："六步法"解决流程

在 3W-CAR 上车议程的基础上，企业可以在突发事件应急处置会议上通过"六步法"来进行具体内容的讨论与决策，见表 9-1。

表 9-1 突发事件应急处置会议的"六步法"

六步	解释
爆点	会议发起人应确定突发事件的爆发点及背后的情感、动机
事实	会议发起人应全面梳理突发事件的来龙去脉。如果时间允许，会议发起人应尽可能细致且高效地还原事实，还原过程可以借鉴复盘会章节中介绍过的 FACT 原则
方案	会议发起人应组织参会人员探讨突发事件的解决方案，既要解决眼前突发事件带来的情绪问题，也要解决突发事件发生的根本问题，找到突发事件背后的核心动因
风险	会议发起人应推演可能导致突发事件一波未平一波又起的连环事件，并评估突发事件可能给企业带来的风险及其潜在影响
预案	针对突发事件可能给企业带来的风险，会议发起人要提出风险预防处置方案。当涉及企业的重大决策时，会议发起人应报上一级管理者或者部门进行决策审批，并提出备选方案及实施条件
沟通	会议发起人应准备好针对本次突发事件的处理方案，统一本次突发事件的对外沟通口径

9.5.3　第三招："上升条件"决策要求

针对重大冲突事件，企业通常会在突发事件应急处置会议上设立突发事件应急处置的主要责任人和决策人，并且约定企业一旦出现某种风险，就应立即将最终决策人的决策权限提升至更高一级，以防止突发事件带来的不良影响进一步扩散。需要注意的是，决策人之所以要报上一级管理者或者部门进行决策审批，是因为有些因素可能是直接责任人和决策人无法预见或者无法掌控的，比如企业所面临的商业竞争环境或社会责任生态环境等。

以上就是企业在召开突发事件的应急处置会议时需要学会的三招。学好这三招，并运用好 3W-CAR 上车议程，企业就能召开高效能的突发事件应急处置会议。

9.6　管理者应学会判断是否召开团队临时会

在主持团队临时会时，管理者需要平衡三种不同的领导风格，即领跑型、指令型和民主型。

第一种：领跑型领导风格。作为会议的发起人、决策人和主持人，领跑型领导风格的管理者需要控制会议的议程，同时也需要对会议提出的相关方案有一定的思考。在会议过程中，管理者需要保持简洁、坦诚和清晰的沟通，专注于解决问题本身。

第二种：指令型领导风格。指令型领导风格的管理者在面对紧急决策时，往往能够把握好聚焦与发散的节奏，能够及时做出判断并下达指令。

第三种：民主型领导风格。民主型领导风格的管理者作为会议的主持人，应使专家型参会人员在会议中充分发挥自己的专业知识和经验，激发专家型参会人员的参与积极性。只有这样，民主型领导风格的管理者才能确保所有参会人员在讨论中以专业的视角形成最终的决策。

当然，在召开团队临时会之前，管理者最重要的决策是判断是否需要召开团队临时会。团队临时会是否有必要召开，管理者可以根据以下“三确定”来进行判断：

- 管理者应确定召开团队临时会可以帮助团队做出决策。
- 管理者应确定团队临时会需要马上召开。
- 管理者应确定团队临时会的每名参会人员缺一不可。

“三确定”能够帮助管理者更加理智地做出正确的开会决策，三思而后行，从而确保团队临时会的高效能，避免自己成为一个“天天临时会、事事临时会”的“会议大王”。

成长篇

成为高效能会议的引领者

Chapter Ten

第 10 章 高效能会议的未来发展趋势

10.1 管理者如何开好高效能线上会议

2020 年初，新冠疫情暴发后，原本在大企业逐渐普及的线上会议工具变得尤为重要。越来越多的企业开始实行远程办公，组织高效能的线上会议也成为管理者必备的技能之一。

10.1.1 管理者召开线上会议面临的五大挑战

在实践中，我们发现，企业的很多管理者对线上会议“临时抱佛脚”，在尚未熟练掌握线下会议技巧的情况下，不得不召开看起来容易，实际却比线下会议更具有挑战性的线上会议。

一般来说，管理者在召开线上会议时会面临以下五大挑战：

挑战一：参会人员很难保持注意力。企业的线上会议因会议环境与会议设备的局限，容易出现关闭摄像头、参会人员同时处理多任务、网络速度导致画面卡顿等问题，这些问题会导致参会人员难以全程集中注意力，同时管理者也难以把握会议时长。

挑战二：缺乏现场氛围感知。线上会议缺失了参会人员的肢体语言、场地内空间氛围及会议桌型的设置，导致参会人员对会议场域氛围的感知从立体感变为平面感。尽管越来越多的线上会议应用程序正在利用各种技术模拟空间感，但模拟的空间感并不利于参会人员之间的能量流动。参会人员参加线上会议时通常保持坐姿，这也会增加参会人员的疲劳度。此外，许多线下会议引导工具在线上会议中无法得到有效运用。

挑战三：会议主持人引导力相对匮乏。线上会议的主持人无法利用物理环境中的空间位置、身体姿势等方式吸引参会人员的注意力。因此，会议主持人对线上会议的引导力更多地体现在语音表达上。线上会议对会议主持人的引导技巧、语言表达能力、观察能力等提出了更高的要求。

挑战四：会议中的无效交流和暂停时间增加。参会人员在线上会议的发言过程中，需要不断确认自己的声音是否被听到，或者因为通信问题使画面出现卡顿，从而导致重复沟通等问题出现。这些问题不仅会导致会议时间被严重浪费，也增加了参会人员的烦躁感和焦虑感。

挑战五：会议的后勤支持难度增加。虽然线下会议在会议室投影设备、灯光、音响等方面的后勤支持上具有较高的成本，但线上会议增加了其他方面的后期支持难度，比如对线上设备的流畅性、画面切换控制的顺滑度、参会人员对线上会议工具各模块的使用熟练程度等。

10.1.2 管理者召开高效能线上会议的五大策略

管理者应该如何应对以上线上会议的五大挑战呢？管理者可以采取以下五种策略来提高线上会议的效能：

策略一：熟练掌握线上会议应用程序的功能。“工欲善其事，必先利其器”。管理者应寻找满足会议需求的实用工具，比如线上会议 App 中的白板功能、可视化标签功能等，或者使用 Miro、Teamind 等在线白板工具，从而达到线下会议使用引导幕布的效果。此外，管理者还可以尝试使用线上会议 App 的分小组讨论功能等。

策略二：为会议设定更加明确的分段主题目标和分段主题议程。科学实验表明，人的有效注意力集中时间一般是 20~40 分钟。因此，管理者应控制分段线上主题讨论时间不超过 30 分钟。无论会议总时长是多久（通常不超过两个小时），管理者都要将其尽可能划分为若干个 10~30 分钟的分段主题或讨论专题，并且在分段主题或讨论专题前的 1 分钟通过口头沟通、会议材料、会议聊天窗口等形式提醒参会人员。

策略三：鼓励参会人员积极参与讨论。每一名必要的参会人员对决策结果都是有价值的。因此，每名参会人员都应有机会发表意见。管理者可以通过线上投票工具、聊天区等多种途径，激发参会人员的参与积极性。

策略四：提升会议主持人的线上主持和引导能力。每名参会人员都可以担任线上会议的主持人。管理者及参会人员可以学习一些基本的线上会议主持技巧，比如采用击鼓传花式的讨论方法、适时喊停、提醒参会人员保持专注等方式，调动参会人员对重要决策进行讨论和总结等。

策略五：设计互动性与参与性较强的会议流程，提升参会人员的专注力。虽然线上会议存在诸多不足，但它能为参会人员提供更多的独立思考空间。在参加线上会议的过程中，管理者和参会人员可以通过培养同理心，锻炼自己的情绪捕捉能力和倾听能力。为此，管理者可以在会议流程中加入相关活动。比如，击鼓传花式讨论——请发言人邀请下一名发言人，新的发言人尽量不要重复旧观点；管理者在会议过程中请参会人员做 10 秒钟的捕捉最佳表情的截屏小游戏等。管理者在线上会议中设计互动性与参与性较强的会议流程，不仅能够强化参会人员的倾听能力，而且有助于提高参会人员的专注度，同时也有助于培养管理者的领导力。

10.1.3　管理者通过线上会议提升领导力的三大方式

线上会议是管理者提升领导力的绝佳场域之一。在召开线上会议时，管理者可以通过以下三大方式来提升领导力：

方式一：5 分钟故事讲述练习。管理者召开线上会议时，向参会人员简洁明了地传达自己的观点至关重要。管理者每次在线发言时，可以尝试将自己的观点压缩成一个 5 分钟的故事，这样既能锻炼自己的表达能力，又能提高时间管理能力。

方式二：第三层聆听练习。第三层聆听也被称为“听到场能”，是指人们能够察觉到情绪、氛围乃至空气中的微妙变化，听到系统场域中的能量流动。

在共创式教练（Co-active Coaching）中，聆听被分为以下三个层次：

- **第一层聆听：“听到我的”。**在这一层聆听中，人们主要关注从对方的言语中听到自己的内在经验、感受和判断。

- **第二层聆听："听到你的"。**在这一层聆听中，人们会全身心关注对方，包括关注对方的体验、感受和需求。
- **第三层聆听："听到场能"。**这一层聆听是一种更为深入的聆听方式，涉及人们情绪的流动、氛围的变化及空气中的味道。这一层聆听需要人们拥有丰富的想象力和创造力，从而引发生动的直觉反应，接收到更多信息。

管理者在参加线上会议时，可以学习一些共创式教练技巧来避免自己陷入第一层聆听中。管理者在每次的线上会议中可以通过安排 5~10 分钟的第三层聆听刻意练习，提高自己的倾听能力，努力使自己达到第二层聆听和第三层聆听。

方式三：系统[㊀]影响力练习。在线上会议中，管理者可以有意识地建立对系统的认知和影响，比如，选择针对观点、角色进行讨论，而不是针对个人。同时，管理者应努力听到系统的声音，以及系统内的局外人的声音。除此之外，管理者还应选择合适时机，用自己的语言描述听到的声音，从而为团队系统带来新的思考。

10.2 七大趋势，重新定义企业未来工作

随着科技的不断进步和各类会议引导工具的不断创新，企业的高效能会议将呈现出越来越多的可能性。企业若将 AGE 元技能中的"玩乐有趣"带

㊀ 系统是指所有参会人员组成的相互作用、相互联系的整体。

入高效能会议，会创造出更好的高效能会议体验。

以下是高效能会议发展的七大趋势，这七大趋势将给企业未来的工作方式带来新的改变，甚至重新定义企业未来的工作。

趋势一：引入娱乐元素。一些“玩乐有趣”的会议工具能将企业内部共创会或复盘会带入新的体验层次。比如，“乐高认真玩（LEGO® SERIOUS PLAY®）”借助乐高玩具在会议引导过程中的意象激发价值，帮助参会人员通过故事画面，调动脑、体、心进行共创与创新。企业在会议中可以借鉴“乐高认真玩”的做法，根据行业性质选择更合适的道具。比如，汽车企业可以构建与汽车相关的车模或乐高模具等。

趋势二：运用视觉化引导技术。企业可以通过视觉化或音乐化等艺术语言来优化会议引导过程。视觉化引导技术是一种成熟的会议引导技术。比如，德国的 Bikablo 视觉引导工具与方法被广泛应用于会议、教练、培训、宣传等工作场合。企业可以在会议中运用视觉化引导技术，与参会人员共同打造高效能会议。

趋势三：元宇宙技术的应用。元宇宙的发展为企业全方位、多维感知的虚拟线上会议创造了无限的可能性。元宇宙的发展有助于参会人员通过扮演虚拟角色或切换虚拟会议空间等方式拓宽思维。比如，在企业的线上会议中，参会人员可以直接选择戴上不同颜色的思考帽，或者管理者直接将会议环境切换到企业的生产线，让参会人员产生强烈的现场感。企业通过在会议中运用元宇宙技术，可以使开会变得更加有沉浸感，进而调动参会人员的认知能力和判断能力，提升会议效能。

趋势四：AI 技术的应用。AI 技术的广泛应用，为企业提升会议效能带来了更多的可能性。就目前已知的一些新应用创业项目来看，AI 会议助手的功能已经可以在一定意义上扮演团队教练的角色。AI 会议助手可以提醒参会人员会议的氛围状态、发言人的发言规律、会议的日程进展等。在未来的某一天，企业的高效能会议主持人这一角色很可能被 AI 会议助手所取代。

趋势五：结合运动和户外活动。在运动中开会或在现场开会可能是企业未来会议的重要趋势之一。职场人对能使身体保持运动状态的会议越来越感兴趣，有些企业在会议室放置带脚踏车的会议桌，让参会人员一边骑脚踏车一边开会；有些科技创新企业在办公场所设置了较多的开放休闲区域或运动区域，参会人员可以在这里进行两三人的“散步”小会。在运动中开会不仅有利于参会人员的身心健康，而且对参会人员的脑力激发有重要的正向作用。真正的业务现场会或虚拟的现场会，能够帮助管理者提升对用户体验的理解。因此，户外场所也是高效能会议可以选择的会议场所之一。

趋势六：去中心化的会议形式。去中心化的会议模式可能成为组织常态。无论是青色组织[㊀]、合弄制组织，还是传统的科层式组织，很多企业在面对 VUCA 和 BANI 时，需要高效能会议带来更多的开放性和赋能，组织的生长、进化也需要在高效能会议中得到更多的活力引擎。召开企业会议可能不再是

㊀ 比利时学者弗雷德里克·莱卢在《重塑组织：进化型组织的创建之道》一书中提出的青色组织具有三大特点：一是自主管理、基于同侪关系的机制。青色组织的架构及做法让人能够在各自不同的领域中高度自主，同时又为彼此间的协作尽责。二是身心完整。青色组织创造的环境允许人们自由、全然地展现自己，这使人们能以史无前例的方式把自己的能量、激情、创造力带到工作中去。三是进化宗旨。青色组织能够灵活地处理外部来的新信息、发现新兴业务模式。

管理者的特权，每一名受使命驱动的工作者都将成为会议的发起者，他们可能通过会议重新定义工作方式。

趋势七：Slash[㊀]技能的广泛应用。越来越多的 Slash 技能帮助职场人成为具有特色的会议专家。兼顾个人兴趣爱好是很多“00 后”“Z 世代”职场人对工作的重要追求之一。比如，插画师、视觉化引导师、乐高大师、OH 卡心理咨询师、脱口秀演员等，你身边可能隐藏了很多具备这些技能的人。而他们的这些技能很可能对提升会议效能有重要帮助。每个人发起和引领自己需要的会议时，都可能使会议成为具有个人技能特色的会议。

总的来说，未来的企业会议将更加注重互动性、创新性和多元化以满足参会人员的需求，进而提高工作效率，促进企业发展。作为管理者，通过“玩乐有趣”的 AGE 元技能来改善会议效能，将成为重新定义管理工作的一种新方法、新趋势，也是管理者一项新的领导力技能。

10.3　高效能会议中右脑思维将越来越重要

会议设计不仅是管理者影响力的体现，也是其设计思维的体现。在著名未来学家、趋势专家丹尼尔·平克的畅销书《全新思维》一书中，作者提到了六种右脑能力，对个人乃至企业的成功至关重要。

- *右脑能力一：不仅要实用，还要有设计感。*
- *右脑能力二：不仅要讲论据，还要有故事力。*

㊀ Slash 意为双重职业，出自《纽约时报》专栏作家麦瑞克·阿尔伯撰写的书籍《双重职业》。

- 右脑能力三：不仅要专业，还要有交响力。
- 右脑能力四：不仅要有逻辑力，还要有共情力。
- 右脑能力五：不仅要严肃，还要有娱乐感。
- 右脑能力六：不仅要追求财富，还要追求意义感。

管理者要想成为一个优秀的会议设计者，修炼上述六大右脑能力将会事半功倍。大多数企业的会议都是以解决问题为导向的，实用、讲论据、专业、逻辑力、严肃、追求收益是很多会议的特点，但这些并不是高效能会议的特点，更不是生长型组织的会议特点。设计感、故事力、交响力、共情力、娱乐感、意义感是生长型组织的会议所需要的。

会议设计者如同一部戏的导演，开会就像是演戏，每一次设计完会议流程后，会议设计者应重新审阅一遍：在六大右脑能力里，这场会议包含了哪些能力。针对六大右脑能力，我为会议设计者提供了一些会议设计的小技巧。

技巧一：用不一样的结束方式，增强会议的设计感。会议结束时，会议设计者可以要求全体参会人员起立，以独特的方式庆祝会议结束。或者会议结束时，会议设计者为这场会议起一个独特的名称，比如“庐山会议”“雪山会议”等。

技巧二：用故事引导会议流程，增强会议的故事力。会议设计者可以尝试将会议流程用一条故事脉络串起来；或者，会议设计者可以对参会人员如同故事一般吸引人的发言给予肯定与认可。

技巧三：制造会议场域的变化，增强会议的交响力。一场脑力激荡的会议就像一场交响乐演出，会议设计者在座位安排上进行一些设计，可以使会议场域更加具有能量。比如，会议设计者可以在例行会议中轮换参会人员的座位，或者更换会议室的布置，通过会议场域的变化激发参会人员的会议灵感。

技巧四：关注并及时回应参会人员，增强会议的共情力。会议设计者应关心参会人员，与他们产生亲近感。首先，会议设计者要及时捕捉参会人员在会议中的与众不同或者畏难情绪，哪怕非常微小。其次，会议设计者要采用合适的方式让参会人员或者帮助参会人员表达出来，增强会议共情力。

技巧五：保持幽默，增加会议的娱乐感。会议设计者应准备一些应对会议冷场或尴尬气氛的小话题。主持人在会议引导过程中，可以通过一些幽默或自嘲，让会议具有松弛感，从而缓解会议中的紧张氛围。

技巧六：赋予会议在成长方面的意义感。每场会议的最后，会议设计者除了总结会议结论和公布行动计划，还可以简单分享自己在会议中的收获，进而激发参会人员的“被赋能”感受，让会议除了决策的作用，还有成长的意义。

以上是我为大家总结的一些会议设计的小技巧，以作抛砖引玉之用，读者可以在此基础上发挥自己的想象力去设计一场“酣畅淋漓”会议。

Chapter Eleven

第 11 章 管理者要成为高效能会议的引导师

11.1 三场会，助力塑造生长型组织文化

会议引导师是一个需要专业技能的角色，许多企业会选择聘请独立的会议引导师来协助企业召开重要会议。企业是否聘请独立的会议引导师来引导会议，取决于企业的管理层根据企业所处的发展阶段、员工能力和其他因素做出的决策。

企业可以使用 AGE 体验评估罗盘对自身的会议体系及相关组织结构进行评估，从而获得更具针对性和详细的结果。作为高效能会议的研究者和实践者，我建议企业的管理层应当学习并掌握一些基本的高效能会议设计和引导技巧。毕竟，“开会”在管理者的日常工作中占据着重要地位，同时也是塑造组织文化和沉淀组织能力的有效手段之一。

我在本书的第 1 章向读者分享过，对于创业企业的管理者而言，掌握高效能会议的方法与工具是非常重要的，有助于组织形成使命驱动、持续成长

的文化。对创业企业的管理者而言，成为高层核心团队的深度对话会、全员沟通会、复盘共创会这三类会议中的会议引导师，对个人管理能力的修炼是非常必要的。

一般而言，处于创业发展期的企业往往具有较强的生长性，大量的会议可能会消耗企业有限的资源。

虽然处于创业发展期的企业，因企业规模较小，会议管理的复杂性较低，但这并不意味着会议管理的要求低。相反，处于创业发展期的企业的管理者对必须召开的会议有着较高的期望。这主要有两个方面的原因：一方面，在处于创业发展期的企业的管理者中，很多人原来是大型企业的中层管理者，他们对冗长但常规的大企业会议感到厌烦；另一方面，作为处于创业发展期的企业的管理者，他们在召开管理者会议方面缺乏经验。

此外，处于创业发展期的企业往往更倾向于采用 AGE 的人才观念，即通过发展人来发展业务，提倡持续成长与互助成长。因此，处于创业发展期的企业的管理者经常将每次会议视为自我提升的机会之一。

为了“开好会”，处于创业发展期的企业的管理者掌握高效能会议的方法至关重要。我建议管理者要学会独立引导以下三种类型会议：

类型一：高层管理团队的深度对话会。高层管理团队的深度对话会不仅涉及高层管理团队的建立和维护，还涉及企业文化和战略。高层管理团队的深度对话会包括愿景共识会、战略研讨会和团队建设会等，这些会议不仅会讨论企业的重大问题，也是企业高层管理团队自我发展的体现。

类型二：全员沟通会。在创业发展期，企业的管理往往较为扁平化，信息流通顺畅。然而，员工对了解企业整体发展、高层管理者思想等方面的需求较大，同时也对信息的透明度和参与企业发展有所期待。因此，处于创业发展期的企业要常常举行定期的全员沟通会，内容可能包括庆祝活动、表彰仪式和信息交流等。

类型三：复盘会和共创会。处于创业发展期的企业在产品开发、业务拓展和内部组织建设等方面需要不断地尝试和探索。由于资源有限，企业在员工培训方面的投入往往不足。此外，企业的文化也在逐渐形成过程中，高层管理团队的示范作用至关重要。在此背景下，复盘会和共创会成为企业充满 AGE 味道的会议。复盘会和共创会可以使管理者在回顾和规划业务的同时，帮助员工和团队实现成长。同时，设计得当的复盘会和共创会还可以提高参会人员的沉浸度，有助于组织的融合发展，在企业内创造“使命驱动、乐享成长”的文化。

总之，创建一个生长型组织对于创业发展期的企业尤为重要。管理者如果能成功地召开上述三类会议，将对企业的组织建设及创业文化的建设大有裨益。

11.2 找到“双人舞”式引导伙伴

对企业的管理者来说，掌握高效能会议的设计与引导是非常重要的专业技能之一。管理者需要根据自身特点和团队需求，选择合适的引导师，以提高各类会议的效果。会议引导师伙伴机制可被形象地称为“双人舞”式引导师模式。企业践行会议引导师伙伴机制，不仅有助于提升会议效率，也是培养团队成员的一种方式，同时还能帮助自己扮演好不同的会议角色，一举三得。

事实上，从会议促动和团队教练两项技能出发，“双人舞”式引导师模式是有科学基础的。这种模式能够有效发挥以下四大互补作用：

作用一：洞察者与引导者的互补。对于长期且互动性强的会议，单个引导师往往无法同时满足对团队和内容的深入理解，以及对会议进程的控制。因此，“双人舞”式引导师模式可以起到洞察者与引导者之间互补的作用。

作用二：内容参与者与流程引导者的互补。企业的会议在“双人舞”式引导师模式下，其中一个人可以专注于对内容的引导，成为内容专家，拥有更好的内容视角；另一个人则可以专注于对流程和事件的引导，担任观察者和促动者。

作用三：领导者与参谋者的互补。某些管理者可能表现出领跑型或指令型的领导风格。他们在主持引导会议时容易过度强调自己的观点，导致团队成员不敢发表意见。此时，如果会议采用“双人舞”式引导师模式，另外一名引导师就可以成为观察团队成员多元观点的谏言者或参谋者，在会议期间对管理者提出有益的提醒。

作用四：性格互补。由于引导师在个人性格特征、经验等方面存在差异，按照吸引力法则，他们更容易与具有相似特质和经历的人建立联系，从而形成更多的互动。因此，性格差异较大的两名引导师可以通过互相补充，营造创新、积极的会议氛围。

管理者在会议中采用“双人舞”式引导师模式，不仅可以提高会议效果，还可以将配对会议引导师视为提升团队管理效能的方法。

接下来，我从管理角度为管理者找到“双人舞”式引导伙伴提供一些建议。

建议一：促进管理者的个人成长。虽然管理者可能不具备所有高效能会议引导的技能，但在实际工作中，管理者不可能等到完全掌握引导技能后再发起和主持会议。管理者通过与一名或多名不同的会议引导师伙伴合作，可以加速个人在会议管理方面的成长，并提升个人领导力。

建议二：培养潜在的管理者。会议引导师伙伴这一角色可以帮助管理者挑选出有潜力的下属，并锻炼下属的个人领导力。管理者可以挑选一些潜在的培养对象，通过让他们与自己共同引导会议来锻炼他们在团队中的沟通力和领导力。

建议三：促进团队协作。管理者可以鼓励团队成员相互组成会议引导师伙伴，这样一方面可以增进他们对彼此的了解，另一方面也有助于加强团队间的协同工作，同时还能促进双方的共同成长。

建议四：提升团队对会议效能的贡献。管理者通过配对会议引导师，可以让团队成员认识到提升会议效能的重要性，从而增强他们提升会议效能的主动性和责任感，在会议过程中催生出更多致力于提高会议效能的支持者和改进者。

当然，并非所有的会议都适合由企业内部人员担任会议引导师。根据不同的企业文化和发展阶段、会议类型、领导风格、会议目标等因素，企业选择合适的外部会议引导师或团队教练来负责关键会议的设计与引导也是一个明智之举。

此外，企业也可以尝试“内部人 + 独立外部人”的“双人舞”式组合。

总之，管理者应该基于高效能会议的理念，以提升会议效能为核心目标，灵活运用各种模式和方法，在提高会议效能的同时，使组织能力和个人能力不断进化。

11.3　成为高效能会议引导师的四大举措

管理者应努力学习并成为高效能会议的引导师。在本书中，我提供了许多工具和方法来提升管理者的会议领导力。针对会议引导师的专业能力提升，管理者还可以通过以下四大举措加速自己的学习与成长：

举措一：学习“高效能会议”的相关课程。“高效能会议”的课程基于本书的基本理论体系和实践工具、案例，提供了更详细的讲解、练习和实践。管理者通过学习“高效能会议”的课程，可以对企业的会议体系进行 AGE 会议效能诊断，并针对存在问题的会议进行优化，以实战检验自己的能力。

举措二：获得专业引导师资格或团队教练资格。尽管专业引导师资格或团队教练资格证书并非专门针对企业内部会议引导，但它们涵盖了高效能会议所需的一些关键技能。因此，获取专业引导师资格或团队教练资格证书的过程对于管理者提升会议引导能力是有益的。

举措三：立即启动寻找并实践会议引导师伙伴机制。如前所述，会议引导师伙伴制度具有诸多优势。管理者应尽快寻找外部独立的会议引导师作为自己的陪练伙伴，以便更快地提升自己的能力。

举措四：不断实践并反思自己召开的会议。管理者应积极参与各类会议的主持与引导，并在每次实践后迅速进行复盘和反思。此外，管理者应定期评估个人会议领导力现状，并确定相应的提升行动计划。

Chapter Twelve

第 12 章 高效能会议是管理者修炼领导力的实战场

12.1 管理者要成为管理会议的主人

如果你是管理者，你所参与或发起的会议是谁在具体管理呢？是秘书、业务助理，还是各个部门的负责人？

管理会议的人，应该是也只能是管理者本人。否则，管理者就会白天疲于参加各种会议，晚上完成个人案头工作，永远没有独立思考的时间。

管理者应当养成管理自己参与或发起的会议的习惯，具体可以参考以下五大实践做法：

实践一：每周检验。管理者每周要抽出固定的时间，审查和评估自己的会议安排是否合理。

实践二：优化设计。管理者可以运用 4P 会议设计要素对发起的每场会议进行重新审视和设计。

实践三：合理拒绝。管理者如果发现一周内的会议数量过多，应学会拒绝一些不必要的会议，或者采用其他可行的替代方案来实现会议目标，确保自己能够留出足够的时间与员工进行一对一沟通，以及独立思考和决策。管理者可以参考以下时间安排：会议时间、一对一谈话时间、独立思考与决策时间分别占全部工作时间的 1/3。

实践四：定期复盘。管理者要定期回顾自己的会议安排（比如每月一次）以评估会议安排的合理性和有效性，并根据需要对会议安排进行调整。

实践五：征求反馈。管理者向参会人员征求关于会议的意见和建议，关注他们的参会体验，避免自以为是地沉浸在自己设置的“文山会海”中。

正如史蒂芬 · 柯维在其著作《高效能人士的七个习惯》中所提到的，高效能的管理者应当具备七个习惯：积极主动、以终为始、要事第一、双赢思维、知彼知己、统合综效和不断更新。在我看来，成功管理并组织召开好高效能会议正是高效能管理者必须具备的第八个习惯。

12.2 高效能会议：提升团队领导力，激活组织进化力

在个人影响力的三个层面中，高效能管理者需要注意以下三个关键要素，简称“三商”。

要素一：情商。情商是一个人有效地认识、表达和运用情绪的能力。情商包括人们对情绪的自我觉察及人们对情绪加以管理或利用的能力，即通过合理引导使情绪为目标服务。情商涉及人们激发自我、抑制冲动和延迟满足等能力，这些能力有助于管理者实现会议目标。

要素二：社交商。社交商建立于情商之上，指的是人们准确识别他人的

情绪、与他人共情，并且从他人的角度看待问题的能力。社交商还包括在实现目标、与他人建立积极关系的过程中有效运用社交意识的能力。

要素三：关系系统商。关系系统商融合了情商和社交商，并且把关注点扩展到一个更大的范围，使人们把自己看作某个关系系统的一部分。关系系统是指由相互依存的、有着共同身份或职能的人构成的一个整体。从简单地与他人建立有效联系，到认同一个系统并让自己与这个系统相一致，是一个全局性的转变。

著名情商理论大师丹尼尔·戈尔曼将情商和社交商结合在一起，提出了情绪社交商（Emotional Social Intelligence，简称 ESI）。ESI 对管理者的个人影响力及领导力行为有直接的影响。ESI 是体现管理者对群体关系、系统、团队、组织施展个人影响力的重要因素。管理者具备优秀的 ESI，能让个人影响力升维到更高的层次。

从 ORSC™ 的相关理论来看，会议在某种程度上被视为一种管理关系系统的方式。每一次会议，无论是会前、会中还是会后，都需要管理者管理好一个由参会成员组成的关系系统。

在 ORSC™ 的相关理论中，关系被视为一个具有生命力的第三方实体，而会议则是这一实体的具体体现。管理者可以通过会议来解读参会人员之间的关系系统。比如，团队的协调一致性、冲突张力和变革推动挑战等。

作为关系系统中的重要角色，管理者对关系系统的健康发展负有不可推卸的责任。管理者应该利用好会议这一平台，将其作为自己管理关系的一个途径。可以说，管理者召开高效能会议是一种锻炼关系系统商和提升个人影响力的重要实践与实战场域之一，这种关系系统商也被称为管理者的“会议影响力”。

对许多专业领域的专家而言，“会议影响力”同样具有很高的价值。以人力资源专业人士为例。我在服务企业过程中，发现许多人力资源专业人士提到他们的沟通方式通常是一对一的，而一对多的沟通则主要通过培训来实现。然而，在培训过程中，人力资源专业人士认为自己在为管理者提供最大价值方面是专业的，但在脱离培训环境的情况下，在一对多的沟通场景中发挥自己的群体影响力却变得非常困难。

许多机构和行业领袖都期望人力资源专业人士能够成为既懂业务又懂组织的专家，但我认为他们还可以成为另一种类型的优势人群，即懂关系系统和懂开会的人力资源专业人士。如果能够掌握一些高效能会议的设计和引导技巧，人力资源专业人士就可以真正深入参与业务的深度思考和决策过程，充分发挥其专业价值，并在一定程度上增强他们在企业内部的专业影响力。

不仅是人力资源专业人士，战略、经营管理或组织管理有关的专业人士都可以通过担任会议设计师和引导者的角色，在会议现场产生影响，进而影响管理者的判断乃至关键决策。尽管会议的设计者或主持人通常扮演着中立的角色，但正是他们在会议中展示的会议专业技巧和技能对一家企业的管理决策效率产生了积极的影响。

简单来说，沟通场景可以简单地分为以下三种类型：

- 一对一沟通场景。
- 一对多沟通场景。
- 多对多沟通场景。

在多对多沟通场景下产生影响力可能是最具挑战性的。然而，会议场景提供了这三种沟通场景（尤其是多对多场景）的综合环境。人力资源专业人士可以从高效能会议的设计和引导入手，逐步提升个人影响力。

组织进化和领导力发展是生长型组织永恒的主题，需要管理者对管理理论进行不断研究与沉淀，更需要管理者带着勇气去不断实践与迭代。组织进化和领导力发展本身就是企业和管理者持之以恒的修炼。

高效能会议是组织进化和管理者领导力修炼的实战场。管理者对高效能会议的研究与实践本身也是一场修炼之旅。在您看完本书的当下，只是这场修炼之旅的开始。

开启修炼之旅会让人充满期待，未知与探索的体验才是最美好的馈赠，还等什么，让我们一起踏上美好的旅程吧！

后 记

感恩一路陪伴我的朋友们

本书封面设计图敲定的那一刻，作为作者，我长长舒了一口气，这本书的创作工作算是告一段落了。我看着封面设计图稿，代表六个魔方面的六种颜色仿佛有了生命，它们好像在问我："你开的是哪种颜色的会议？这种颜色的会议效能如何？此时此刻，你活在哪种状态中？你的心情如何？你的成就感如何？你的成长性如何？你的能量值又如何？"

2022 年是"虎了吧唧"的一年，当我开始写作这本书的时候，我并没有意识到写作过程将是一次多么深刻的探索和学习过程。实际上，我探索和学习的不仅仅是高效能会议这一主题，还包括高效能工作、高效能生活、高效能社交、高效能创作，甚至是高效能人生。

就像书的封面设计图所喻示的那样，我所书写的这些内容本就不是单调的，而是丰富多彩的。我们常常需要从魔方的一个面进入，戴上多维的色彩时空眼镜，去看那些更加立体且具有更多可能性的魔方全貌。每个人都是生活在魔方世界中的个体，我们如何看待自己和这个世界，如何选择自己的角色，将决定我们用怎样的方式与身边的人和系统进行互动。

2023 年即将过去，我借完书之际，复盘总结这一年的收获。我想，这本书的创作过程正是使命驱动（Achieve）、持续成长（Grow）和乐在其中（Enjoy）三者兼具的过程。我要感谢自己的坚持，使自己收获了丰富多彩的魔方世界。

在创作这本书的过程中，我很感激和感恩我的客户、我所工作过的企业以及教授我知识和技能的每所学校或教育机构；我也很感激和感恩相互陪伴过的企业家、创业者、管理者、导师、教练、同学、同事、朋友、机械工业出版社的编辑以及未来看到这本书的所有读者。是你们，给了我经历、实践、思考和成长；也是你们，给了我接纳、帮助、灵感和创意；更是你们，给了我鼓舞和力量！在此，我要特别感谢我的朋友们：柴敏刚、陈玮、陈雪萍、李楠、刘明、刘晓宇、刘莹、吕守升、唐一庆、汪俊、王安琪、魏明、周金荣（排名不分先后）在我写作本书过程中给予的倾听、反馈、支持与帮助。2024 年，祝愿大家拥有生龙活虎、高效能的每一天！

最后，感谢与感恩我最亲爱的家人，在我成书过程中的无条件付出、鼓舞与悉心陪伴！